NOS BASTIDORES DA
VOGUE

NINA-SOPHIA MIRALLES

NOS BASTIDORES DA
VOGUE

A HISTÓRIA DA REVISTA QUE TRANSFORMOU O MUNDO DA MODA

Tradução de
Cristina Cavalcanti

1ª edição

EDITORA RECORD
RIO DE JANEIRO • SÃO PAULO
2022

CIP-BRASIL. CATALOGAÇÃO NA PUBLICAÇÃO
SINDICATO NACIONAL DOS EDITORES DE LIVROS, RJ

M637b Miralles, Nina-Sophia
 Nos bastidores da Vogue: A história da revista que transformou o mundo da moda / Nina-Sophia Miralles; tradução Cristina Cavalcanti. - 1. ed. - Rio de Janeiro : Record, 2022.

 Tradução de: Glossy: the inside story of Vogue.
 Inclui bibliografia
 ISBN 978-65-5587-320-7

 1. Vogue (Revista). 2. Periódicos americanos - História. 3. Moda - História - Séc. XX. 4. Celebridades. I. Cavalcanti, Cristina. II. Título.

22-78719
CDD: 391.09005
CDU: 050:391(09)

Gabriela Faray Ferreira Lopes - Bibliotecária - CRB-7/6643

Copyright © Nina-Sophia Miralles, 2021

Título original em inglês: Glossy: the inside story of Vogue

Todos os direitos reservados. Proibida a reprodução, armazenamento ou transmissão de partes deste livro, através de quaisquer meios, sem prévia autorização por escrito.

Texto revisado segundo o Acordo Ortográfico da Língua Portuguesa de 1990.

Direitos exclusivos de publicação em língua portuguesa para o Brasil adquiridos pela
EDITORA RECORD LTDA.
Rua Argentina, 171 – 20921-380 – Rio de Janeiro, RJ – Tel.: (21) 2585-2000, que se reserva a propriedade literária desta tradução.

Impresso no Brasil

ISBN 978-65-5587-320-7

Seja um leitor preferencial Record.
Cadastre-se em www.record.com.br
e receba informações sobre nossos
lançamentos e nossas promoções.

Atendimento e venda direta ao leitor:
sac@record.com.br

Para Rui, com amor,
por me fazer chegar à última linha.

Sumário

Introdução — 19

CAPÍTULO 1: ERA UMA VEZ NA ANTIGA NOVA YORK...
A primeira *Vogue* era uma gazeta caseira — 23
    O cavalheiro fundador — 23
    Ricos tradicionais x novos-ricos — 26
    Por dentro das primeiras edições — 29

CAPÍTULO 2: O SEGUNDO ATO
A chegada de Condé Nast: a construção de um império editorial — 37
    O homem invisível aparece — 37
    Vogue 2.0 — 41
    O verdadeiro Grande Gatsby — 48

CAPÍTULO 3: A CONSOLIDAÇÃO DA CONDÉ NAST
Expansão, a edição britânica, Primeira Guerra Mundial — 51
    O surgimento da edição britânica — 51
    O crescimento dos desfiles de moda — 55
    A marca cresce — 59

CAPÍTULO 4: A EDITORA "SUJA"
Subculturas sexuais — 65
    Uma nova mulher para novas mulheres — 65
    A *Vogue* empunha a bandeira gay — 70
    De volta ao "normal" — 73

CAPÍTULO 5: OBSTÁCULOS POR TODA PARTE

A Greve Geral e a Grande Depressão	77
Tempos difíceis em Londres	77
Tempos ainda piores em Nova York	82

CAPÍTULO 6: FROG

Surge a edição francesa na capital da moda	87
Um assunto de família	87
Editores, artistas, fotógrafos, modelos	90

CAPÍTULO 7: A MODA É INDESTRUTÍVEL

A Segunda Guerra Mundial	99
O anúncio da guerra	99
O estoicismo britânico durante o bombardeio	102
Salvando a *Vogue* francesa dos nazistas	110
A morte de Condé Nast e o fim da guerra	113

CAPÍTULO 8: OS ANOS PODEROSOS

A *Vogue* fica maior, mais rica e mais sofisticada	119
"New Look"; nova *Vogue*; novos estilos de vida	119
Novos donos: os Newhouse	130

CAPÍTULO 9: TERREMOTO JOVEM

Escândalo em Paris, os *Swinging Sixties* em Londres	137
Racismo na França do pós-guerra	137
Editar na Grã-Bretanha do pós-guerra	140
A juventude a pleno vapor	145
Questões de classe	149

CAPÍTULO 10: ENTRETENIMENTO CARO

Facadas pelas costas e grandes negócios	153
O mundo de fantasia de Diana Vreeland	153

As aventuras bajulatórias de Alex Liberman 155
Os anos bege de Grace Mirabella 160

CAPÍTULO 11: WINTOUR VEM AÍ
Os primeiros anos de um ícone 167
Anna Wintour e a *Vogue* britânica 167
Anna Wintour e a *Vogue* americana 173

CAPÍTULO 12: MORRER POR UM VESTIDO
A política na moda e a política fora de moda 177
Fotógrafos em Paris: arte e erotismo 177
Agitando em Paris: racismo e espiritualidade 179
A gota d'água: Mandela na *Vogue* francesa 184

CAPÍTULO 13: OS "CONDÉ NASTIES"
A ascensão dos editores celebridades 189
"Wintour Nuclear" x "Liz de um milhão de dólares" 189
Competição na mídia ilustrada 196

CAPÍTULO 14: VICIADA NA VOGUE
Uma lenda admonitória da Condé Nast 203
Uma americana na *Vogue Paris* 203
Escândalos que abalaram o mundo da moda 207

CAPÍTULO 15: A SURPRESA DIGITAL
Alvoroço, reestruturação, franquia 217
A mídia ilustrada e a internet 217
A *Vogue* amplia o seu perfil e entra na política 223

CAPÍTULO 16: DO "PORNÔ CHIQUE" AO "CHIQUE PARISIENSE"
Vendendo estereótipos 229
Anos 2000: desafiando os padrões de beleza 229
Anos 2010: definindo padrões saudáveis 239

CAPÍTULO 17: "A *VOGUE* SEMPRE SERÁ A *VOGUE*"

O agora e o que virá	247
De Shulman a Enninful	247
As consequências da perturbação digital	259
Adivinhar os futuros da *Vogue*	263
Notas	271
Bibliografia seleta	305
Agradecimentos	307

Editoras-chefes da *Vogue* americana

Josephine Redding: 1892-1901
Marie Harrison: 1901-1914
Edna Woolman Chase: 1914-1952
Jessica Daves: 1952-1962
Diana Vreeland: 1963-1971
Grace Mirabella: 1971-1988
Anna Wintour: 1988 até hoje

Editores-chefes da *Vogue* britânica

Elspeth Champcommunal e Dorothy Todd, editoras interinas: 1916-1922
Dorothy Todd: 1922-1926
Michel de Brunhoff e editoras interinas: 1926-1928
Alison Settle: 1926/1928-1934
Elizabeth Penrose: 1935-1940/1941
Audrey Withers: 1941-1960
Ailsa Garland: 1960-1964
Beatrix Miller: 1964-1984
Anna Wintour: 1985-1987
Elizabeth Tilberis: 1988-1992
Alexandra Shulman: 1992-2017
Edward Enninful: 2017 até hoje

Editores-chefes da *Vogue* francesa

Cossette Vogel: 1922-1927
Main Bocher: 1927-1929
Michel de Brunhoff: 1929-1954
Edmonde Charles-Roux: 1954-1966
Francine Crescent: 1968-1987
Colombe Pringle: 1987-1994
Joan Juliet Buck: 1994-2000
Carine Roitfeld: 2001-2011
Emmanuelle Alt: 2011 até hoje

Proprietários da *Vogue*

Arthur Turnure e família: 1892-1909
Condé Montrose Nast: 1909-1934
Lord Camrose: 1934-1958
Família Newhouse: 1959 até hoje

Introdução

Como tantos outros projetos fenomenais, a revista *Vogue* começou em um quarto vago na casa de alguém. Contudo, à diferença daqueles improvisados que explodem e logo se dissipam, ela marcou o nosso entendimento de cultura.

Desde o final do século XIX, a *Vogue* é a referência da revista popular, pioneira da bela vida. Em 2021 — ano em que este livro é escrito —, mais de 125 anos depois de sua criação, a revista se espalha por 25 territórios, tem 24,9 milhões de leitores da edição mensal impressa, 113,6 milhões de usuários mensais da edição on-line e 118,7 milhões de seguidores nos diversos meios digitais. Líder de mercado incontestte há mais de um século, é uma das marcas mais reconhecidas no mundo e uma máquina multimilionária de fazer dinheiro. Não é apenas uma revista de moda, é o padrão. Uma bíblia. Mas o que e, o mais importante, quem fez da *Vogue* um sucesso tão duradouro?

Com foco nas três edições mais importantes — a *Vogue* americana, a original e a que continua sendo a matriz do poder; a *Vogue* britânica, a segunda a ser criada e a segunda mais influente; e a *Vogue Paris*, que representa o legado da França como o berço da alta-costura —, seguiremos a organização lendária desde seu surgimento como uma gazeta nova-iorquina de fofocas até o gigante corporativo brilhante que conhecemos hoje. Para fazer a biografia da revista no sentido amplo, daremos um passeio por três séculos e duas guerras mundiais, testemunhando fracassos e sucessos deslumbrantes e acompanhando a história vertiginosa da revista e de seus criadores. A narrativa da *Vogue* seria incompleta sem o seu elenco exuberante, um conjunto singular de personalidades — dos

20 NOS BASTIDORES DA *VOGUE*

editores aos proprietários — que deixaram seus legados pessoais impressos nas páginas da revista. Do esnobe fundador Arthur Turnure ao ganancioso empresário Condé Montrose Nast e a Mitzi Newhouse, a bela dona de casa bilionária que, em um capricho no café da manhã, convenceu o marido a comprar a *Vogue*, cada um com seus próprios interesses. Os editores foram igualmente memoráveis. Dentre eles, há um herói de guerra condecorado que participou da Resistência Francesa e uma filha da realeza hollywoodiana criada em um palácio cor-de-rosa. A equipe editorial formava um bando indisciplinado e extremamente variado que merece ser rememorado, bem como os fotógrafos da *Vogue* — de Horst P. Horst a Cecil Beaton e Helmut Newton —, que eram às vezes cruéis, às vezes inestimáveis, e sempre geniais. Porém, a constante disputa pelo poder entre a direção e os departamentos editoriais revela a interação complexa entre criatividade e comércio.

O universo da *Vogue* é muito mais rico do que se pode imaginar. Algumas das suas histórias incluem: a invenção da passarela durante a Primeira Guerra Mundial; um escândalo nos anos 1920, quando a editora britânica, sabidamente lésbica, seduziu a secretária, que se separou do marido; a editora francesa que dançou com o diabo na Paris ocupada e recorreu a artimanhas extraordinárias para evitar que os bens da revista fossem confiscados pelos nazistas; e uma série de rumores relacionados a drogas que forçaram uma editora sóbria a passar por um período de reabilitação na década de 1980. A *Vogue* podia ser uma amante cruel, e relatos de demissões brutais reverberam na sua história. Contudo, o contrário também é verdade. As recompensas aos favoritos incluíam moedas de ouro e casas gratuitas.

Hoje, principalmente em virtude do surgimento das mídias sociais, os editores-chefes da revista se tornaram celebridades independentes. Deixaram de ser comentadores de moda e se tornaram ícones culturais plenos. Anna Wintour, editora-chefe da *Vogue* americana, reina suprema há 32 anos, e sua presença atemorizante e todo-poderosa é sentida por todos no setor e para além dele. Igualmente famosa é a sua colega ruiva, a diretora de criação Grace Coddington, que é a queridinha, em contraste com o despotismo de Wintour.

INTRODUÇÃO

O escritório britânico inspira um furor semelhante. O debate incandescente provocado pela saída da editora-chefe Alexandra Shulman, em 2017, pegou fogo quando Edward Enninful, um ex-modelo e estilista ganense, foi nomeado seu sucessor, levantando a questão sobre se a moda pode — ou deve — ser um agente de mudanças sociais.

A morte do proprietário da *Vogue*, Samuel Irving Newhouse Jr., em 2017, também serviu para colocar o passado da revista em foco e alimentar especulações sobre o seu futuro. Dois filmes de Hollywood, campeões de bilheteria, se basearam nos principais títulos de Newhouse: *O diabo veste Prada*, de 2006, e *Um louco apaixonado*, de 2008. A adulação, a veneração, os rumores e as fofocas só ressaltam uma verdade dos últimos cem anos: as pessoas querem ouvir cada vez mais sobre a *Vogue*.

Nos bastidores da Vogue é uma história de paixão, poder, fortunas vertiginosas, moda de outro mundo, inventividade, oportunismo, frivolidade e malícia. É a história da *Vogue*.

Capítulo 1

ERA UMA VEZ NA ANTIGA NOVA YORK...

A primeira Vogue *era uma gazeta caseira*

O cavalheiro fundador

As melhores histórias costumam contar com uma fada madrinha que usa sua varinha de condão, mas na vida real um progenitor bem colocado pode fazer esse truque. Isso acontece sobretudo nos Estados Unidos, onde as pessoas gostam de forjar a própria sorte. Era inverno em Nova York e a neve cobria os esqueletos de aço dos arranha-céus, que tinham começado a ser erguidos na década de 1880. Lojas de departamento recém-inauguradas, como a Macy's, montavam vitrines natalinas primorosas para atrair compradores. Nos subúrbios, as fábricas expeliam fumaça, e as exportações americanas zarpavam do porto. O lugar que passamos a nomear como A Cidade que Nunca Dorme já efervescia com tantas atividades. O mesmo se sucedia com Arthur Turnure. Ele se preparava para apresentar a filha à sociedade, e a *Vogue*, como ele a batizara, encarnava as qualidades da debutante perfeita. Era bonita, eloquente e bem-informada.

Por toda Manhattan, as madames, as senhoritas e os cavalheiros da alta sociedade estavam ansiosos por acolhê-la em suas casas, apresentá-la aos vizinhos e ver o que a mais nova beldade da moda tinha a dizer. Os que nascem privilegiados costumam estar bem posicionados para o sucesso, e com a *Vogue* não foi diferente, pois suas vantagens na vida eram uma cortesia do pai muito aristocrático. Turnure era um cavalheiro bem relacionado na cidade, charmoso, corpulento, entusiasta e cosmopolita —

e grande parte da curiosidade daquele lugar em torno da *Vogue* se devia à sua popularidade. Até a imprensa diária, atenta ao furor ao seu redor, anunciou a chegada dela. "Uma das principais debutantes da semana é a *Vogue*, que será apresentada no próximo sábado, com o patrocínio de Arthur Turnure",[1] decretou um boletim. Nova York ficou ansiosa.

A primeira edição chegou às bancas do país em 17 de dezembro de 1892. Ao preço de 10 centavos e apropriadamente exibindo uma debutante estampada na capa ilustrada por A. B. Wenzel, e impresso em preto e branco, o número inaugural continua tendo estilo. A debutante tem um sorriso *coquette* porém hesitante, em uma das mãos porta um ramalhete, enquanto a outra ergue a bainha do vestido. Seus ombros estão inclinados e um pé aponta para adiante, como se ela desse um passo. Sua cintura é fina, o decote amplo, e o corpete escuro é contrastado pela renda em babados que enfeita o colo. As mangas bufantes levam laços, as luvas são longas, do tipo usado com vestidos de noite, e à sua volta um bando de borboletas voeja. Acima dela, no alto da capa, está a palavra *Vogue*, escrita em uma faixa ornamentada. Ladeando a faixa, há musas clássicas, uma representando a harmonia e a beleza, a outra, a tradição literária, ambas acompanhadas de colunas gregas e um painel de flores brancas.

A carta inaugural de Turnure aos leitores dizia:

> O propósito definitivo [deste empreendimento] é a criação de uma revista digna e autêntica sobre sociedade, moda e o aspecto cerimonial da vida.[2]

Pode-se dizer que estas são as leis que desde então governam a *Vogue*. O amor pela beleza, a pompa e o estilo são evidentes, mas o preceito de Turnure significa mais do que isso. Ao registrar a vida da alta sociedade, seus vestidos e bailes, Turnure deve ter pensado — com bastante perspicácia — que o público em geral também ia querer ler sobre o que sucedia nas altas esferas de Nova York. Sendo um dos poucos editores pertencentes àquele alto estrato social, ele estava em condições de obter informações privilegiadas. Não é à toa que a revista seria conhecida como "escrita por grã-finos para grã-finos".[3]

ERA UMA VEZ NA ANTIGA NOVA YORK... 25

Arthur Baldwin Turnure, nascido em 1857, era nova-iorquino. Descendente de colonizadores holandeses originais da cidade (conhecidos como *knickerbockers*), Turnure pertencia à elite cujas famílias haviam adquirido vastas partes de Manhattan e Newport, sentaram-se sobre suas fortunas e as viram crescer ao longo de gerações. Eis um homem perfeitamente posicionado para conduzir a *Vogue* em sua *entrée* no mundo da moda. Filho único de ricos tradicionais, Arthur Turnure seguiu o caminho esperado e cursou uma faculdade de prestígio. Formou-se em Princeton, em 1876, e praticou a advocacia sem entusiasmo, até trocá-la por suas verdadeiras paixões: tipografia, publicação e impressão. Por um tempo, ele foi diretor de arte da Harper & Brothers (hoje HarperCollins), antes de se lançar por conta própria com duas revistas de arte esplendidamente ilustradas e fundar com oito amigos a Grolier Club de Nova York, que até hoje atende os bibliófilos do país. Não surpreende que Turnure tenha ficado conhecido pelo apelido de "diplomado em Princeton louco por tipos".[4] Na casa dos 30 anos, ele já havia exercido diversas atividades editoriais, algumas bem-sucedidas, outras nem tanto. Contudo, seu zênite ainda estava por vir. Poucos poderiam imaginar que o seu próximo projeto se tornaria não só uma bíblia internacional da moda, mas uma das revistas mais famosas da história.

Turnure possuía todas as limitações de um verdadeiro cavalheiro. As fotos mostram um homem corpulento, de peito proeminente e mandíbula quadrada, embora com seu comportamento charmoso ele fosse reputado como bem-apessoado. Ele era um homem sociável que gostava de se divertir e corria riscos financeiros — combinação que alguns podem chamar de perigosa, e que certamente viria a assombrar a sua família após a sua morte.

Isso não quer dizer que Turnure fosse arrogante e ocioso. Porém, sendo um elitista ardoroso, ele desprezava a linguagem chula, e relatos remanescentes apontam o seu cavalheirismo. Defensor zeloso e declarado dos direitos das mulheres, ele acreditava no sufrágio feminino, apoiou o movimento e fazia questão de ser sempre justo quando empregava mulheres em suas revistas. De fato, *Art Interchange* e *Vogue* estabeleceram um precedente para as mulheres como editoras. Elas até mesmo chegaram a deter um raro poder gerencial sobre empregados do sexo masculino. Também atípico era o fato de a equipe feminina de Turnure ser suficientemente bem paga para se sustentar sem precisar de um marido. Quando alguma funcionária deixava o marido, ela podia sustentar a si mesma e seu filho pequeno e contratar ajuda com o próprio salário. Um luxo extraordinário nos anos 1900.

Havia também humanidade em Turnure. Certa vez, quando Woolman Chase, uma jovem funcionária, ficou gravemente doente, ele rompeu todas as convenções e se aventurou indo à pensão em que ela vivia à época. Quando a senhoria lhe disse que o seu patrão estava lá, Woolman Chase quase desmaiou de terror, pensando que seria despedida. Em vez disso, encontrou Turnure na sala, com um ar de espanto e um pote de sopa caseira sobre os joelhos. "A minha esposa e eu achamos que isto pode ser mais nutritivo que a refeição da pensão",[5] explicou timidamente. Embora pareça um gesto banal, foi um ato que desafiou os limites extremamente rígidos da sociedade nova-iorquina.

Ricos tradicionais x novos-ricos

Na era dourada, os nova-iorquinos tradicionalmente ricos eram unidos por laços familiares intricados. Eles viviam agrupados na recém-criada Quinta Avenida, onde construíram *châteaux* urbanos e ocupavam prédios de arenito castanho, os quais, segundo a autora Edith Wharton, cobriam a cidade de Nova York como uma calda fria de chocolate.[6] No entanto, o mundo ao redor estava mudando. Dezoito anos antes do nascimento da *Vogue*, houve uma festa que entraria para a história como um mau presságio. O evento em questão — mais tarde apelidado de Bouncer's Ball (Baile dos Leões de Chácara, em tradução livre) — foi um baile de gala que ocorreu no Delmonico's, o lugar mais badalado da cidade. A lista de convidados incluía ricos tradicionais e novos-ricos, uma atitude ousada, pois até então misturá-los havia sido um sacrilégio. O Delmonico's não podia imaginar que a sua combinação corajosa da nobreza nova-iorquina com os desabusados ricos recém-chegados desataria uma guerra social.

Os antigos nova-iorquinos se melindraram quando, de repente, se viram dançando ao lado dos *bouncers* (leões de chácara, em tradução li-

ERA UMA VEZ NA ANTIGA NOVA YORK...

vre, que era como apelidavam os novos-ricos), que viam como arrivistas sem raízes nem direito a Nova York. Uma dama proeminente chegou a profetizar sombriamente que em breve o lugar das pessoas na sociedade deixaria de ser uma questão de berço e passaria a ser decidido de acordo com os milhões que possuíssem.[7] Foi um vaticínio arguto, pois os *nouveaux riches* — os magnatas do meio-oeste, os Vanderbilt, Carnegie, Frick e Mellon — muitas vezes eram muitíssimo mais ricos e dinâmicos que os ricos tradicionais e dominavam propriedades tão vastas que cruzavam as fronteiras estatais país adentro e para além dos limites da imaginação. Agora, depois de encontrar ouro nas ferrovias e minas de aço, eles chegavam a Nova York para conquistar a última fronteira americana — não só Manhattan, mas a vida requintada. Como não havia títulos de nobreza na república americana, fazia sentido que a soma da fortuna familiar determinasse a posição social. Sem as rígidas instituições europeias de classificação para isolar os esperançosos, os escalões mais altos estavam suscetíveis à infiltração de um pretendente possuidor de rios de dinheiro. Nos anos posteriores ao Bouncer's Ball, a ansiedade dos antigos nova-iorquinos ante os novos-ricos começou a crescer. Alguém precisava tomar uma providência, então a sra. Astor se autointitulou guardiã da Velha Nova York, de seus costumes e caprichos.

Nascida Caroline Webster Schermerhorn, a sra. Astor era uma herdeira, milionária por direito próprio. Após criar cinco filhos, ela começou a procurar algo novo para fazer e decidiu que sua verdadeira vocação estava em defender a hierarquia estabelecida das hordas de alpinistas sociais que clamavam por entrar. Uma mulher sombria, enérgica e obstinada, a sra. Astor já estava na casa dos 40 e continuava fiel à tediosa severidade vitoriana. Ligada a duas das famílias mais importantes da cidade, sua posição social estava garantida e ela prometeu ser uma guardiã inflexível. Em 1892, ano de lançamento da *Vogue*, a imprensa anunciou que o salão de baile da mansão de arenito castanho dos Astor na Quinta Avenida acomodava apenas quatrocentas pessoas. A capacidade do salão significava que os convidados da formidável anfitriã seriam a *crème de la crème* de Nova York. Que melhor modo de manter os arrivistas a distância do que deixá-los de fora das melhores festas? Em pouco tempo o número virou um apelido e os Quatrocentos passaram a simbolizar o limite de quem tinha o *status quo* reconhecido como socialmente relevante.

Arthur Turnure era um aliado da sra. Astor. Ele próprio era um dos Quatrocentos, estava entre os que buscavam modos de reforçar a divisão de classes. A sua "Declaração" introdutória no primeiro número da *Vogue* é cheia de significado, por vezes bajulando os antigos nova-iorquinos, enquanto insinua a inferioridade dos *Bouncers* e da nobreza europeia antiquada:

> A sociedade americana se distingue por ser a mais progressista do mundo; a mais saudável e a mais caritativa. Ela é rápida no entendimento, rápida em receber e rápida em condenar. Ela não está limitada por uma nobreza degradada e imutável. Ela tem em alto apreço a aristocracia fundada na razão e desenvolvida segundo a ordem natural.[8]

Ele enfatiza o argumento ao acrescentar: "a força motora da revista é a ideia social".[9] Em seguida preenche as páginas com histórias, perfis e ilustrações dos amigos dos Quatrocentos. Os Bouncers não aparecem. De certo modo, ele estava empregando sua habilidade de editor na luta de classes, pisando nos calos dos novos-ricos que tentavam ascender na escala social e reforçando aos olhos do público quem realmente mandava na cidade.

Turnure recorreu aos seus amigos milionários de Manhattan para ajudá-lo a financiar a *Vogue*. Em 1892, a lista original de acionistas continha 250 nomes, dentre os quais os mais antigos titãs da cidade, tais como Astor, Stuyvesant, Heckscher, Whitney, Van Rensselaer, Cuyler e Ronalds, que se associaram para assegurar que a *Vogue* nascesse em berço de ouro. Eles também formaram a base da lista de assinantes exclusiva que sustentou a reputação da revista durante períodos financeiros instáveis.

Pode-se dizer que a *Vogue* começou como o veículo de uma querela entre ricos e ricos. Ou que suas páginas estavam repletas de fofocas e o proprietário era um esnobe. Mas isso seria injusto. A concepção da *Vogue* é fruto tanto de impulsos positivos quanto de facções em disputa. A revista se tornou a

ERA UMA VEZ NA ANTIGA NOVA YORK... 29

paixão de Turnure, que quase levou a família à falência para mantê-la. A *Vogue* também era uma revista produzida por mulheres em uma época em que supostamente as damas não trabalhavam. Quando a revista chegou às bancas de jornal, ela não foi só um afago no ego do *status quo*, mas uma leitura agradável que respondia às aspirações da classe média. Desde o início, a *Vogue* foi uma ideia grandiosa demais para servir a um só ideal. Além disso, a visão, a perspicácia, a vitalidade e a ousadia determinada de Turnure e dos primeiros editores imprimiram a marca da atual equipe da *Vogue*.

A turbulência classista que animou a primeira *Vogue* mostra exatamente quanta coisa acontece por trás das suas páginas brilhantes. Sempre haveria uma rede complicada de relacionamentos, política e sistemas de crenças manipulando os fios invisíveis nos bastidores. Todas as intrigas da *Vogue* têm os componentes de um baile clássico dos Astor: gente deslumbrante trajando vestimentas absurdamente caras, elite, cobiça, prestígio, segredos. Agora há uma diferença importante: fomos todos convidados. É hora de mergulhar nessas páginas.

Por dentro das primeiras edições

Uma série de outros fatores contribuiu para o sucesso inicial da *Vogue* entre os leitores. No final do século XIX, grandes mudanças estavam em curso nos Estados Unidos. Foi uma época de grande expansão, patriotismo crescente e industrialização em massa, embora nada fosse tão vasto quanto as fortunas que se acumulavam. Nas últimas três décadas do século, territórios antes despovoados por fim foram ocupados, surgiu uma classe governante, e uma maré de "novos imigrantes" praticamente engoliu o continente.

Nesta paisagem fértil, a *Vogue*, como muitas das suas contemporâneas, tinha boas chances de prosperar. Contudo, diversas decisões inteligentes a destacaram desde o início. Em primeiro lugar, embora o público em geral consumisse cada vez mais a palavra escrita, revistas mensais de qualidade, como *Harper's* e *Scribner's*, tinham preços fora do seu alcance e a redação escapava à sua compreensão.[10] Do outro lado da escala estavam as revistas semanais e a literatura barata, com produção de baixa qualidade e sen-

30 NOS BASTIDORES DA *VOGUE*

sacionalista.[11] Ao fazer da *Vogue* uma revista semanal de alta qualidade, Turnure encontrou o seu público. Com um só produto seduziu dois grupos sociais: os leitores de classe média, que a compravam para finalmente ver o que as pessoas ricas e distintas andavam fazendo, e os leitores de classe alta, que a compravam para alimentar seus egos.

O elegante título em francês também caía bem. Não só a palavra estrangeira "*Vogue*" aludia à sofisticada Europa, como a alusão a Paris, capital da alta-costura, era irresistível. Em um estudo sobre cinquenta revistas femininas do século XIX, 27 levavam a palavra "lady" no título, enquanto as restantes 23 empregavam "casa", "lar" (tais como a *Ladies' Home Journal*) ou "sexo frágil" (como *Amusements for the Fair Sex*).[12] A *Vogue* se destacava na prateleira, nova e sedutora.

Ainda assim, a revista não era um empreendimento inteiramente comercial. Pode ter sido a obra-prima de Turnure, mas era também um jogo de poder muito sério; basta uma olhada rápida no primeiro número da revista para ver as relações sociais do seu fundador. Há páginas repletas de festas iminentes em "Próximos acontecimentos", que eram como convites privados. Às vezes não havia pistas sobre a natureza do evento: "sra. John Lawrence, 33 West Seventeenth Street",[13] ou "sra. F. H. Betts, 78 Irving Place. Às quintas-feiras, até a Quaresma".[14] O leitor *certo* entenderia. Outros se dignavam a dar mais informações: "sra. Charles G. Francklyn, N. Washington Square. Baile para os jovens",[15] ou "sra. Anson Phelps Stokes. Jantar seguido de baile de debutantes".[16]

O "Suplemento de Sociedade da *Vogue*" fornece mais detalhes de acontecimentos passados, com relatos detalhados de jantares salpicados de nomes e sobrenomes. Um relato sobre o príncipe de Gales dizia: "[ele] não parece nada bem. Eu o vi outro dia e fiquei particularmente impressionado com a estranha aparência dos seus olhos. Um canto do branco do olho está coberto por uma película vermelha; e também suas mãos, em geral tão 'bem cuidadas', parecem opacas e com uma textura áspera".[17] Na verdade, o príncipe de Gales já estava morto quando a *Vogue* saiu, em dezembro de 1892, tendo sucumbido no mês de janeiro anterior. Há conselhos de estilo, embora a *Vogue* tenha sido concebida como uma gazeta social e ainda não se configurara como uma revista de moda. A página dupla in-

ERA UMA VEZ NA ANTIGA NOVA YORK... 31

titulada "Decoração Floral" traz comentários absurdos como: "a moda de usar dúzias de rosas já passou, e provavelmente jamais voltará".[18] Por sua vez, um artigo sobre sapatilhas alerta: "com traje de gala completo, elas [as sapatilhas] só podem ter como acabamento fivelas muito pequenas".[19] O melhor é um memorando sobre a moda dos guarda-chuvas vermelhos: "A moça de *fin de siècle* acata ideias rapidamente, e a moda de levar um guarda-chuva que projeta uma cor rosada favorável num dia cinzento é extremamente engenhosa."[20]

Assim como ainda não era uma revista de moda, a *Vogue* ainda não tinha se tornado uma revista para mulheres. A primeira encarnação trazia muitas coisas dirigidas aos homens, incluindo "Como ele viu" e "*Le Bon Oncle d'Amérique*", um folhetim em que um homem que vive em Paris à custa do tio americano se entrega a todo tipo de disparates com moças francesas.

Outras seções incluíam discussões vagas sobre literatura e uma coluna intitulada "Londres", de um suposto correspondente naquela cidade. A coluna abria com: "Os cães são a moda do momento. Quem é alguém caminha escoltado por um 'seguidor' canino, e até a 'marcha para a igreja' no parque aos domingos segue os caprichos destes seres de quatro patas".[21] Essa miscelânea durou anos. Na descrição de um dos primeiros funcionários, a *Vogue* tinha "certa despreocupação diante disso... uma vez ilustramos a história de amor de uma garota num posto do exército com desenhos de uma truta gorda lutando com o anzol".[22]

Como seria de se esperar em uma revista do século XIX, a redação é formal, confusa e excessivamente elaborada. As descrições das tendências da moda nunca vêm junto das ilustrações corretas, e às vezes simplesmente não existem. O layout é aleatório: a carta do editor aparece junto a um trecho inacabado de ficção, uma piada e um dístico gloriosamente fortuito, "A espada pode até reger a nação, mas os ouros muitas vezes levam a mão".[23]

Ainda que essa *Vogue* pareça incompreensível hoje, pode-se distinguir certas qualidades típicas da marca. Há reverência à riqueza e ao luxo, além do sentido do que está ou não na moda, seja indumentária, talheres ou grampos de cabelo. Até alguns anunciantes são os mesmos: Tiffany & Co., Veuve Clicquot e Perrier Jouët compraram espaço no primeiro número e às vezes aparecem em companhias questionáveis, como o tônico capilar Marsh Mallow e os emplastros porosos Allcock. De certo modo, é reconfortante notar que os hábitos dos ultrarricos não mudaram tanto. O correspondente em Londres que escreve sobre um poodle mimado — "Além disso, ele tem um baú próprio, devidamente marcado com suas iniciais, que guarda a sua vasta coleção de fitas de todos os tons e formas, diversos braceletes para suas quatro patas e uma variedade de coleiras para cada ocasião"[24] — soa incrivelmente parecido com os famosos chihuahuas mimados de Paris Hilton!

Se muito do conteúdo da *Vogue* parece se dirigir aos amigos, o que implica saber "quem é quem" e "quem não é ninguém", é porque ela foi, em grande parte, criada pelos amigos bem-nascidos de Turnure. Em suas memórias, *Always in Vogue* [Sempre em *Vogue*], Edna Woolman Chase — que começou com um trabalho temporário e terminou como editora-chefe — descreve um ambiente informal e não profissional em que os colaboradores eram amigos do editor, e não pessoas escolhidas por sua reputação literária.

Para quem está acostumado com o produto reluzente e a direção de arte primorosa de hoje, comparativamente, a primeira *Vogue* pode parecer um tanto opaca e caótica. Contudo, foram os eminentes membros da equipe, e não o conteúdo em si, que bancaram a reputação inicial da revista. Em toda parte, os leitores queriam saber sobre os membros do famoso Quatrocentos, mas não ligavam muito para o que eles diziam exatamente. Apesar de ter escolhido colaboradores supostamente inexperientes, Turnure sabia que era necessário um escritório repleto de gente de sangue azul para criar certo status para a Vogue, e sabia também que precisava de um supervisor eficiente e visionário. Como resultado, a editora fundadora era uma bela exceção àquele pessoal decorativo.

Jornalista experiente, Josephine Redding compartilhava o amor de Turnure pelo meio impresso e era conhecida como escritora e editora de diversas publicações. Ela já havia trabalhado para Turnure como editora da *Art Interchange*, e mais tarde se tornaria proprietária da revista. Ela pertencia ao mesmo círculo social de Turnure, embora isso não seja suficiente para expressar seu nível de expertise. Para Turnure, Redding foi

ERA UMA VEZ NA ANTIGA NOVA YORK... 33

um ponto forte, e a *Vogue* carregará o seu legado para sempre. Turnure e sua equipe não estavam conseguindo escolher um título e, desesperados, procuraram a formidável jornalista. Só quando estavam no meio de uma festa pomposa durante a qual anunciariam o nome, Josephine apareceu portando um dicionário onde havia sublinhado a palavra "*vogue*".[25] Era justamente o que Turnure estava buscando.

Foi um início marcante para Redding. Uma vez alçada a editora--chefe, Turnure foi rebaixado, passou a ser um empregado insignificante aos olhos dela e assim foi tratado (ela não tinha apreço pelos homens em geral). As suas excentricidades não terminavam aí. Ela usava um chapéu de aba larga mesmo se estivesse doente de cama (fato que gerou fofocas e especulações febris intermináveis no escritório)[26] e aprendeu a andar de bicicleta durante a noite, no escuro. Escreveu vários editoriais provocativos que definitivamente fugiam ao escopo da *Vogue*, entre eles matérias sobre sufrágio feminino, racismo e direitos dos animais. Este último lhe interessava particularmente, e ela criou o hábito de discorrer sobre as vidas de vários animais selvagens e de rebanhos. Durante uma festa, ela ficou tão encantada com a história de um convidado que havia crescido tendo um ganso como animal de estimação que encomendou a um artista uma ilustração para a história e a publicou sem nenhum contexto.[27] A sua coluna "Sobre os Animais" conseguiu sobreviver na *Vogue* americana até a década de 1940.

As contribuições de Redding indicam que a primeira versão da *Vogue* era multidimensional e ia além de comentários sobre bailes e escândalos. Muitos dos seus assuntos preferidos invalidavam o elitismo das outras matérias, tornando a revista acessível a um público mais amplo. Embora o seu amor pelos animais e as causas feministas facilitassem a recepção, ela implementou outras medidas dirigidas aos leitores alheios à alta sociedade. "Modas Elegantes para Rendas Limitadas" reconhecia tacitamente que nem todos os leitores eram abastados. Redding também promoveu a ideia dos moldes *Vogue*, admitindo que parte das leitoras cosia as próprias roupas.

A visão igualitária de Redding era um contraponto ao esnobismo de Turnure, embora o seu conteúdo nunca tenha deixado de lado os socialites

34 NOS BASTIDORES DA *VOGUE*

nova-iorquinos que a revista dizia ser o seu público predominante. Foi ela quem criou o modelo de uma publicação sobre aspirações, assegurando um equilíbrio delicado de um conteúdo atraente para todas as classes, ampliando assim o alcance da *Vogue*. A revista podia ser lida por qualquer um, da sufragista feminista moderna à moça que trabalhava como chapeleira, ou à noiva mimada de um general, desde que soubessem que a sra. Astor a lia. Apesar de ter se firmado nas bancas de jornal graças às relações de Turnure com os Quatrocentos, a *Vogue* se tornou um espelho fiel da "sociedade e das modas na década de 1890"[28] graças a Redding e, quando esta decidiu se demitir, em 1901, a revista perdeu o rumo.

Com a partida de Redding, Turnure assumiu o conjunto da publicação e a editoria, além dos aspectos publicitários e financeiros, e uma equipe novata redigia artigos que ele considerava desleixados. Turnure necessitava urgentemente de outra dama no comando. Procurando uma pretendente ao cargo em seu círculo íntimo, ele topou com uma personagem bastante agradável e a contratou, embora ela fosse uma golfista sem nenhuma experiência prévia em publicações. Marie Harrison era cunhada de Turnure e, mesmo não tendo o *know-how* de Redding, os dois conseguiram improvisar cada número da revista. O que lhe faltava em conhecimento, ela compensou estabelecendo boas relações com as demais funcionárias, demonstrando boa capacidade de liderança. Isso deveria ter sido suficiente para levar adiante a revista, se houvesse jornalistas sérios na equipe, porém, novamente o problema era a escassez de redatores competentes e anunciantes endinheirados.

A atmosfera não era relaxada apenas na equipe elegante. O grande problema era que Turnure não sabia gerar dinheiro. Quando imprimia ilustrações de vestidos, os nomes dos costureiros muitas vezes eram omitidos, então não podiam ter aquele negócio como alvo, vendendo anúncios. Embora Turnure soubesse usar as suas relações para obter furos exclusivos — como ver o enxoval de Consuelo Vanderbilt antes do seu casamento do século com o nono duque de Marlborough, por exemplo — ele não tinha ideia de como usar aquilo para alavancar os lucros.

Quando Turnure começava a se desesperar, um conhecido em comum lhe indicou o inexperiente Tom McCready. McCready causou boa

ERA UMA VEZ NA ANTIGA NOVA YORK...

impressão e obteve o emprego de gerente de publicidade em uma revista que praticamente não tinha anúncios. Ele pediu 9 dólares por semana, e Turnure lhe prometeu a bela soma de 20 dólares. O seu primeiro cheque foi no valor de 25 dólares — Turnure gostava de fazer surpresas agradáveis à equipe. McCready, com menos de 20 anos, não era só garganta. Ele e Turnure começaram a montar uma estratégia pioneira para a *Vogue* e planejaram abolir a venda de anúncios por linha — que era o costume à época — e, em vez disso, oferecer blocos de espaço publicitário por um preço inferior. Isso estimularia os anunciantes a se apossarem da página e usarem o espaço com liberdade, com suas próprias ilustrações. Se os anúncios fossem belos e estéticos, a revista seria poupada de produzir as imagens. Infelizmente, eles não chegaram a ver os frutos dessa ideia no longo prazo, pois a situação que "mal se sustentava" estava a ponto de ter fim.

Turnure morreu subitamente em 1906, e a *Vogue* entrou em coma. A sua morte deixou evidente que a revista tinha perdas consideráveis. A editora Marie Harrison e a assistente Edna Woolman Chase perseveraram, determinadas a não deixar a *Vogue* afundar, pois era o que dava o sustento à jovem viúva de Turnure e seu filho pequeno.[29] Embora Harrison não tenha conseguido recuperar a glória anterior da revista nem adaptá-la aos tempos que mudavam, manteve o interesse dos leitores mais ricos. Por outro lado, a ilustre base de assinantes chamou a atenção de um editor empreendedor que esperava pacientemente nos bastidores.

Capítulo 2

O SEGUNDO ATO

A chegada de Condé Nast: a construção de um império editorial

O homem invisível aparece

Antes de se tornar uma entidade corporativa com mais de cem revistas distribuídas mensalmente com o seu nome, Condé Montrose Nast foi um homem apaixonado. O objeto da sua afeição era o lindo exemplar de uma revista que viu certo dia em uma banca de jornal, e ele não descansou enquanto não pôs as mãos nela. O encontro casual despertou um caso de amor que consumiria a sua vida e duraria até a sua morte. O nome dela, como você pode suspeitar, era *Vogue*.

A revista estava no horizonte de Nast havia algum tempo; ele andava buscando uma publicação luxuosa e, embora a *Vogue* estivesse perdendo parte do seu brilho, ainda mantinha ligações sociais valiosas. Condé Nast havia abordado Turnure um ano antes de sua morte e expressou interesse em comprar a revista;[1] após a dolorosa descoberta da montanha de dívidas de Turnure, ele procurou a viúva.[2] Desta vez ela admitiu que a família não estava em condições de manter a revista por conta própria. Quatro anos tinham transcorrido até Nast pôr em ação o seu plano tão acalentado.

Quando Condé Montrose Nast por fim comprou a *Vogue*, em 1909, ela era uma empresa medíocre espremida em poucos cômodos apertados, e a equipe escrevia placidamente em escrivaninhas baratas compradas em lojas de móveis de escritório por atacado.[3] Ele entrou nas vidas dessas pessoas quase como se tivesse se materializado do nada. Interessado em manter o anonimato no escritório, então localizado na 24th Street, ele escolheu uma sala com entrada separada para que ninguém o visse chegar ou sair.[4] Embora o seu nome figurasse nos créditos, impresso logo abaixo de "The Vogue Company" e acima do da editora Marie Harrison, não havia qualquer outra indicação de que a revista tivesse trocado de mãos. Não houve anúncio a respeito na imprensa nem carta introdutória do novo dono. Os funcionários da *Vogue* logo o apelidaram de "Homem Invisível" e viviam em uma tensão terrível, à espera de ocasionais demissões súbitas e rezando para não serem os próximos na fila.

Os rumores que chegavam à equipe pintavam um retrato assustador de um Nast maquiavélico, e a equipe passava horas especulando nervosamente se seriam todos despedidos.[5] Porém, longe de planejar demissões em massa, Nast estava mergulhado no fluxo de receitas e lucros, preparando uma estratégia para o futuro. O amor aos números sempre estivera no cerne das suas operações de negócios e lhe servira tão bem na *Vogue* quanto anteriormente na *Collier's Weekly*, onde tinha alcançado o seu primeiro êxito meteórico.

Nast, que certamente não viera de uma família abastada, havia estudado Direito na Universidade de Georgetown com a herança de uma tia. Lá ele conheceu Robert Collier, cuja amizade resultou mais valiosa que todos os diplomas do mundo. Ao se formar bacharel em Direito, em 1895, ele voltou para casa, em St. Louis, no Missouri, e não se esforçou por exercer a profissão, interessando-se, em vez disso, por uma questão familiar. Alguns parentes seus haviam feito um investimento de pouca monta em uma gráfica à beira da falência — e o jovem bacharel Nast resolveu recuperá-la.

Em vão ele queimou os miolos em busca de uma solução para os problemas financeiros da gráfica, até perceber que os conterrâneos à sua volta se preparavam para a Exposição Anual de St. Louis. Agindo com presteza, ele fez a lista dos negócios que poderiam precisar de serviços de impressão para a exposição e os procurou com uma oferta especial, caso fizessem encomendas à sua gráfica.[6] Foi um êxito total, e o dinheiro começou a entrar. Enquanto isso, Robert Collier, ao saber dos feitos do amigo e da recuperação improvável da gráfica, foi visitá-lo. O pai dele era dono de uma

O SEGUNDO ATO

editora próspera e de uma revista em dificuldades financeiras, intitulada *Collier's Weekly*. Na década de 1890, essa publicação árida estampava fotografias de guerra, desportos universitários e ficção trivial. Collier olhou bem para o antigo colega de universidade e seu trabalho de promoção da gráfica... e ofereceu-lhe trabalho em Nova York como gerente de publicidade da *Collier's*. Ele não poderia ter tomado uma decisão de negócios mais acertada, pois foi lá que o talento de Nast para o marketing amadureceu e se tornou superpoderoso.

Quando Nast, sem um tostão, chegou a Nova York, recebeu um salário de 12 dólares ao mês e a incumbência de aumentar o faturamento da revista como achasse melhor.[7] Ele formulou uma estratégia ousada e enviou uma carta audaciosa a clientes em potencial apresentando-se e assegurando que não estava atrás do dinheiro deles. Dizia que a *Collier's* era impopular e desperdiçada, desvalorizada e subestimada. Nast terminou o texto crítico pedindo o endereço residencial do proprietário do negócio para enviar-lhe uma assinatura gratuita, insinuando na última linha que havia grandes projetos em andamento na *Collier's* que talvez fosse interessante acompanhar.[8] Essa peça genial de psicologia reversa despertou a curiosidade das companhias e dos comerciantes destinatários. À medida que passaram a acompanhar a *Collier's*, esta foi se transformando diante dos seus olhos.

Nast contratou bons redatores, cujas credenciais usou para promover a revista. Introduziu fotografias coloridas, adequou o design e ampliou o conteúdo, dando à publicação um aspecto mais completo e luxuoso. Sua outra grande invenção foi o conceito de edição limitada, que serviu para impulsionar grandes vendas. Em 1887, a *Collier's* tinha uma circulação pífia de 19.159 e faturava 5.600 dólares com propaganda.[9] Dez anos depois do tratamento de Nast, a circulação subiu para 568.073 e a receita para 1 milhão de dólares.[10] Ele fazia uma contabilidade detalhada e passava horas analisando os dados para determinar o que funcionava ou não. Chegou a buscar uma correlação entre as pequenas modificações nos editoriais e quedas ou aumentos no faturamento. Como recompensa por essa organização minuciosa, o seu salário não parava de subir, chegando, em 1907, a 40 mil dólares por ano.[11] A soma era tão alta que foi anunciada em um jornal de St. Louis como o maior salário já recebido por um homem aos

35 anos, quase o mesmo que recebia o presidente dos EUA.[12] No auge do triunfo, ele procurou Robert Collier e pediu demissão. Nast decidira atuar por conta própria.

O seu próximo passo foi adquirir a Home Pattern Company, mediante a qual criou uma franquia de moldes para o *Ladies' Home Journal*. Compondo um mercado ainda pouco explorado, os moldes de costura deixaram Nast fascinado. Embora não tenha sido a grande jogada que esperava, ela o alertou para as necessidades das consumidoras. As revistas americanas da época tendiam a ignorar as mulheres. Descobrir a mulher compradora foi um dos *insights* de Nast — e o levou a pensar sobre outras áreas inexploradas do mercado.

Outra característica comum das publicações no início dos anos 1900 era a concentração na circulação em massa. As publicações pretendiam fazer dinheiro aumentando o número de assinantes, para obrigar os comerciantes locais a pagarem por anúncios. Nast percebeu que havia espaço para uma publicação dirigida a um mercado mais limitado, que permitisse o acesso direto dos anunciantes ao público-alvo, e eles estariam dispostos a pagar mais por esse privilégio. Um semanário dedicado à caça, por exemplo, seria o espaço lógico para anúncios de fabricantes de rifles. As mulheres formavam um grupo vasto, então ele resolveu subdividi-lo segundo a demografia. Que tal os que visavam unicamente as mulheres extremamente ricas? Chapeleiros, sapateiros especializados e ourives sofisticados que trabalhavam por encomenda teriam muito mais trabalho em encontrar um público do que as marcas de sabonete. Ele estimou que facilitar o acesso direto desses negócios ao cobiçado 1% da população rica poderia ser uma mina de ouro. Ele havia chegado à sua famosa fórmula: uma revista de luxo focada na mulher e baseada na classe social. Ele explicou a sua filosofia:

> Se você tivesse uma bandeja com 2 milhões de agulhas e apenas 150 mil delas tivessem a ponta de ouro e você as quisesse, recolhê-las seria um processo interminável e custoso... mas quanta economia você faria se conseguisse um ímã para atrair apenas as de ponta de ouro![13]

O SEGUNDO ATO 41

A grande ideia que ele teve, de que qualquer coisa de alto valor — pianos grandiosos, broches de esmeralda, carros luxuosos — seria mais bem exibida em uma revista lida por quem tem dinheiro à disposição, estava cristalizada. Agora, só o que precisava era encontrar uma publicação de qualidade que servisse de cobaia para a sua ideia genial... Foi então que seus olhinhos deram com a *Vogue*, e, embora anos se passassem para que ela fosse sua, ele encontrara o meio perfeito.

Vogue 2.0

Nast levou quase um ano avaliando e fazendo modificações na *Vogue*. Desembaraçar o que restara do confuso reinado de Turnure deu certo trabalho. O seu desafio agora era criar um formato padronizado a partir da mistura confusa que era a revista e consolidar o seu maior capital: a audiência exclusiva dos americanos abastados. Somente em 1910 ele pôde declarar publicamente as suas intenções; o número de meados de fevereiro trazia o seguinte anúncio:

> Começando pelas Previsões para a Moda de Primavera, na edição de 15 de fevereiro, a *Vogue* passará a ser publicada segundo o planejado e será uma revista maior, melhor e ainda mais atraente.
>
> A partir de então, [a *Vogue*] apresentará as tendências atuais em moda, sociedade, música, arte, livros e teatro, em duas esplêndidas edições mensais, cada uma delas com mais que o dobro do tamanho da atual edição semanal.[14]

Todas as capas passaram a ser coloridas, e a revista passou de semanal a bimensal.[15] No número seguinte, houve um aumento de catorze páginas de anúncios, em comparação com o mesmo número do ano anterior, e o preço subiu de 10 para 15 centavos (mas o valor da assinatura se manteve igual). Nast dedicou-se a entender o funcionamento interno de cada departamento,[16] porém, por mais diligente que fosse, suas almas gêmeas eram os homens da publicidade, e o seu passado como homem da área criava maior sintonia com o trabalho deles. Como Nast planejava fazer da publicidade a maior fonte de receita, superando as assinaturas, eles se tornaram duplamente importantes. No modelo de negócios de Nast, com o tempo a circulação passaria a ser apenas uma cifra para atrair anunciantes, levando-os a gastar grandes quantias. É uma estratégia amplamente empregada hoje, mas ele foi o pioneiro. As vendas teriam cada vez menos peso no faturamento.

O departamento de publicidade foi ganhando status e às vezes entrava em conflito com o departamento editorial. Os homens da publicidade iam às salas dos editores para propor matérias falsas com o merchandising de mercadorias que a equipe editorial considerava abaixo da média, para estimular as marcas a pagarem mais por grandes anúncios. Por que não inserir algumas palavras gentis sobre um grande cliente? Os editores pensavam que isso comprometeria gravemente a qualidade dos conselhos que davam aos leitores. Quando um publicitário gritava com uma editora dizendo que o seu departamento pagava o salário dela, ela respondia calmamente que se enchesse as páginas de produtos medíocres a *Vogue* perderia a sua reputação e nenhum dos dois teria emprego.[17] Se a *Vogue* fosse entulhada de produtos pagos, eles perderiam a confiança dos clientes, mas, se não vendessem espaço suficiente, perderiam um faturamento valioso.

Marie Harrison continuou como editora nos primeiros cinco anos do reinado de Nast. Porém, consciente de que a *Vogue* era um empreendimento que ainda corria o risco de afundar, Nast queria que a próxima editora fizesse mudanças. Nascida em Nova Jersey, Edna Woolman Chase fora criada na fé quacre por avós rígidos. Aos 18 anos mudou-se para Nova York, desesperada em busca de emprego. A competição era dura, com muitos jovens passando fome em pensões. Salva por uma amiga que tinha um trabalho menor na *Vogue*, ela foi contratada para um cargo inferior, para endereçar envelopes.[18] Desde o início, ela fez todo tipo de tarefas para os colegas privilegiados, que ficavam contentes em descarregar trabalho na adolescente inteligente e trabalhadora. "Eu absorvi a *Vogue* e a *Vogue* me absorveu",[19] escreveu ela. Naquela ocasião, Edna tinha quase vinte anos na revista e provavelmente a conhecia melhor do que os demais. Embora ainda fosse tecnicamente uma funcionária júnior, acontecimentos posteriores a fizeram avançar.

Quando Nast comprou a *Vogue*, a viúva de Turnure se precaveu e manteve suas ações preferenciais, acreditando que isso proporcionaria uma

O SEGUNDO ATO

renda estável à família.[20] Contudo, quando os lucros da revista cresceram sob a administração de Nast, a viúva começou a achar que havia sido enganada. Ela o processou, e a batalha que se seguiu vazou dos tribunais e chegou aos corredores da empresa. Como a editora, Marie Harrison, era irmã da viúva, as relações entre Nast e Harrison esfriaram. Era a chance de alguém esperto e empreendedor se fazer notar. Woolman Chase se tornou intermediária, levando e trazendo mensagens dos patrões em disputa. Ela estava bem debaixo do nariz de Nast.[21]

Quando Harrison foi embora, Woolman Chase fez manobras sutis para ocupar o posto. Ela adorava a *Vogue*, mas com a morte de Turnure e a confusão subsequente esperara demais por uma promoção. Na verdade, estava pensando em se demitir[22] quando Nast a convidou para suceder Harrison e, com isso, conseguiu a aliada mais forte que um editor poderia ter.

Nast e Woolman Chase tinham um entendimento implícito, confiavam plenamente um no outro e compartilhavam dos mesmos valores, tanto na moral pessoal quanto nos negócios. Lado a lado, eles construíram a *Vogue* que conhecemos. É raro que o dono e a editora trabalhem em termos relativamente igualitários, mas os anos de tremendo sucesso e expansão feroz foram conduzidos em conjunto. Esse padrão de coexistência confortável incluía atitudes mundanas, tais como "comer uma coisinha rápida"[23] na sua lanchonete preferida, e o acordo tácito e vagamente tortuoso de relevar as fraquezas de cada um na hora de contratar.

Com frequência, Nast conhecia alguma jovem bonita em uma festa e a convidava para um trabalho inespecífico na *Vogue*. Ele gostava de moças atraentes, e algumas delas naturalmente trocavam o departamento editorial pelo romântico.[24] Woolman Chase concordava em acomodar as neófitas, embora a única contribuição delas consistisse em atrapalhar os outros. Em troca, Nast respeitava suas contratações.

A lealdade fanática de Woolman Chase à *Vogue* era tão forte que muitas vezes quem dava as costas à publicação acabava pagando. Artistas que desertavam para a *Harper's Bazaar* nunca eram perdoados e passavam a ser esnobados publicamente. Quando De Meyer, que fora um dos melhores fotógrafos da *Vogue*, tentou voltar para a revista, ela se recusou a recontratá-lo.[25] Em consequência, ele morreu na pobreza. Os funcionários

44 NOS BASTIDORES DA *VOGUE*

que se demitiam podiam receber cartas num tom tão rude que tinham pânico de encontrá-la pela rua.[26]

Miúda como um passarinho, os cabelos frisados prematuramente grisalhos, Edna Woolman Chase estava construindo um legado imponente. "Exigente"[27] e "dura"[28] são adjetivos atribuídos a ela. Um biógrafo de Condé Nast chega a acusá-la de sadismo.[29] No auge da carreira na *Vogue*, ela foi editora-chefe de quatro edições distintas (americana, britânica, francesa e alemã) e encarregada de supervisionar cerca de 150 funcionários permanentes, além de escritores, fotógrafos, artistas e ilustradores freelance.[30] Era pedir demais esperar que ela fosse informal, conversadeira ou indulgente. Ela era exatamente o que precisava ser: rigorosa, eficiente e eficaz.

É verdade que havia traços de aspereza. Woolman Chase determinou que a equipe da *Vogue* usasse meias de seda pretas e luvas e chapéu brancos, o que resultava custoso para as moças pobres, que penavam para adquirir esses itens com seus parcos salários.[31] Quando uma editora tentou cometer suicídio atirando-se nos trilhos do metrô, Woolman Chase lhe disse com severidade: "Na *Vogue* não nos atiramos debaixo dos vagões do metrô, querida. Quando é necessário, tomamos remédio para dormir".[32] Ainda assim, ela contrabalançava a frieza ocasional com inúmeros momentos de delicadeza e generosidade. Muitas de suas tuteladas lhe foram eternamente gratas. A futura editora de moda Bettina Ballard recorda o primeiro encontro entre elas:

> Hoje, tudo nela é tão familiar, após anos de confiança e afeto, que não consigo separar a minha primeira impressão do todo. Só me lembro que ela não era aterrorizante e que disse: "Você escreve bem, querida, e sempre há espaço para isso numa revista."[33]

Isso se assemelha a outros relatos: Woolman Chase, assim como Condé Nast, dava oportunidades às pessoas. Ela as dava a mentes aguçadas, ao passo que ele privilegiava corpos com curvas (chegaram a circular rumores de que, ocasionalmente, Nast ia à estação Grand Central espiar moças bonitas chegando à cidade para lhes oferecer emprego).[34]

O SEGUNDO ATO

Além do papel de protetora de aspirantes a escritores e confidente pessoal de Condé Nast, Woolman Chase também era criativa, como comprovam várias das suas decisões editoriais e comerciais. Em diversas ocasiões ela quebrou padrões na *Vogue* e foi, em grande medida, a responsável pela fama da revista no final da década de 1910 e início da década de 1920. Woolman Chase acreditava possuir um talento inato para a edição. Ela tinha a impressão de que passava a vida a criticar tudo secretamente, inclusive os amigos e a própria casa, a ponto de, quando deu à luz pela única vez, passar o trabalho de parto observando pela janela do hospital um prédio em construção e imaginando como melhorá-lo.[35] Em suas memórias, ela admite que essa não é uma qualidade muito agradável e que a deixava constantemente insatisfeita com o mundo ao seu redor.[36] Porém, se esse caráter peculiar era prejudicial na vida privada, a veia perfeccionista a fazia conquistar novas vitórias para a *Vogue*.

Independentemente da atitude pessoal de Woolman Chase, de modo geral a revista tinha certas políticas muito pouco convencionais. Uma tática favorecida por ela e Nast era estimular rivalidades no seio da equipe para impedir que relaxassem no trabalho.[37] Eles davam instruções vagas para ver o que os novatos inventavam[38] e, embora algumas personalidades florescessem, tal estratégia podia ser um tiro no pé. Comentando sobre isso, Nast alegou que o mundo se dividia entre "recompiladores" e "desperdiçadores".[39] Os recompiladores sempre encontravam algo útil para fazer; os desperdiçadores nunca encontravam uma função para si e em pouco tempo desistiam.

Outra técnica de Nast era a famosa política de portas abertas. Ele encorajava as pessoas a aparecerem a qualquer hora, a lhe telefonarem para fazer alguma pergunta ou pedir um conselho.[40] Ele fazia o mesmo. Detinha passantes no corredor e conversava ociosamente com eles, mesmo sem ter ideia de quem eram e até mesmo se trabalhavam para ele.[41] Era uma maneira de se tornar mais acessível, além de estimular o próprio processo mental absorvendo ideias alheias. Ele manteve este hábito até quando a companhia já era um êxito multimilionário.

No final da década de 1910 e na década seguinte, a *Vogue* começou a adquirir uma forma nova e definitiva. Ela agora dava lucros incalculáveis — o dinheiro jorrava com a força de uma tempestade tropical — e era hora de que isso se refletisse nos arredores. Quando Nast adquiriu a *Vogue*, Clarisse Coudert Nast, sua esposa, entediada, mas parceira, tentou se aventurar na decoração do novo quartel-general da revista, na Quarta Avenida 443. O resultado foi um esquema de cores pastel. Outras tentativas de melhoria incluíram a contratação de uma copeira para servir chá e biscoitos por toda a empresa diariamente às 16h30.[42] Edna Woolman Chase aboliu este costume assim que pôde, alegando que distraía a todos do trabalho. "Só os britânicos podem servir chá no horário de trabalho sem se desmoralizar",[43] foi o seu comentário definitivo.

Anos depois, os escritórios foram repaginados pela icônica decoradora Elsie de Wolfe, sinal inequívoco de que a *Vogue* estava em ascensão no mundo. Maiores e mais iluminados, os escritórios receberam cortinas de seda crua, e as salas foram enfeitadas com peças de arte originais e vidros. A parede principal da recepção foi recoberta de livros falsos, mas o escritório de Woolman Chase, onde ela se instalara como editora-chefe desde 1914, manteve o verde pálido escolhido pela sra. Nast. A satírica Dorothy Parker (então Dorothy Rothschild), que entrou para a *Vogue* em 1915, exclamou com uma alegria maldosa que a decoração lhe fazia pensar em um bordel.[44]

As coisas estavam mudando na *Vogue*, e muitas dessas mudanças, como a melhoria dos interiores, eram possíveis por causa do dinheiro que jorrava. À medida que a companhia crescia e se convertia em uma caverna opulenta de gente que trabalhava muito, os editores principais criavam grupos e formalizavam os horários. Embora Nast gostasse de introduzir novas funcionárias no torvelinho, aos poucos foi surgindo um departamento de RH e regras foram criadas. Com a chegada de um vice-presidente alemão, de uma hora para a outra todos foram obrigados a chegar às 9 horas em ponto. Os retardatários eram chamados a preencher um cartão explicando o motivo da impontualidade... mas isso foi descartado quando um ilustrador chegou ao meio-dia e contou que se atrasara porque havia sido perseguido por uma manada de elefantes em plena Sexta Avenida. O riso correu frouxo e, em vez de admoestá-lo, os cartões foram abolidos.[45] Ainda havia uma atmosfera de camaradagem e o pessoal da época relembrava com carinho a "família *Vogue*".[46] Uma ex-assistente descreveu assim

O SEGUNDO ATO

o ambiente: "Era uma família, em que o sr. Nast era o pai, a sra. Chase a mãe... A *Vogue* era uma democracia e todos tinham voz — até o funcionário mais baixo, que, certamente, era eu."[47]

Para muitos, a "família *Vogue*" se alastrou para fora do espaço físico e se tornou uma família de verdade. Houve um número surpreendente de funcionários que se casaram, se divorciaram e voltaram a se casar, muitas vezes com pessoas das equipes estrangeiras.[48] O resultado foi um grande número de bebês nascidos no berço da *Vogue* e usados à vontade como modelos infantis. As filhas adolescentes muitas vezes eram vestidas para serem fotografadas como noivas relutantes, e Natica, filha de Condé Nast, posou para modelos de véus de noiva em 1920, aos 15 anos.[49]

A vida na *Vogue* trazia recompensas de dar água na boca. A companhia estimulava as viagens, e frequentemente as financiava, permitindo à equipe longas férias para passeios, aventuras e exploração. A teoria era que as viagens abriam a mente ao expô-la a diferentes culturas, novas tendências e fofocas. Em troca, qualquer descoberta realmente valiosa devia ser imediatamente comunicada, caso valesse a pena inclui-la na revista. À época, poucos tinham acesso a países remotos, então a equipe era toda olhos e ouvidos, uma espécie de banco de dados humano espalhado pelo mundo da moda e do luxo, recolhendo informações para enviar ao escritório central. Isso mantinha a *Vogue* atualizada e na dianteira.

Quem trabalhava muito era premiado, e ninguém era mais dedicado do que Woolman Chase. Nast lhe era sinceramente grato e a cobria de presentes magníficos. No Natal do início da década de 1910, ela recebeu uma caixa de chocolates, e debaixo de cada bombom havia uma moeda de ouro sólido, além de uma carta informando que teria um aumento de salário generoso.[50] Alguns natais depois, quando ela já havia comprado uma casa em Brookhaven, Nast enviou-lhe um bilhete dizendo que havia quitado o restante da sua hipoteca... *além* de incluir um cheque reembolsando-a pelo que havia pago até aquele momento.[51] Outros natais mais adiante, ele a presenteou com um certificado de ações acompanhado da mensagem: "Em reconhecimento por parte de *tudo* o que você tem feito por mim e pela *Vogue*".[52] Em sua segunda fase, a *Vogue* era um lugar alegre e movimentado com oportunidades reais. A equipe era contente, criativa, inteligente, alegre, extravagante, bem relacionada e imaculadamente vestida com um forte espírito de equipe.

O verdadeiro Grande Gatsby

O que Condé Nast fez com a sua companhia na década de 1920 cimentou uma reputação e um fluxo de lucros ainda vigentes em 2020. Contudo, a sua biografia pessoal foi eclipsada por seu patrimônio: ele deixou uma marca tão forte no cenário das publicações que apagou as próprias digitais. No entanto, chegou a ser tão famoso que as pessoas o reconheciam na rua. Nast era uma pessoa naturalmente discreta; uma contradição, já que o seu sucesso se baseava em técnicas comerciais agressivas. Terno de três peças feito sob medida, chapéu e *pince-nez* oval sem aro e comportamento de banqueiro, ele dava a impressão de ser um herdeiro das finanças. No entanto, em algum lugar sob aquela fachada séria estava o outro lado de Nast, *bon-vivant* e sedutor. Apesar dos seus modos reservados, ele era um admirador da beleza feminina e por uma década ofereceu as festas mais deslumbrantes de Nova York. Os convidados mal o conheciam, mas isso não importava; ele se satisfazia plenamente ficando em segundo plano.

Nast registrava minuciosamente quem fora convidado para as festas em sua cobertura de trinta quartos na Park Avenue 1040, quem compareceu, os comentários dos convidados, as razões para o não comparecimento e o custo da festa, até o último centavo. Ele dividia os convidados em potencial em grupos A, B e C: respectivamente, gente da sociedade, das artes e celebridades. As listas eram monitoradas e atualizadas cuidadosamente, e as suas secretárias se ocupavam de anotar cada rumor, além das fofocas sobre casamentos e divórcios, possíveis e confirmados, que pudessem complicar os lugares à mesa dos comensais.[53] Para muitas de suas secretárias, isso significava um trabalho de tempo integral. Nast estava determinado a oferecer um serviço cinco estrelas em sua casa, a qual era também um cenário, uma versão movente, viva e dançante do que acontecia nas páginas da *Vogue*. Era um círculo virtuoso que alimentava a mística do seu caráter e da sua revista. F. Scott Fitzgerald esteve entre os convivas mais de uma vez; talvez Nast fosse o verdadeiro Grande Gatsby.

O SEGUNDO ATO

O planejamento por trás desses eventos beirava a obsessão. A equipe doméstica recebia instruções precisas de como montar o festim no salão de baile, tarefa semanal que incluía deslocar móveis pesados de lá para cá. Todo esse trabalho só para dar uma festa, mas o caráter discreto de Nast era impulsionado por um mecanismo acelerado de ambição. Depois de angariar uma fortuna respeitável na publicação de *Collier's*, ele havia arriscado tudo nas próprias teorias. A sua doutrina sobre a publicidade e a identificação do consumidor hoje é parte do cânone da indústria, mas antes da glória e da mina de ouro ele era apenas um homem nervoso de meia-idade a ponto de apostar tudo o que havia acumulado em um palpite visceral. A aposta se pagou quando o seu nome foi impresso pela primeira vez na *Vogue*, em 24 de junho de 1909. Ele nunca saiu de lá.

Hoje, a multinacional que leva o seu nome afirma ter mais de 427 milhões de consumidores da edição digital, 88 milhões da edição impressa e um conteúdo em vídeo que gera mais de 1 bilhão de visualizações mensais.[54] E a pureza da mensagem da *Vogue* — promover um mundo maravilhoso — foi mantida. Contudo, embora quisesse mostrar aos leitores como levar a melhor vida, Nast trabalhava dezoito horas por dia, mesmo depois de ter acumulado uma fortuna. Para evitar desmaiar de exaustão nos jantares, ele tomava dois banhos, um quase fervente, o outro congelante.[55] Alternava entre um e outro para despertar antes de se apresentar socialmente, e até se cogitou que esse tenha sido o motivo dos problemas cardíacos que terminaram por matá-lo.[56] Transformar a *Vogue* em um sucesso foi a sua recompensa.

Capítulo 3

A CONSOLIDAÇÃO DA CONDÉ NAST
Expansão, a edição britânica, Primeira Guerra Mundial

O surgimento da edição britânica

A fome de expansão de Condé Nast ficou aparente logo que ele adquiriu a *Vogue*, e a revista não seria a sua única conquista. Em 1911, ele comprou ações da *House & Garden*.[1] Em 1913, comprou a revista de moda *Dress* e a *Vanity Fair*, publicação da Broadway em dificuldades, as quais fundiu na *Dress & Vanity Fair*. A revista foi um estouro imediato, até que ele dispensou o "Dress" e a relançou em 1914 apenas como *Vanity Fair*,[2] um dínamo de literatura e assuntos de atualidade, capitaneada pelo lendário editor Frank Crowninshield (que fora colega de dormitório de Nast na faculdade).

Depois de estabelecer os seus interesses confortavelmente nos EUA, Nast começou a cobiçar terras estrangeiras. O seu competidor, William Randolph Hearst, já havia começado a estender seus investimentos do outro lado do Atlântico. Hearst havia criado a National Magazine Company, subsidiária da Hearst Corporation, no final de 1910, para operar como a base britânica das suas publicações. Ciente disso, Nast quis superá-lo e ser o primeiro a publicar a versão estrangeira de uma revista americana. Assim como Nast, Hearst era editor há muito tempo e tinha a experiência de toda uma vida, porém com uma perspectiva totalmente distinta. À diferença de Nast, ele havia nascido rico e herdara as empresas jornalísticas do pai. A fortuna que acumulou se traduziu em coleções de arte, um castelo na Califórnia e diversas tentativas de se eleger para um mandato político.

NOS BASTIDORES DA VOGUE

Embora tenha erguido um império jornalístico, Hearst é lembrado mais pelo tamanho do seu patrimônio do que pela qualidade do seu jornalismo. Contudo, ele comprou a *Harper's Bazar* (o segundo 'a' foi acrescentado mais tarde) em 1913, determinado a transformar a discreta revista voltada para a família em uma rival da *Vogue*. Desde o início, a circulação da *Harper's* foi superior a 65 mil, ao passo que a da *Vogue* era de 30 mil,[3] mas em 1916 a revista de Nast cresceu: ambas as publicações chegaram a 100 mil naquele ano.[4] A disputa entre os dois proprietários chegou ao seu momento mais amargo e sombrio na década de 1930. Mas em 1910 a competição estava apenas começando e Nast, depois de ver crescer o comércio entre as revistas americanas e britânicas, achou que era tempo de dar o golpe. Contratou William Wood, um londrino dinâmico, para ser o seu homem no local e começou a enviar exemplares da *Vogue* para distribuição no Reino Unido em 1912.[5] A única diferença tangível na revista antes de chegar às bancas foi a mudança da ortografia americana para a inglesa.[6]

Nast queria que Wood atraísse anunciantes locais, mas os empresários britânicos, de boca e mão fechadas, ainda viam os EUA como o primo mal-educado e não pretendiam destinar parte significativa dos seus orçamentos a uma publicação americana. Ainda assim, o cioso Wood e sua equipe mascatearam a *Vogue* furiosamente, e em 1914 a edição importada vendia entre 3 mil e 4 mil exemplares ao mês.[7] Em 1916, apenas dois anos depois, esse número quadruplicou.[8] Chegara a hora de Wood lançar uma campanha: ele convenceu Condé Nast a criar uma edição à parte, revisada e impressa no Reino Unido. "Brogue", como a *Vogue* britânica foi carinhosamente apelidada, se tornou oficial naquele mesmo ano.

Não foi apenas o poder de persuasão de Wood que convenceu Nast. A Primeira Guerra Mundial havia irrompido em 1914 e levara à suspensão das exportações após uma série de ataques de submarinos alemães, o que significou que o suprimento da *Vogue* já não podia ir de Nova York para Londres.[9] Engenhoso, Wood não se deixou abater. Uma edição produzida localmente e centrada na Inglaterra manteria os preços baixos e lhes permitiria seguir vendendo a revista durante a guerra. Ele também acreditava que tinha mais chances de galvanizar os anúncios comerciais se pudesse mostrar legitimamente às marcas britânicas que eles esta-

A CONSOLIDAÇÃO DA CONDÉ NAST 53

vam inserindo conteúdo original britânico. O primeiro quartel-general londrino presidido por Wood, que era diretor, gerente e editor-chefe,[10] foi propositalmente modesto. Nas quatro salas de um prédio apertado e encardido havia apenas um punhado de funcionários.[11] Contudo, por mais modesto que tenha sido esse início, eles enfrentaram provações monumentais.

Alistamento, ataques aéreos, racionamento, máscaras de gás. Aliados, bombardeio de civis, rei e país. Lançar uma revista de moda em meio à destruição massiva parecia um tanto incongruente e, no entanto, a *Vogue* britânica granjeou popularidade enquanto a guerra recrudescia. A sua reputação nas trincheiras supostamente era menor apenas que a do *Saturday Evening Post*, e em casa as mulheres folheavam suas páginas avidamente, o que causou um aumento enorme da circulação.[12] O tumulto geopolítico e a incerteza econômica exercem um efeito curioso na moda: as pesquisas costumam indicar que os itens não essenciais e frívolos (produtos de beleza, roupas, maquiagem) têm uma grande demanda em períodos de guerra, sendo consenso que eles servem para levantar o moral.[13] As publicações de moda de Paris e Viena desapareceram das bancas com a irrupção da guerra; então, quem buscava uma leitura leve recorria à *Vogue*.

A Primeira Guerra Mundial surgiu em um momento crítico para as mulheres. O movimento sufragista estava no auge, mas teve de ser adiado. Os homens entraram para o exército, o que significou que as mulheres foram mobilizadas. Mães e donas de casa deixaram de lado as agulhas de bordar e entraram nas fábricas e fazendas, apertaram o cinto de segurança e defenderam valores britânicos rígidos. Embora fossem muito necessárias nas ocupações de trabalho intensivo em ambientes tradicionalmente masculinos, tais como fábricas de munição, os grupos conservadores costumavam encará-las com desconfiança. Enquanto isso, na mídia e na publicidade, cartazes com corpos femininos eram símbolos idealizados de vitória, pureza e beleza, inspiração para os soldados, anjos de misericórdia, guardiãs da moral ocidental. Foi essa era conflituosa que a *Vogue* tentou traduzir para as mulheres.

Há capas da *Vogue* que evocam o horror do momento, embora outras tenham continuado pondo ênfase nos aspectos mais frívolos da moda.

O ano de 1918 é particularmente rico em motivos de guerra. A capa de janeiro traz uma mulher trajando um vestido de baile rosa e branco, portando uma vela comprida contra um fundo preto desconcertante.[14] A capa de maio mostra uma jovem enfermeira com um ar abatido e, atrás dela, uma enorme cruz vermelha pintada sobre fundo cinza com as palavras "*Les Blessés*" (Os Feridos).

Três capas trazem mulheres de braços erguidos, em gestos de glória. Uma inclui as bandeiras britânica, americana e francesa simbolizando a solidariedade;[15] em outra há uma bandeira francesa rasgada, embora a mulher na imagem porte um ramalhete, assinalando uma celebração vitoriosa.[16] A última capa antes do anúncio do armistício é estranhamente triste. Uma pessoa minúscula em um vestido creme simples segura um grande coração dourado com uma roseta tricolor à esquerda do centro. Acima dela está escrito "*Le Coeur de la France*" (O coração da França), e a paisagem ao redor é absolutamente erma e pálida.[17] O branco, é claro, é a cor da rendição.

Examinadas em conjunto, as capas da Primeira Guerra Mundial parecem incluir todos os papéis femininos possíveis durante o conflito, do prático ao romântico. A mulher como emblema do triunfo nacional era um motivo tão difundido que a carta do editor de outubro de 1918 dizia: "Enquanto este número da *Vogue* vai à gráfica, as notícias da guerra continuam a animar até o pessimista mais apático — é quase como se a bravura das primeiras modas fosse um chamado à vitória. E por que não? Vitória é, essencialmente, uma deusa feminina."[18]

No entanto, ainda havia espaço para a graça e o sonho: também houve uma capa com uma mulher montada em um enorme pavão branco adornado com uma tiara.[19]

Algumas vezes a *Vogue* trata do conflito nos editoriais. O subtítulo de uma matéria sobre moda é: "'Se não consegue ser alegre, seja galante', diz Paris";[20] outra apresenta casacos de pele e se apropria do vocabulário militar sob o cabeçalho: "Estas são as defesas de Paris contra o inverno".[21] Um artigo sobre o Corpo da Guarda de Primeiros Socorros de Enfermagem começa com "Uma organização de inglesas com o título frívolo de 'Fannies' faz trabalho de homens e gerencia postos de primeiros socorros". Embora a coluna regular "Modas Elegantes para Rendas Limitadas" tivesse sido reno-

A CONSOLIDAÇÃO DA CONDÉ NAST 55

meada como "Vestir-se com Orçamento de Guerra", para o leitor moderno aquilo soava vergonhosamente despreocupado. O verão de 1918 abria com: "Com os dias longos e quentes de julho vem o pensamento refrescante dos vestidos finos, muito finos, e grandes chapéus, tão refrescantes como gelo estalando num copo grande de limonada."[22] Essa "voz da *Vogue*" pode nos parecer incomodamente superficial, mas ela certamente forneceu aos seus leitores contemporâneos uma distração bem-vinda das notícias tristes.

Os anúncios — segundo o modelo de negócios da Condé Nast — são o elemento inevitável, e no início prometiam muito. Em meio a cigarros orientais importados e blusas versáteis para tomar banho de sol, havia casacos Aquascutum autoventilados e um sapato de pele de lagarto da Fortnum & Mason em infinitos estilos. Vestimentas redutoras de tamanho (uma espécie de cinta de borracha) são anunciadas como "absolutamente higiênicas"; e os sais de banho emagrecedores Clark's insistem: "Não viva um dia mais com o triste desconforto de ser gorda demais. Você pode se livrar do pesadelo da desfiguração e da pele indesejada com o método empregado com sucesso pelas parisienses de bela forma",[23] alegando que as carnes em excesso serão desfeitas sem dor durante o banho e expelidas pelos poros. Aparentemente, o detergente branqueador Omo também exalava oxigênio. A quarta capa representava um espaço publicitário de primeira linha, embora certamente os editores ainda não fossem tão exigentes quanto hoje, já que frequentemente o molho Bovril ocupava esse espaço.

O crescimento dos desfiles de moda

A edição americana avançou de um modo mais glamouroso durante a guerra, já que não houve batalhas em seu solo. O seu desafio era de outra ordem. Em agosto de 1914, os alemães declararam guerra à França justamente quando Woolman Chase voltava sã e salva para Nova York. Ela vinha de alguns meses de visitas a estilistas europeus, mas estava de mãos vazias. A guerra atingira Paris em um mau momento para a moda. Foi justo antes das coleções de outono, uma produção que atingia toda a cidade e envolvia milhões de francos, milhares de empregados e uma teatralidade meticulosamente orquestrada. Mais tarde, o comprador de uma loja de departamentos americana descreveu sua experiência de ficar preso na capital durante a mobilização e recordava intensamente o percurso pelos ateliês tentando conseguir modelos de vestidos para levar para os EUA.[24]

Muitos *couturiers* não haviam terminado seus desenhos, e o comprador americano, enquanto assistia a muitas cenas afetuosas de adeus — inclusive a do famoso estilista Paul Poiret, no uniforme azul e vermelho da infantaria, cercado pela carinhosa equipe feminina —, encontrou poucas roupas à venda. Parte do problema era que os *couturiers* eram em sua maioria homens e estavam se preparando para o alistamento, em vez de terminar seus vestidos. As *couturières* foram em frente com as coleções, mas tinham poucas peças. Para Woolman Chase, aquela notícia foi inconveniente. Ela não tinha como saber que poucos meses depois a indústria da alta-costura francesa retornaria à atividade como antes. O que ela soube pelo seu correspondente estrangeiro em Paris foi que um sentimento de luto e desesperança minava o país como uma doença.[25] Como ela iria preencher as páginas da sua revista sem a moda francesa? Paris era o centro do estilo, a única autoridade em roupas.

Meditando sobre isso no ônibus a caminho do trabalho, ela de repente se lembrou das bonecas da *Vogue* que haviam sido usadas como uma jogada de publicidade na época de Turnure.[26] Aquelas bonecas haviam sido cobertas com versões em miniatura de vestidos de estilistas nova-iorquinos e exibidas para um público curioso. Woolman Chase teve um de seus insights. Quando chegou ao escritório, já tinha a ideia clara em mente e foi diretamente ao escritório de Nast para discuti-la. Se não tivessem roupas para apresentar na *Vogue*, teriam uma edição vazia. Como não havia nada chegando de Paris, por que não reunir um grupo de estilistas nova-iorquinos para criarem peças originais e exibi-las para as damas da sociedade em um evento público? As roupas poderiam ser expostas em outras mulheres, cuidadosamente escolhidas, e elas poderiam andar, uma atrás da outra, diante do público. O "show" poderia inclusive ser vendido como beneficente, e os lucros enviados para ajudar os esforços de guerra na França. Woolman Chase teria modelos suficientes para imprimir na *Vogue*, o que resolveria o seu problema editorial; o design americano poderia ser apresentado ao mundo, já que até então a França detinha o monopólio da

A CONSOLIDAÇÃO DA CONDÉ NAST 57

alta-costura; e eles arrecadariam dinheiro para apoiar os seus amigos que sofriam na Europa. No entanto, Condé Nast duvidou. Ele não conseguia ver o interesse de assistir gente andando vestida com roupas. Woolman Chase explicou mais tarde: "Hoje, quando os desfiles de moda se tornaram um modo de vida, é difícil visualizar a idade das trevas, quando os desfiles ainda não existiam".[27]

Parece impossível imaginar isso hoje, mas Woolman Chase teve de brigar para convencer as pessoas. Além disso, precisou conseguir alguém que fizesse o papel de patronesse, ou Nast não lhe permitiria ir adiante.[28] A sociedade de Nova York era bem fechada, tinha as portas trancadas para quaisquer ideias novas; o olhar gélido das grandes damas que presidiam a cidade congelava quaisquer tentativas. Além disso, elas se recusavam a se envolver com qualquer coisa que fosse comercial. Woolman Chase estava determinada a insistir no aspecto beneficente, mas o envolvimento da *Vogue* poderia bastar para afastá-las, já que as publicações eram um negócio, e os negócios estavam abaixo delas.[29] Em sua missão para pôr em marcha o projeto, Woolman Chase resolveu ir direto ao topo e procurou a madame mais ilustre e imponente de todas. Antigamente ela teria sido a sra. Astor. Agora era a sra. Stuyvesant Fish.

Conhecida como "brincalhona",[30] ela não parecia nada divertida. Nas fotografias, o colo plano da sra. Fish está coberto por roupas elegantes, a sua forma ampla espremida em um espartilho assustador e a sua expressão teria feito a rainha Vitória parecer alegre. Para chegar a tempo à reunião marcada, Woolman Chase precisou pegar um trem antes do nascer do sol, dirigindo-se apreensiva à mansão da sra. Fish. Chegando lá, a secretária apareceu e disse a Woolman Chase que a sra. Fish não a receberia. Sem saber o que fazer em seguida, Woolman Chase manteve uma conversa educada com a secretária, a qual, ela descobriu, tinha um filho que gostava de desenhar. Será que a sra. Woolman Chase, como editora da *Vogue*, se incomodaria de olhar o trabalho dele e avaliar se era bom? Concordando gentilmente, Woolman Chase comentou que era uma pena que não se pudesse fazer nada para persuadir a sra. Fish a ouvi-la. A secretária entendeu a indireta — e voltou escadaria acima para pedir àquela mulher imponente que desse uma chance à editora.[31]

58 NOS BASTIDORES DA *VOGUE*

Quando ficou diante da sra. Fish, Woolman Chase a convenceu. O resultado foi uma lista repleta de patrocinadoras apontada como "surpreendente".[32] Com a ajuda da sra. Fish, alguns dos nomes mais suculentos de Nova York entraram no cardápio, inclusive gente como as sras. Vincent Astor, William K. Vanderbilt Jr., Harry Payne Whitney e Ogden L. Mills.[33] Diante daquela lista impressionante, Condé Nast cedeu totalmente. Dada a luz verde, Woolman Chase se ocupou de outros detalhes. Batizou o evento de "Fashion Fête"; escolheu o Comitê da Misericórdia, que ajudava viúvas e órfãos de países aliados, como o beneficiário dos lucros; reservou o salão de baile do Ritz-Carlton; e selecionou a dedo sete patronesses para o júri, embora fosse apenas de fachada. Woolman Chase percebeu que costureiros e donos de butiques e lojas de departamento que pagavam por anúncios na *Vogue*, mas que não tinham sido escolhidos para se apresentarem na *fête*, poderiam se ofender e retirar sua publicidade. Ela não queria pôr em jogo a qualidade das roupas a serem exibidas, então, astutamente, disse a cada cliente que adoraria mostrar as suas peças, mas, infelizmente, o "júri" havia escolhido os modelos e ela fora obrigada a ceder.[34]

Ela prestou outro serviço à moda ao treinar as modelos, ensinando às belezas criteriosamente escolhidas como andar pavoneando-se e dar volteios profissionais. O seu objetivo era fazê-las andar de maneira a convencer os observadores de que aquilo era uma arte verdadeira, e não o fruto da maquinação aleatória de uma editora ambiciosa. O andar na passarela foi popularizado e a Fashion Fête teve grandes consequências para a profissão de modelo nos Estados Unidos.[35]

A noite foi um sucesso estrondoso; ela começou com o jantar, após o qual as damas subiram a escada em espiral e se sentaram para assistir ao desfile. À época era tão incomum que aquelas poderosas famílias nova-iorquinas se misturassem com gente comum que as socialites presentes se consideraram muito intrépidas por passarem a noite com modelos e costureiros.[36] Algumas marcas de luxo que conhecemos hoje, tais como Bergdorf Goodman, se lançaram na cena da moda naquela noite. A *fête* ocupou onze páginas no número da *Vogue* de 1º de dezembro de 1914. O temor de Woolman Chase das páginas em branco se dissipou.

A CONSOLIDAÇÃO DA CONDÉ NAST 59

Este não seria o último gesto da *Vogue* com relação à guerra. Em 1915, Nast convocou os leitores a doarem para o Fundo das Costureiras de Paris. Ele estava realmente interessado em apoiar as operárias afetadas pelos conflitos, embora a iniciativa também alimentasse o seu desejo de tranquilizar os pesos-pesados da moda parisiense. Os *couturiers* não gostaram de saber da Fashion Fête e a encararam como uma jogada dos americanos para promover os costureiros locais, enquanto o design francês fora interrompido devido à guerra. (A *Harper's Bazaar* tentou tirar proveito do escândalo, atiçando o fogo e incitando os ateliês a vetarem os editores da *Vogue* em futuras apresentações.)[37] Desejoso de se redimir, Nast se ofereceu para organizar um Desfile de Moda de Paris em Nova York, mais uma vez no Ritz-Carlton, beneficente e com ampla cobertura na revista. Desta vez, os nomes dos estilistas eram mais conhecidos — Worth, Poiret, Lanvin —, mas os lucros foram muito menores. Nast ficou satisfeito em arcar com o custo financeiro, já que isso melhorava as relações com a França e satisfazia os *couturiers*.

Premeditadamente ou não, Woolman Chase havia demonstrado que a moda não precisava ser francesa, que os designers de vestidos em Nova York não precisavam copiar os modelos parisienses para vender seus produtos e que os americanos podiam desenvolver um estilo próprio. Ela também mostrou o atrativo de ver mulheres usando novos estilos — aquilo literalmente deu vida às roupas. Como a filha lhe disse anos depois: "Você e a Primeira Guerra Mundial. Que dupla vocês formaram!"[38]

A marca cresce

A Grande Guerra pode ter impulsionado Nast a se expandir para a Europa, mas ele estava ciente de que, para garantir o futuro da companhia, a *Vogue* precisava se estabelecer como a autoridade máxima na moda e a Condé Nast Publications precisava monopolizar o mercado de revistas. Um exemplo de como ele alavancava os eventos em proveito próprio pode ser visto na saga de Paul Poiret e a alta-costura parisiense.

Estilista mais quente do momento, Poiret visitou Nova York em 1914 e viu que o seu nome era usado sem permissão no país. Em resposta àquela fraude desavergonhada, ele soltou um clamor furioso que ecoou em Paris. Ainda hoje, as leis sobre plágio implicam uma negociação complicada; em

60 NOS BASTIDORES DA *VOGUE*

1914, aquilo era uma batalha campal. Nast compreendeu que a *Vogue* dependia das melhores roupas para exibir em suas páginas. Para ter acesso aos últimos modelos dos melhores estilistas, eles precisavam criar amizade com os *couturiers* parisienses. Então, em uma aposta para manter Poiret ao seu lado, Nast e Woolman Chase se mobilizaram para transformar o que poderia ter sido uma tragédia grega em mais um esquema lucrativo.

Quando Poiret voltou à França, pretendia alijar todos os editores e compradores americanos do seu ateliê e estava a ponto de convencer todos os colegas parisienses a acompanhá-lo. Banir todos os americanos das suas apresentações significava que seus desenhos não seriam roubados e copiados nos EUA, mas isso teria sido desastroso para a *Vogue* e todas as demais revistas estrangeiras de moda. Em vez disso, Nast, Woolman Chase e o recém-contratado representante europeu Philippe Ortiz convenceram Poiret a sentar-se com eles para encontrar uma solução. Graças a isso, nasceu o Syndicat de Défense de la Grande Couture Française [Sindicato de Defesa da Alta-Costura Francesa], um título bombástico para uma associação cujo objetivo era proteger os direitos dos estilistas franceses.[39] ·Criada oficialmente em junho de 1914, Poiret assumiu a presidência; o ilustre estilista Jacques Worth era o vice-presidente; e diversos outros respeitáveis veteranos da moda se tornaram membros ativos.

Ao policiar lojas, difamar quem vendesse cópias em seus editoriais e pressionar por meio das suas várias conexões industriais, a campanha da *Vogue* conseguiu que os nomes dos estilistas individuais deixassem de ser usados indiscriminadamente pelas lojas. Poiret e outros *couturiers* demonstraram sua gratidão à *Vogue* com favores especiais, entre os quais ver as coleções antecipadamente e obter os melhores assentos nos desfiles.

Além de manter o controle do setor da moda, Nast queria garantir a qualidade de todas as suas publicações; então, seguiu o conselho do seu vice-presidente e comprou a própria gráfica em um leilão, em 1921.[40] A instalação, localizada em Greenwich, Connecticut, fora a Douglas McMurtrie Arbor Press e era ideal para a produção, pois havia sido construída em um terreno alto e seco, o que minimizava a possibilidade de umidade, fatal nos trabalhos de impressão. Quando foi entregue a Nast, a gráfica estava em uma trilha suja e erma, e ele gastou cerca de 350 mil dólares só em paisagismo.[41]

A CONSOLIDAÇÃO DA CONDÉ NAST

Os prédios foram elegantemente reformados por um arquiteto da moda, com grandes obeliscos de pedra ladeando a entrada junto à estrada, para que fossem vistos por todos os carros que passassem por lá. Os nomes impressos nas mentes dos passantes eram os da grandiosa propriedade de Nast:

"VOGUE, GLAMOUR, HOUSE & GARDEN, VANITY FAIR, CONDÉ NAST PUBLICATIONS"

Cerca de 1.600 funcionários trabalhavam na gráfica e usufruíam satisfeitos de benefícios como cafeteria, salas de recreação e um dispensário com um médico e uma enfermeira.[42] Havia um show de moda de primavera, festa natalina anual e passeios no verão a um famoso clube campestre para os funcionários e suas famílias.[43] Quando Connecticut aprovou uma lei permitindo o trabalho feminino noturno, as impressoras de Nast foram rapidamente povoadas por mulheres fazendo copidesque.[44] Em seu auge, a propriedade majestosa incluía esculturas importadas da Itália, chafarizes na entrada e cerca de 25 mil dólares em olmos, o que dava à gráfica uma atmosfera de castelo recôndito. As revistas e jornais pesos-pesados frequentemente construíam as próprias gráficas, pois isso lhes permitia supervisionar o controle de qualidade. Ainda mais atraente era o fato de que podiam ganhar algum dinheiro extra aceitando contratos de outras publicações. Em pouco tempo, revistas como a *New Yorker* passaram a ser impressas na gráfica da Condé Nast, gerando outra fonte de lucro. No primeiro ano, o volume total de negócios da gráfica foi de 380.935 dólares; oito anos depois essa cifra disparou para 3.450.255 dólares.[45]

Nast foi um dos primeiros homens de negócios dos Estados Unidos a compreender a importância de construir uma marca. Ele sabia que ninguém na sua equipe podia se destacar — além dele próprio —, uma vez que poderia diluir a força do nome *Vogue*. Isso levou ao uso crescente da "voz da *Vogue*".[46] A menos que um artigo tivesse sido encomendado a um autor famoso, todos os redatores da equipe seriam publicados com títulos como "A *Vogue* diz", mantendo o tom da revista neutro e consistente. Isso significava também que os redatores não iriam granjear seguidores pessoais que pudessem levar consigo se trocassem a revista por uma rival.

62 NOS BASTIDORES DA *VOGUE*

A missão de Nast de estabelecer a *Vogue* como a voz oficial do luxo prosseguiu com a Escola Vogue e a Lista de Endereços Vogue. Elas eram anunciadas em cada número, instando os leitores a ligar para a revista em busca de conselhos e recomendações. Está tendo um caso tórrido com um membro do Parlamento e precisa de um restaurante discreto? Deixe isso com a *Vogue*. Ansiosa por comprar um chapéu novo, mas só passará uma noite em Paris a caminho da Índia? A *Vogue* pode marcar hora para você com o melhor chapeleiro. Perdeu a fortuna em um fiasco no jogo e está desesperado para casar a sua filha por dinheiro? A *Vogue* cuida dos convites para a estação de debutantes. Os seus adorados anjos loiros têm idade suficiente para frequentar a creche? Deixe a *Vogue* sugerir a melhor.

Havia alguns inconvenientes no avanço implacável do nome da *Vogue*. Surgiram diversos produtos no mercado que eram falsos "*Vogues*", inclusive sorvete Vogue, sapatos Vogue, cintas Vogue, os quais a Condé Nast tentou desacreditar na revista, já que não podia ter o copyright da palavra.[47] Aquilo era maçante, e Nast precisava escrever continuamente aos leitores desmentindo-os: "Agradecemos o seu apoio constante, madame, mas não, nós não estamos vendendo doces."

O sucesso de Nast certamente irritava Hearst. Por volta dessa época, ele criou o que desde então passou a ser a ferramenta básica na cruzada da *Harper's Bazaar* contra a *Vogue*: o roubo dos melhores profissionais treinados na revista. Ao longo dos anos, inúmeros fotógrafos, editores, gerentes de publicidade etc. foram atraídos por Hearst, hipnotizados pelo potencial do milionário de oferecer salários polpudos. Alguns dos artistas mais oportunistas conseguiram tirar vantagem disso, jogando um contra o outro para obter melhores contratos. Isso fazia o sangue da *Vogue* ferver.

O sucesso de Nast exasperava Hearst a tal ponto que ele usou suas outras publicações para tentar boicotar o competidor astuto. Em setembro de 1923, os seus jornais publicaram a seguinte notícia:

A *VOGUE* DESISTE DA IDEIA DA EDIÇÃO LONDRINA
Condé Nast, editor e proprietário da *Vogue*, abandonou a tentativa de criar uma *Vogue* em Londres e vendeu a edição inglesa à House of Hutchinson & Company.[48]

A CONSOLIDAÇÃO DA CONDÉ NAST

A história era totalmente inventada e a resposta de Nast foi curta e seca diante daquela jogada suja. Na semana seguinte ele comprou uma página inteira na revista de publicidade *Printer's Ink*:

> Esta história, que apareceu APENAS nos jornais da Hearst em todo o país, é totalmente falsa. Não vendi e não penso em vender a *Vogue* britânica para ninguém. Condé Nast.[49]

No entanto, se ele pudesse antever o drama que o esperava no escritório de Londres, talvez tivesse desejado detonar a edição inglesa e evitar uma dor de cabeça.

Capítulo 4

A EDITORA "SUJA"
Subculturas sexuais

Uma nova mulher para novas mulheres

No final da guerra, as mulheres haviam começado a se enxergar para além das suas capacidades reprodutivas, e a moda começou a refletir a mudança de mentalidade. Silhuetas mais soltas foram chegando ao mercado e as mulheres saíram, elegantes e esportivas, prontas para encarar o mundo e inventar as melindrosas. No Reino Unido, o sufrágio foi finalmente garantido em duas etapas, em 1918 e 1928. Havia um número incomensurável de viúvas de guerra, mulheres que agora precisavam se sustentar sem um homem. Uma paisagem de morte e devastação naquela escala significou que o gênero já não podia servir de base para ditar as normas sociais.

As mulheres sempre formaram o núcleo da força de trabalho na *Vogue*; contudo, determinar quem foi a primeira editora oficial da *Vogue* britânica é complicado, em virtude dos registros perdidos ou danificados durante a guerra. A maior parte das fontes indica Dorothy Todd ou Elspeth Champcommunal. Hoje a *Vogue* credita o honroso título de primeira editora britânica a Champcommunal[1] (Champco para os amigos), ao passo que Dorothy Todd (Dody) é listada como a segunda.[2] No entanto, Edna Woolman Chase, do escritório americano, não menciona Champco em sua autobiografia e trata Dody como a primeira editora.[3] É difícil resolver essas discrepâncias: vários outros relatos pessoais estão minados por enfrentamentos e rivalidades profissionais, e não ajuda nada o fato de que a *Vogue* ainda não contava com um expediente completo.

Vale a pena começar por Elspeth Champcommunal, já que ela é oficialmente reconhecida pela *Vogue*. Champco fazia parte do grupo artístico e boêmio de Bloomsbury e foi escolhida pela Nast & Co. devido aos seus relacionamentos sociais. O que os americanos não entenderam foi que o grupo de Bloomsbury, embora fosse de vanguarda, não fazia parte da aristocracia que consumia, a qual eles queriam atrair. Além disso, Champco era uma mulher vivaz com um profundo conhecimento da moda que se recusava a receber ordens de Nova York. Mais tarde ela se tornaria a principal estilista da Worth Londres e membro fundador da Incorporated Society of London Fashion Designers [Sociedade Incorporada de Designers de Moda de Londres], antecessora do British Fashion Council [Conselho Britânico de Moda].

Alguns dos detalhes mais desenfreados da vida de Champco estão ligados a suspeitas contemporâneas de bissexualidade. Ela nunca voltou a se casar depois de enviuvar e pertencia a um grupo liberal e propenso à experimentação sexual que floresceu no período entreguerras. Alimentando os rumores estava o seu longo relacionamento com uma editora com quem frequentemente se encontrava e viajava.

A sugestão de que a primeira editora da *Vogue* possa ter tido inclinações lésbicas já é em si bastante picante, até virem à tona os dados sobre a segunda editora. Indicada para o cargo em 1922 e descrita como "suja" por Cecil Beaton, Dorothy Todd é uma das figuras mais provocantes da *Vogue*. Ela era abertamente lésbica e vivia com uma namorada de longa data, em uma época em que a homossexualidade feminina nem mesmo era reconhecida pela lei. Duas décadas antes, o julgamento infame de Oscar Wilde pusera o foco na homossexualidade masculina, mas as mulheres ainda eram consideradas fisicamente incapazes de ter um comportamento verdadeiramente "invertido".

O apetite sexual de Dody afetou a *Vogue* diretamente. Os seus amigos artistas, muitos dos quais pertenciam à comunidade gay, se tornaram colaboradores regulares; então, por um curto período, parecia que todos os envolvidos com a *Vogue* faziam parte de uma subcultura sexual.

A EDITORA "SUJA"

Uma sobrinha de Oscar Wilde, Dolly, que tinha um relacionamento lésbico de longa data e era viciada em heroína,[4] foi uma das primeiras contratadas. Aldous Huxley, mais conhecido por ter escrito o canônico *Admirável mundo novo*, passou anos escrevendo para a *Vogue* e mantinha um casamento aberto com a esposa. Raymond Mortimer, comendador do Império Britânico, um reverenciado crítico literário gay, tinha uma coluna regular na revista; Marcel Boulestin, um escritor de culinária e o primeiro chef celebridade, passou o início da carreira escrevendo ficção gay picante; e Vita Sackville-West, colaboradora eventual da *Vogue*, testou os limites do seu casamento aberto tendo casos com homens *e* mulheres.

Obviamente já circulavam ideias sobre o tipo de pessoa que você precisava ser para trabalhar na *Vogue*, embora romper com a norma heteronormativa não fosse o fator decisivo. Afinal, tratava-se apenas de uma revista de moda, mas até sobre o assunto moda Dorothy tinha ideias próprias. Na casa dos 40, quando chamou a atenção da Condé Nast Publications, Dody foi levada a sério e convocada a Nova York para ser treinada diretamente por Edna Woolman Chase, em preparação para assumir o escritório londrino. Ainda assim, a versão de Dody desafiaria sua mestra americana.

Era a década de 1920 e a poeira da Primeira Guerra Mundial começava a baixar. O mundo ocidental, ansioso por recomeçar, dedicou-se à atividade intelectual. Uma nova geração surgiu e, com ela, novos modos de pensar tudo, da arquitetura à decoração, da ciência à filosofia. O modernismo como movimento tinha uma só regra: romper com todas as regras.[5] Embora com Woolman Chase a *Vogue* se apoiasse no conservadorismo, a *Vanity Fair* de Crowninshield tinha um papel social mais solto e ousado ao se permitir acompanhar os fenômenos culturais emergentes e empregar uma perspicácia aguçada à sua cobertura. Crowninshield prometeu no primeiro número de março de 1914: "Para as mulheres, pretendemos fazer algo com um espírito nobre e missionário, algo que, pelo que podemos observar, nunca foi feito em uma revista americana. Referimo-nos ao apelo constante à inteligência delas."[6]

Essa abordagem revolucionária fascinou Dody. Quando tomou as rédeas da Brogue, ela passou a seguir aquela cartilha. Ainda que os diversos textos sobre moda fossem redigidos e enviados pelo escritório americano,

NOS BASTIDORES DA *VOGUE*

as charges, as ilustrações e o tom divertido da Brogue de Dody tinham o toque vibrante da *Vanity Fair*. Quer ela reconhecesse ou não essa dívida, a sua revista não era de modo algum imitativa. Em uma carta da editora, ela escreveu:

> A *Vogue* não tem a intenção de limitar as suas páginas a chapéus e vestidos. Na literatura, no teatro, na arte e na arquitetura percebe--se o mesmo espírito de mudança e, para o observador inteligente, a troca de sugestões e influências entre todas estas coisas é uma das fascinações no estudo do mundo contemporâneo.[7]

Folhear a Brogue do início da década de 1920 é enxergar pelos olhos de uma editora vigorosa, hábil e visionária, que não temia cruzar limites e ampliar fronteiras.

Dorothy Todd nasceu em Londres, filha de um empreendedor imobiliário próspero de Chelsea. A vida pessoal do seu pai foi tão frutífera quanto os seus negócios: ele teve oito filhos com a primeira mulher. A mãe de Dody, Ruthella, foi a segunda esposa, uma pessoa jovem e venenosa.[8] Quando o pai morreu subitamente de um ataque cardíaco, a mãe dela se dedicou a desperdiçar a enorme fortuna, grande parte da qual deveria permanecer em um fundo para os dez filhos dele. Dody e o irmão mais novo embarcaram em uma vida insegura e atabalhoada, sendo arrastados por um circuito de jogatinas à medida que a mãe sucumbia ao alcoolismo. Dody era inquisitiva, meticulosa e determinada; certa vez ela fugiu de casa e só retornou após a promessa de que poderia aprender latim e grego.[9] Contudo, além do francês fluente que aprendeu na época em que frequentava resorts, lamentavelmente ela adquiriu também alguns dos piores hábitos da mãe, que se repetiriam em sua própria história, pois se acostumou a correr enormes riscos não só nos jogos de cartas, como também na vida.[10]

Uma infância complicada resultou em uma maturidade complicada. A adolescência de Dody e seus 20 anos foram assombrados pelo nascimento de uma filha ilegítima. Os ideais vitorianos ainda dominavam a sociedade, oprimindo as mulheres em uma atmosfera de vergonha, repressão e inex-

A EDITORA "SUJA"

periência. Não surpreende que ela tenha atuado como "tia" e guardiã legal da própria filha, fingindo para todos, inclusive para a própria, que não era a mãe. O mistério de quem seria o pai nunca foi esclarecido, e mais tarde sugeriu-se que ela teria sido violentada.[11]

Ainda assim, a filha foi bem cuidada, recebeu uma ajuda de custo generosa e pôde se matricular na universidade (em 1924, foi admitida em Oxford).[12] Apesar do relacionamento tenso, o interesse de Dody na educação da filha era genuíno. Ela mostrou o mesmo interesse com seus vários protegidos, pois promovia a aprendizagem dos jovens adultos e, particularmente, carreiras para as mulheres. Anotações de tirar o fôlego nos diários de Cecil Beaton indicam como o jovem fotógrafo desejava atrair a atenção dela e o quão valiosa esta poderia ser.[13] Até Woolman Chase, que não era fã de Dody, teve de admitir, a contragosto, que os protegidos dela sempre se revelavam admiráveis e que uma boa parte dos jovens ingleses patrocinados por Dody chegou a conquistar uma fama considerável.[14] Bem relacionada no grupo de Bloomsbury, Dody publicou Virginia Woolf; deu destaque à decoração da irmã dela, Vanessa Bell; e fez do cunhado de Virginia, Clive Bell, um crítico de arte. O mais importante é que Dody lhes pagava o suficiente para sobreviverem, privilégio que poucos artistas e escritores desfrutavam.

A coisa não parava ali. Dody buscava transformar as pessoas de seu grupo em celebridades, e criava reputações introduzindo atributos e empregando manipulações espertas para cimentar essas reputações. Por exemplo, ao lado dos retratos obrigatórios dos aristocratas ingleses e das esposas de diplomatas, ela inseria imagens dos seus prodígios em ascensão com suas casas e jardins. Tal arranjo editorial elevava o status deles na mente dos leitores. Ao jogar luz sobre a cena cultural que se desenvolvia e juntar pessoas criativas, ela foi diretamente responsável por estimular comunidades artísticas. Em certo sentido, Dody figura entre as *patronesses* do início do século XX, como Gertrude Stein. Contudo, a sua plataforma era a *Vogue* e a *Vogue* era sempre esnobada — uma revista ilustrada trivial, elegante, sem nenhuma aspiração erudita — o que, em certa medida, explica por que Dody não existe na posteridade.

A *Vogue* empunha a bandeira gay

Dentre a extensa lista de acólitos de Dody estava Madge McHarg. Nas fotografias sobreviventes, a macérrima emigrada australiana tem o olhar lânguido de um fantasma loiro. McHarg foi a sétima funcionária da Brogue e conseguira o emprego após passar três dias sentada na escada e emboscar o gerente, a quem supostamente teria dito: "O senhor nunca mais terá que me ver se eu conseguir 4 libras por semana — porque não posso sobreviver com 3 libras".[15] Embora vivesse com um orçamento ínfimo, McHarg era filha de um rico comerciante de Melbourne. Os pais a consideravam impossível; ela era uma garota teimosa e mimada que ansiava por uma educação universitária, e não uma escola para senhoritas. Ela odiava o seu país natal e em vez de um bom casamento queria um emprego. "Era a mesma coisa de sempre", disse ela mais tarde, "eu fugi e não tinha a menor qualificação."[16]

Contudo, se por um lado ela não queria ter nada a ver com a vida convencional da classe média, McHarg fez tudo o que pôde para se tornar uma parte valiosa da Brogue. Resolvia incumbências, servia café, remetia a correspondência e trabalhava como mensageira de segunda a sábado.[17] Quando a Brogue começou a crescer, ela passou a ficar no escritório noite adentro, sobrevivendo graças a um ovo *poché* com torrada e um suspiro por dia.[18] No tempo livre, ela fazia um curso noturno para ampliar seus conhecimentos. Quando, após dois anos daquela rotina torturante, ela desmaiou com icterícia, ficou apavorada. Pela primeira vez não pôde trabalhar para se manter. O terror a fez procurar um velho amigo da família, Ewart Garland, a quem enviou um telegrama que dizia: "VENHA IMEDIATAMENTE E CASE-SE COMIGO".[19]

Apesar de terminar casada — condição que sempre temeu —, ela não permitiu que isso a detivesse. Lidou com Ewart como havia lidado com os pais: contrariando-o. Ela não usaria o anel de casamento. Não adotaria o sobrenome dele. Ameaçou-o de divórcio imediato se ele se atrevesse a engravidá-la.[20] Um ano depois, McHarg estava envolvida romanticamente com Dody. Quando o relacionamento terminou, ela fez questão de sempre reconhecer a sua dívida com Dody, de quem dizia: "Devo tudo a ela."[21] Não

A EDITORA "SUJA"

era a única a pensar assim. Dody "construiu Madge completamente",[22] afirmou um escritor. De recepcionista e mensageira, Dody a alçou ao posto de editora de moda. Foi por favoritismo, mas Dody nunca se preocupou muito com a moralidade. A Brogue, na qual Madge e Dody trabalharam juntas triunfantemente por um período curto mas glorioso de quatro anos, é uma obra-prima de vanguarda.

A editoria evoluiu para uma espécie de parceria, tanto sexual quanto profissional. Juntas, elas criaram uma ideia nova, ao perceber que a revista precisava manter as mulheres informadas das tendências do pensamento, além das tendências da moda. Para Dody, estar na moda era estar envolvida com a cultura, e a sua *Vogue* foi um dos primeiros exemplos de mulheres tendo acesso mais amplo ao conhecimento. A romancista Rebecca West considerava-as editoras excepcionais e escreveu entusiasmada que elas haviam transformado a *Vogue* de uma revista de moda qualquer na melhor publicação sobre moda, bem como em um guia importante do modernismo e das artes.[23]

Além das ilustrações da moda parisiense costumeiras, elas foram as primeiras a publicar as fotografias de Man Ray, a poesia de Edith Sitwell, e escreveram sobre luminares, de Picasso a Churchill. Para o leitor atento, as revistas do mandato de Dody-Madge revelam elementos de uma nova fluidez de gênero. Diversas celebridades gays embelezam os números, de bailarinos a pintores. As charges gentilmente caricaturam homens com figuras afeminadas que não seguem o galanteio heteronormativo.[24] Em uma charge, um milionário idoso despreza os parentes por serem jovens e, por vingança, lhes envia presentes inadequados. A sua sobrinha-neta aparece sentada trajando um pijama no estilo de um smoking e fumando charuto, em uma pose tradicionalmente masculina.

Os elementos da *Vogue* seguem presentes. A linhagem aristocrática é exaltada sempre que possível, em fotos, artigos e cópias esbaforidamente animadas. Embora alguns pesquisadores tenham afirmado que a Brogue de Dody-Madge era ativamente anti-imperialista e antirracista,[25] para o leitor moderno isso soa questionável. Uma legenda na coluna "Visto no Palco" parece incomodada ao comentar a foto: "Frank Cochrane interpreta um judeu com um espírito esplêndido. Os judeus eram considerados engraçados no século XVIII."[26] Os artigos e anúncios regulares encorajando a juventude e a magreza são diluídos, mas não totalmente eliminados.

Mesmo rompendo os limites, a revista nunca sucumbiu a ser moderna *demais*. Dody sempre foi cuidadosa em apresentar artigos para os jovens socialites e aristocratas boêmios, bem como para a geração da rainha Vitória. Não era fácil transpor esse hiato, e às vezes as colunas adquirem tons hilários ao tentar incluir ambos os grupos. Contudo, o esforço de Dody para se dirigir a mulheres de todas as idades demonstra um compromisso tocante com a inclusão, e há momentos em que a Brogue trata de temas feministas incendiários, tais como a bastardia.

Durante o auge, até a controversa Dody recebeu bons comentários na imprensa. Ela continuava sendo a "mulher gordinha genial"[27] de Rebecca West, a rainha da *Vogue* que reinara em Bloomsbury.[28] Madge também sofrera uma transformação. Em pouco tempo se tornou uma visão da alta-costura, sempre vestida de sedas e pérolas. Ela passou a usar o sobrenome floreado do marido quando Gertrude Stein comentou que McHarg era um nome horrendo.[29] A casa delas muitas vezes era cenário de loucas festas improvisadas e a conta de gastos da *Vogue* sempre era usada em restaurantes requintados. Dody e Madge captaram o espírito da época em seu estilo de vida e nas páginas da Brogue. Isso não significava que o céu estivesse limpo à frente.

Até para os mais liberais entre os seus pares, elas podiam parecer um tanto escandalosas. Em uma das suas festas, Virginia Woolf se viu propondo a Dody publicar as suas memórias.[30] Mais tarde ela conta que se deixara levar, já que a sordidez da vida privada de Dody, que tornaria o projeto fascinante, também faria dele algo impublicável.[31] Como pioneiras no cerne de um novo ideal erótico e emocional,[32] Dody e Madge estavam por demais envolvidas para perceberem a relutância e o julgamento que se acumulavam ao seu redor. O incômodo, o fascínio e a repulsa sentidos por alguns dos seus conhecidos dão algumas pistas de por que todos os amigos desapareceram quando o seu ato na corda bamba foi interrompido.

De volta ao "normal"

Seja o que for que estivesse acontecendo em Londres, não era bem-visto em Nova York. Condé Nast e Edna Woolman Chase vinham encarando a Brogue com suspeitas e de pronto decidiram agir. Woolman Chase alegou que Dody havia transformado a *Vogue* em algo que a revista não era e, em consequência, os anúncios estavam em queda livre.[33] O editor britânico Harry Yoxall corroborou o comentário de Woolman Chase e citou perdas de 25 mil libras no ano de 1923.[34] Porém, isso poderia decorrer de uma quantidade de fatores alheios à edição de Dody. Em 1926, Yoxall apontou que o aumento na circulação fora afetado pela Greve Geral.[35] Dody não deixou a Brogue cair. No final de 1923, cortou pela metade o preço de capa, na tentativa de remediar a situação, e lançou uma campanha editorial com o lema "Cada página da *Vogue* mostra a você como poupar dinheiro gastando-o com vantagem."[36] O número de leitores voltou a subir novamente e, pouco antes da sua demissão, uma enquete apontou que a Brogue era uma das três principais revistas lidas pelas mulheres de classe média.

Ainda assim, a demissão veio em setembro de 1926. Harry Yoxall, que agora era gerente comercial da revista, demitiu Dody por instrução de Condé Nast.[37] No dia seguinte despediu Madge, a quem havia apelidado de *maîtresse en titre*[38] ("amante oficial da chefe" em francês). Lívida, insultada, afligida, Dody ameaçou processar a revista por quebra de contrato, mas Nast não era imune a chantagem. Ele esgrimiu o seu conhecimento a respeito do relacionamento dela com Madge e ameaçou tornar públicos detalhes comprometedores de sua vida privada.[39] Aquele não era um bom momento para os direitos dos homossexuais. Embora, em 1921, o Lorde Chanceler da Grã-Bretanha tivesse se oposto a uma lei para criminalizar o lesbianismo,[40] mais tarde naquela década, *O poço da solidão*, romance de Radclyffe Hall cuja personagem principal é lésbica, foi alvo de uma campanha raivosa, e o livro terminou banido segundo a Lei de Publicações Obscenas.[41] O meio liberal em que Dody e Madge circulavam aceitava o relacionamento delas, mas a perspectiva geral de igualdade era desoladora. Dody não quis pôr em risco o futuro da filha nem o de Madge por causa de uma briga com Nast e permitiu que a calassem, mas não sem resistir.

74 NOS BASTIDORES DA *VOGUE*

Refletindo sobre os acontecimentos, Woolman Chase comentou: "A dama [Dody] tem uma personalidade forte, e o baque, quando veio, reverberou de Londres a Nova York e quicou de volta."[42]

A partir dali, a hipocrisia do mundo artístico e da moda se fez notar do modo mais descortês. Como Yoxall, o gerente comercial, escreveu em sua autobiografia: "Nenhuma forma de safadeza chega aos pés destas criaturas charmosas."[43] Em seus diários, Virginia Woolf desdenhou amargamente de Dody, embora tenha se beneficiado diretamente da sua generosidade, e a descreveu cruelmente "como uma lesma cuja boca é um talho de sangue".[44] Amigos, conhecidos e estranhos começaram a se afastar e, à medida que os dias se tornavam meses, Dody não conseguia manter as aparências. Com uma frequência cada vez maior, Madge a encontrava inconsciente junto a uma garrafa de uísque vazia, atitude que remetia às aventuras de sua mãe. Enquanto Dody afundava no alcoolismo, Madge descobriu que ela vinha usando o seu nome para pagar contas em uma escala astronômica. Encurralada pelos credores, ela escapou aterrorizada para a França e passou anos trabalhando para pagar as dívidas. "Outra vez eu estava sem casa, sem dinheiro... só restavam algumas roupas adoráveis e totalmente inadequadas."[45]

Mais tarde, Madge conseguiu regressar à *Vogue*, mas Dody nunca se recuperou. Antes de abandonar Londres definitivamente, no final da década de 1950, ela morou em alguns quartos caóticos, apinhados de gatos.[46] Na velhice, ela se mudou para Cambridge, alcoólatra e muito debilitada, onde sobrevivia com uma pequena pensão do governo e esmolas.[47] Apesar disso, o espírito de Dody não foi completamente destruído. O neto dela conta histórias bem escandalosas sobre as suas conquistas sexuais.[48] Mesmo no finalzinho da vida, Dody conseguiu seduzir uma jovem italiana e convencê-la a se separar do marido.[49] Ela faleceu aos 83 anos, tendo sobrevivido mais que o esperado. A sua contribuição para a cena artística britânica foi inestimável e, apesar dos fracassos pessoais, ela não merecia ter sido "apagada como uma mancha na história supostamente imaculada da *Vogue*".[50]

Essa saga foi apenas o começo das atribulações de Woolman Chase causadas pelo escritório londrino, embora após as demissões ela tenha tido um breve alívio. Em 1920, a *Vogue* abriu um escritório francês e o competente Michel de Brunhoff, um conhecido do editor parisiense, foi convencido a

A EDITORA "SUJA" 75

se mudar para Londres para gerenciar a revista.[51] A sua tarefa era alinhar a edição britânica com a "fórmula *Vogue*" de Woolman Chase,[52] principalmente imprimindo conteúdos duplicados enviados dos Estados Unidos. Porém, houve outros momentos de insubordinação surpreendentes para Woolman Chase. Apesar de ter sido nomeada diretora da *Vogue* americana, ela ainda precisava lidar com visões patriarcais sedimentadas, e o seu desafio profissional mais difícil parecia provir da Inglaterra.

Quando visitou o escritório britânico na década de 1900, o editor e o gerente de publicidade se aliaram contra ela e discutiram abertamente o que consideravam a presença intrometida de uma mulher (ela era vista como a "Dona de Casa Diabólica").[53] Eles a excluíram reiteradamente das reuniões ou descartaram suas sugestões, alegando que ela desconhecia a audiência britânica. No entanto, como editora-chefe e diretora da *Vogue* americana, tecnicamente ela era a chefe de ambos. Após semanas de picuinhas, ela telegrafou a Nast e exigiu que ele a nomeasse diretora da *Vogue* britânica, pois isso lhe daria maior autoridade para lidar com aquela insubordinação.[54] Depois disso, a equipe britânica foi obrigada a inclui-la nas reuniões da diretoria.

Levou um pouco mais de tempo para quebrar a atitude condescendente deles. Prova do talento de Woolman Chase é que o editor britânico em questão, antes tão desdenhoso, passou a admirá-la. Uma década após a sua morte, ele ainda a recordava com assombro, afirmando: "Ela foi uma editora brilhante e, no entanto, nunca fui capaz de compreender o seu talento. Ele parecia vir mais do instinto que do conhecimento."[55] Infelizmente, quando o editor interino Michel de Brunhoff, Edna Woolman Chase e os gerentes britânicos começavam a pôr alguma ordem no escritório, surgiram novos problemas que os atacaram como uma praga.

Capítulo 5

OBSTÁCULOS POR TODA PARTE
A Greve Geral e a Grande Depressão

Tempos difíceis em Londres

Vista da perspectiva atual, a década de 1920 exerce uma atração arrebatadora. Do surgimento dos bares com temática clandestina no leste de Londres e no Brooklyn à refilmagem por Hollywood do clássico de Fitzgerald *O Grande Gatsby,* em 2013, a década se tornou sinônimo de melindrosas agitadas cobertas de lantejoulas, trajes esportivos e cortes de cabelo bob; mafiosos de polainas vendendo álcool ilegal; taças de martíni tilintando ao som do jazz; chuvas de purpurina em clubes parcamente iluminados. Todo esse glamour... e, no entanto, a verdade é que a *Vogue* britânica na década de 1920 era mais do que prosaica, ela era deprimente.

O escritório londrino da Brogue era um ambiente de trabalho tenso. Não só o problema crescente com Dody e Madge Garland chegara a um ponto crítico há algum tempo como não havia hierarquia clara, o que significava que a editora, o gerente comercial e o gerente de publicidade tinham o mesmo peso nas questões relacionadas à revista.[1] Para complicar ainda mais, Edna Woolman Chase e Condé Nast cruzavam o oceano frequentemente para organizar, criticar e corrigir, em um exemplo clássico do excesso de mestres-cucas na cozinha. Então, quando a ordem de demitir Dody chegou de Nova York, Harry Yoxall sentiu-se tremendamente desconfortável com a incumbência. Ele escreveu: "Nunca é agradável demitir uma colega; demitir uma editora é terrível. Principalmente quando você tem medo da dama".[2]

78 NOS BASTIDORES DA *VOGUE*

Ainda pior foi o fato de que a ordem chegou quando ele estava recobrando o fôlego após a Greve Geral de 1926, que durou de 4 a 12 de maio. Dentre todas as dificuldades que enfrentou na década de 1920, para Yoxall a greve "não havia sido tão ruim",[3] o que, levando-se em conta que o total da indústria nacional, dos transportes à produção de alimentos, passara por uma paralisação absoluta, mostra bem o desafio que ele enfrentou no início da carreira. De qualquer modo, engenhoso que era, Yoxall não perdeu a oportunidade de promover a sua linda revista de moda, à margem do tumulto político. Ele havia embarcado o grosso da edição de meados de maio por trem, antecipadamente, embora não tivesse certeza de que os trens circulariam, para assegurar a distribuição. Além disso, teve a precaução de mandar entregar 7 mil exemplares no escritório, de modo que cada membro da equipe com um carro pudesse vendê-los diretamente aos jornaleiros.[4] Yoxall começava o dia dando carona aos membros da equipe que viviam na rota entre sua casa e o escritório, em seguida distribuía pacotes (os que coubessem em cada veículo) e designava uma área da cidade e dos condados a cada um.[5] Durante a tarde, havia reuniões de emergência com a associação comercial e depois disso ele voltava ao escritório para contabilizar as vendas do dia.[6] Ele passava as noites tentando falar com velhos amigos que poderiam ter acesso a um ônibus ou — se suas preces fervorosas fossem atendidas — uma locomotiva que pudesse transportar a *Vogue* às províncias.[7]

A Greve Geral na verdade foi uma disputa entre o governo britânico e os sindicatos, mas ela afetou a indústria editorial quando os gráficos do *Daily Mail* se recusaram a imprimir um número que criticava um sindicalista.[8] Os jornais não iam para as máquinas e não havia meio de distribuir os exemplares pelo país, então a imprensa se calou. Em uma época anterior à internet, isso deixou as pessoas totalmente desconectadas. Enquanto descarregava o seu produto na estação Penge, Yoxall se surpreendeu ao receber uma encomenda de 26 exemplares da *Vogue*, quando esta costumava ser de quatro exemplares. Ele perguntou ao jornaleiro se estava seguro de conseguir vendê-los, ao que este respondeu: "Deus te abençoe, eles vão ler qualquer coisa, já que não têm o jornal."[9] Na tentativa de fazer uma ponte com o ciclo dos jornais, o governo concebeu e lançou a *British*

OBSTÁCULOS POR TODA PARTE

Gazette em apenas alguns dias,[10] pensando em usar essa desculpa fraca para controlar a informação que chegava ao público. Yoxall lidou com isso com o desembaraço de sempre: "Convenientemente, usei aquela folha de propaganda para chantagear. Recolhi cópias no velho prédio do *Morning Post*, onde tinham sido impressas, levei-as no carro e me recusei a vendê-las aos jornaleiros, a menos que levassem uma quantidade igual da *Vogue*."[11]

Embora a greve tenha durado apenas nove dias, voltar ao ordenamento anterior levou meses. Ao menos um número da *Vogue*, meticulosamente produzido, teve de ser descartado por conta do prazo perdido.[12] A publicidade e a circulação também diminuíram, justo quando se esperava que aumentassem. Com a saída de Dody, Yoxall ficou de fato encarregado de editar a *Vogue* britânica, além das suas outras obrigações impossíveis, e precisou escrever resenhas quando um punhado de jornalistas se demitiu.[13]

A situação da banda de um homem só durou pelo menos seis meses extenuantes, até aparecer o editor interino (o francês Michel de Brunhoff) e Yoxall poder retornar ao seu — e dos seus chefes americanos — problema aflitivo: aumentar a circulação. A sua dedicação à tarefa foi impressionante. Da primavera ao outono ele fez tours de cinco dias pelo país, das cidades industriais de Yorkshire à floresta de Sherwood, de Birmingham a Manchester, negociando a venda com cada jornaleiro que encontrou. A *Vogue* não tinha orçamento para contratar distribuidores para essa tarefa árdua, e Yoxall tampouco confiou esse assunto precário a outrem. Os dias eram longos, começavam por volta das 5 horas e só terminavam depois das 20 horas.[14] O seu diário indica que em uma semana ele chegou a dirigir cerca de 640 quilômetros e fez 129 paradas.[15] Aos sábados, ele tentava pôr em dia a administração do escritório[16] e trabalhou assim até a década de 1930.

A experiência de Yoxall vagando pela ilha cinzenta e desanimada, fazendo permutas com lojistas da classe operária, é muito diferente da vida percebida por um funcionário da *Vogue*. Se ele fosse editor para mulheres e não o gerente comercial, as coisas teriam tido outro resultado. A impressão britânica da *Vogue* continuava sendo uma fonte de ansiedade para Woolman Chase, e a debacle de Dody a tornara ainda mais dominadora. Ela precisava de uma embaixadora britânica bem-comportada. A mulher que contratou entrou para a *Vogue* em 1926, mas o seu nome só aparece

80 NOS BASTIDORES DA *VOGUE*

nos créditos em 1929, o que sugere que provavelmente esteve à sombra de Woolman Chase em Nova York aprendendo o ofício, como costumava acontecer com os editores estrangeiros. Woolman Chase também passava longos períodos no escritório britânico, tentando atravessar a tormenta.[17]

O nome vistoso de Alison Violet de Froideville parece perfeito para uma editora da *Vogue*, mas não caía bem na mulher pragmática que o portava. O nome afrancesado e a entonação aristocrática eram herança do pai, mas Alison foi criada em circunstâncias limitadas, ganhou uma bolsa de estudos em Oxford que não pôde aceitar e acabou fazendo um curso de secretariado, em vez de obter uma formação superior. A sua origem era tão classe média quanto a de Edna Woolman Chase e a de Condé Nast. Assim, o seu nome de casada, "Settle", parece mais adequado. Contudo, uma vez acomodada, ela logo se desassossegou. O marido, advogado, contraiu tuberculose e morreu em 1925, deixando-a com duas crianças pequenas para manter. Enquanto ele esteve doente, ela se tornou a provedora e construiu uma reputação sólida como jornalista na imprensa diária.

Trabalhar em jornais exigia um olhar aguçado e muita iniciativa, principalmente porque as mulheres ainda eram novidade no meio.[18] Quando Alison Settle se tornou editora oficial da *Vogue* britânica, outro tipo de comportamento passou a ser esperado dela, a ser cumprido com o mesmo zelo e dedicação de Woolman Chase em Nova York. Grande parte da *Vogue* britânica chegava pronta. As capas eram enviadas pelo escritório nova-iorquino. A maioria do conteúdo escrito tratava de temas idênticos aos da edição americana: uma mescla de aristocracia inglesa e estrelas do cinema americano. As melhores ilustrações e fotografias de moda — que ainda eram um fenômeno novo — provinham do estúdio parisiense e supriam todas as revistas da Condé Nast Publications. Pouca coisa na edição britânica era produzida na casa. O que a *Vogue* precisava era que Settle representasse a marca.

Os diários que ela manteve durante a segunda metade do seu contrato estão repletos de nomes, reuniões, planos de viagens e desfiles, com pouca ou nenhuma pista sobre seus sentimentos. Tudo parece um carrossel interminável e atordoante, e o seu papel editorial exigia, principalmente, que ela jantasse com qualquer artista ou escritor em evidência que es-

OBSTÁCULOS POR TODA PARTE 81

tivesse na cidade. Pode-se perceber como a *Vogue* manipulou a vida de
Settle em certos trechos do diário. Em dezembro de 1930, por exemplo,
ela precisou viajar à França a negócios, embora estivesse se recuperando
de uma cirurgia recente. Suas anotações revelam uma série infindável de
compromissos sociais, entrando e saindo de Rolls-Royces e vagões de trem
de primeira classe, enquanto tomava coquetéis de champanhe e tentava
se anestesiar com medicamentos. A dor tornou-se tão intensa que, segundo ela, nenhum remédio ajudava e algumas vezes ela esteve a ponto
de desmaiar a caminho de desfiles ou de clubes esportivos.[19] O único
resultado dessa intensa agonia pessoal foi um artigo fofo intitulado "O
dia da mulher chique na Riviera", que omitia qualquer registro de desconforto físico, mas trazia uma fotografia dos convidados de lady Dunn
na sua *villa* em Cap Ferrat.[20]

Woolman Chase também pressionava Settle para que forjasse relacionamentos próximos com gente da indústria da moda e frequentasse festas. Disse-lhe que era seu "dever" fazer amizade com Helena Rubinstein,
porque esta publicava anúncios de duas páginas da sua marca de beleza.[21]
Quando Woolman Chase soube que Settle vivia com a família em Hampstead e ia para o trabalho de metrô, intrometeu-se nisso também. Em um
de seus momentos mais draconianos, ela declarou que Hampstead era essencialmente vulgar e Settle estava proibida de viver lá.[22] Mais tarde, Settle
explicou em uma entrevista que Woolman Chase insistiu para que ela se
mudasse para um apartamento com porteiro uniformizado e elevador,[23] e
que quando foi morar em um apartamento que odiava em Mayfair, só para
deixar Woolman Chase contente, na visita seguinte esta última declarou
que o apartamento não servia e ordenou-lhe que se mudasse novamente.
Em seus relatos privados, quando se preparava para deixar os filhos para
trás em Hampstead, com uma angústia incomum Settle escreveu que não
suportava deixar a sua casa, onde o marido havia falecido, os filhos haviam
sido criados e ela havia sido tão feliz.[24]

Assim como um membro da família real, Settle precisou cultivar uma
persona pública e se tornar uma figura de proa legítima para milhares de
leitores que devoravam a *Vogue*. Ela precisava ser um rosto convincente
para atrair investimentos em publicidade, além de ser uma enciclopédia

82 NOS BASTIDORES DA VOGUE

do melhor de tudo, já que era tarefa da Vogue informar a audiência mimada. Embora respeitasse Woolman Chase, Settle evidentemente lutava contra as limitações da Vogue e às vezes atacava a publicação. Certa vez ela escreveu "Os nossos patrões americanos NÃO LIGAM MUITO PARA A PALAVRA ESCRITA"[25] e, anos depois, opinou que a revista era tão esnobe com relação a dinheiro e status que era mais elitista que a soma de todas as revistas de sociedade britânicas.[26] Ela se irritava profundamente quando Edna Woolman Chase e Condé Nast não se interessavam em publicar prodígios literários como Virginia Woolf, mas se opunham a pequenas modificações no layout.[27] Depois de sair da Vogue, ela escreveu à filha que trabalhar para o Observer a deixava com a consciência mais limpa, já que a busca de roupas novas e da beleza lhe parecia vazia e fútil. As exigências do colosso em expansão que era a Condé Nast a oprimiam. Quando Settle saiu sob suspeita, em meados da década de 1930, Edna Woolman Chase estava farta. Não confiava em outra inglesa para a tarefa e enviou Elizabeth Penrose, uma editora experiente do escritório americano, para encabeçar a Brogue.

O domínio da Vogue era sentido de modo diferente pelo gerente comercial Harry Yoxall e pela editora Alison Settle. Para ele, a questão era a dificuldade de explicar a péssima situação da economia inglesa no pós-guerra a americanos ricos e indiferentes. Para ela, significava uma existência limitada em uma gaiola de ouro. Em ambos os casos, a Vogue os dominou.

Tempos ainda piores em Nova York

Enquanto isso, no escritório americano, a década de 1930 foi obscurecida por dois golpes que quase deixaram a Vogue de joelhos: a Grande Depressão e a perda da brilhante pupila Carmel Snow. Os efeitos desses dois acontecimentos repercutiram por décadas. O final dos anos 1920 e início dos anos 1930 se caracterizaram por desemprego generalizado e instabilidade econômica, tanto na Grã-Bretanha quanto em toda a Europa, situação que mais tarde se aprofundou em uma crise global, hoje conhecida como a Grande Depressão. Os Estados Unidos também foram afetados, mas havia uma diferença fundamental: eles não esperavam por aquilo.

OBSTÁCULOS POR TODA PARTE

Abrigada em seu elegante escritório nova-iorquino, Edna Woolman Chase escreveu depreciativamente sobre a "atitude aquiescente" da Inglaterra,[28] alegando que: "Se isso acontecesse conosco, não nos limitaríamos a deitar no chão, reclamar e gemer como os britânicos: nós nos ergueríamos e ENFRENTARÍAMOS o problema."[29] Um comentário estranho, já que a Condé Nast Publications *e* o próprio Condé Nast tiveram prejuízos incalculáveis durante a Depressão, ao passo que a *Vogue* britânica começou a se recuperar e a gerar lucros (embora com a venda de moldes, e não com a revista).[30] Em 1933, eles estavam em franca prosperidade, o que deve ter sido difícil para os americanos, considerando-se o que estavam passando.

Muitos conhecem os fatos históricos. Na chamada "terça-feira negra" de 29 de outubro de 1929, o mercado perdeu 14 bilhões de dólares em um dia, quase cinco vezes mais do que o orçamento federal anual. Após a quebra inicial, houve uma onda de suicídios no distrito financeiro de Nova York. Nos hotéis, os funcionários começaram a perguntar se os hóspedes queriam os quartos para dormir ou para se atirar.[31] À medida que a notícia se espalhava, o público em pânico corria para esvaziar suas contas nos bancos, o que resultou no colapso absoluto do sistema bancário. Em 1929, Condé Nast estava na metade dos seus 50 anos, constava no "Quem é quem" da sociedade americana, era reconhecido no Ritz de Londres e nos salões de Paris. Para a *Vogue* americana, a década de 1920 havia batido todos os recordes. Os lucros da companhia haviam crescido de 241.410 dólares em 1923 para 1.425.076 de dólares em 1928.[32] Desde que ele se tornara proprietário da *Vogue*, a circulação crescera para 121.930 exemplares.[33] A revista também tinha a maior quantidade de anúncios do mercado. Em 1928, a *Vogue* somava um total de 159.028 páginas, ao passo que a *Harper's Bazaar* tinha 83.454.[34] Nos escassos quatro anos entre 1924 e 1928, o lucro total da Condé Nast Publications cresceu assombrosos 213%.[35] Era coisa demais para se perder.

Apesar de Nast nunca ter sido um grande especulador, ele fora seduzido por alguns magos de Wall Street, e quando o valor de todos os seus bens começou a despencar, entendeu que havia se excedido.[36] Era tarde demais. Ele foi forçado a obter um empréstimo atrás do outro para tentar salvar o seu navio adernado e, embora parecesse inacreditável para quem o conhecia, os sinais eram claros. Ele estava à beira da falência. Sempre

84 NOS BASTIDORES DA *VOGUE*

pragmático, Nast retornou calmamente ao escritório. Segundo um colega, "ele simplesmente abandonou a *dolce vita* e voltou ao trabalho".[37] Quando a notícia se espalhou, os abutres ficaram à espreita. Capitalistas predatórios de todo tipo se juntaram para tentar arrecadar fundos e arrematar o que sobrasse.

Felizmente, a mudança na sorte da *Vogue* britânica implicou que, de repente, eles se viram em condições de socorrer o braço americano. Mais tarde, Yoxall se vangloriou de que desde então a filial britânica "nunca deixou de apresentar belos números — na contabilidade e nas páginas de beleza".[38] Quando foram necessários mais fundos e não havia investidores nos EUA, Nast recorreu novamente ao Reino Unido. Quando os credores estavam a ponto de comê-lo vivo, foi socorrido por lorde Camrose, um barão inglês da imprensa. Ele deixou Nast no controle editorial e, à surdina, tornou-se o principal acionista, fato mantido em sigilo até na Fleet Street para não afetar a reputação da *Vogue*. Ainda que fosse cordial e obtivesse lucros com a empreitada, Camrose desdenhava da extravagância das revistas americanas.[39] A imprensa britânica, embora editorialmente inferior, tinha lucros gordos que se convertiam em dinheiro vivo.[40] Para lorde Camrose, era o que contava. Termos inventados depois, tais como "prosperidade sem lucros" e "publicação deficiente", chocavam-se drasticamente com a visão pessoal de Nast de "para ganhar dinheiro você tem de gastar dinheiro", mas, ainda assim, resumiam adequadamente o destino da amada companhia de Nast naquele capítulo triste.[41]

O raio havia caído — mas o trovão ainda estava por vir. Em 1921, Edna Woolman Chase havia contratado Carmel Snow, uma jovem irlandesa inexperiente, para ajudá-la quando a companhia ascendia a novas alturas praticamente a cada semana. Snow tinha senso de humor e faro para a moda; vinha de uma família irlandesa enorme, gregária, que dançava e bebia, e era profundamente ambiciosa. Como sua favorita, Woolman Chase a levava a reuniões importantes, treinou-a na redação e no estilo, ajudou-a a conduzir reuniões e redigir cartas comerciais.[42] Ninguém duvidava de que Snow estivesse sendo treinada para ocupar o cargo de Woolman Chase quando esta se aposentasse, e Condé Nast — que há algum tempo vinha instando Woolman Chase a considerar a questão da sua sucessão — estava

OBSTÁCULOS POR TODA PARTE

muito satisfeito com aquela iniciante criada na *Vogue*. Porém, em 1929, um dos queridos irmãos de Snow, Tom White, conseguiu um emprego como gerente-geral da organização editorial Hearst (dona da rival *Harper's Bazaar*) e um sinal de alerta se acendeu na mente de Nast. Ele falou sobre isso com Woolman Chase e sugeriu a Snow que assinasse um contrato com a *Vogue*.[43] Snow se ofendeu com a proposta e o assunto foi deixado de lado. A essa altura, Snow detinha o posto mais alto no escritório americano — o de editora americana. Embora fosse a editora-chefe, Woolman Chase frequentemente estava no estrangeiro resolvendo problemas com as filiais parisiense e londrina e, por isso, para todos os efeitos, Snow dirigia a edição americana. Assim como as outras voguetes, ela havia se alinhado contra a *Harper's Bazaar* e, como todos, esforçava-se para superá-la. Ninguém podia imaginar que seria capaz de mudar de lado.

No entanto, em 1932, no vale escuro da Grande Depressão, houve uma virada inesperada nos acontecimentos. Nast estava começando a discutir uma ajuda financeira com lorde Camrose e estava viajando para a Europa para finalizar os detalhes. No dia anterior à sua partida, ele visitou Carmel Snow no hospital, onde ela acabara de dar à luz seu quarto bebê. Poucos dias depois, ela enviou uma mensagem a Woolman Chase chamando-a urgentemente ao hospital. Temendo que algo tivesse ocorrido com o seu braço direito ou com o recém-nascido, Woolman Chase foi às pressas ao hospital, preocupada.[44] A mãe e a criança estavam bem, ao contrário de Woolman Chase, quando Snow lhe informou que estava se demitindo para trabalhar na *Harper's Bazaar*. A traição deixou o escritório de ponta-cabeça mais uma vez, magoou Nast e provocou uma pausa nos planos de aposentadoria de Woolman Chase. A *Vogue* americana enfrentava problemas financeiros e agora precisava lidar com a perda da pessoa mais importante na equipe editorial depois de Woolman Chase. Snow não só foi embora como levou consigo todo o departamento, bem como todos os contatos e a expertise ciosamente adquirida durante mais de uma década ao lado de Woolman Chase. A intensidade do desgosto de Woolman Chase com a debandada ficou clara na resposta que enviou a Carmel Snow, que a convidara para jantar após um lapso de muitos anos:

Gostaria de poder aceitar, mas a antiga relação que havia entre nós estava tão entrelaçada com nossos longos anos de trabalho e diversão que, ao descartar tudo isso para contribuir para a propriedade do homem que havia sido o nosso rival mais mesquinho, você matou uma afeição e uma fé no meu coração que nada, apenas as suas próprias palavras, poderia um dia destruir.[45]

Como Woolman Chase não suportava a ideia de deixar Nast sozinho para enfrentar aquele pesadelo, adiou a sua aposentadoria por mais vinte anos e decidiu guiar a *Vogue* contra o vento e a maré.

Capítulo 6

FROG

Surge a edição francesa na capital da moda

Um assunto de família

Ah, a pequena *parisienne*! Como é fácil imaginá-la. Listras de marinheiro e boina estilosa. O cabelo preto com o corte bob popularizado por Coco Chanel. Aquele estilo urbano displicente que avistamos nos bulevares amplos, antes pilotados por estilistas como Poiret e Patou. A *parisienne* é um ícone cultural e ocupa o trono histórico da moda. A França.

Na condição de magnata das publicações de moda, Condé Nast queria se alinhar com o seu legado. Como um homem determinado a adquirir ativos, ele sabia que pôr o pé em Paris era um movimento estratégico que daria à *Vogue* uma nova autoridade aos olhos dos leitores britânicos e americanos. Além disso, um escritório parisiense consolidaria ainda mais os seus direitos de propriedade sobre o título, difundiria o nome da revista e, o crucial, permitiria à equipe estabelecer relações com os principais estilistas em seu próprio campo. Era essencial ter acesso aos desfiles sazonais, e ter uma série de falantes nativos na folha de pagamento também seria de grande ajuda. Negociar com os estilistas não costumava ser fácil e, se a *Vogue* fosse para a lista das inimizades, poderia ficar sem conteúdo. Uma versão francesa também daria à revista uma vantagem competitiva sobre a *Harper's Bazaar*. Além disso, Nast desejava reter os ilustradores de moda parisienses. Um grupo de artistas altamente qualificados e bastante solicitados, eles eram vitais para o sucesso de qualquer revista de moda, e

Nast não queria compartilhar os melhores com a *Harper's*. Ele queria invadir a nova capital, aproveitar o poder do ideal da *parisienne* e controlar a influência do estilo francês nas mulheres em todo o mundo. Ele queria criar um monopólio. E quanto mais cedo, melhor.

Com o fiasco da Brogue ainda vivo em sua mente (o confronto com Dody ainda estava por vir, mas a preparação da revista era uma dor de cabeça), Edna Woolman Chase suspirou exasperada ao saber que Nast se expandia ainda mais.[1] Ela sabia que a maior parte do trabalho cairia sobre os seus ombros. O que ela não esperava era a argúcia dos franceses, que convenceram Nast a comprar mais revistas do que barganhava.

Durante a Primeira Guerra Mundial, Paris, como o restante da Europa, sofreu perdas em diversas indústrias, inclusive na moda. Isso significava que, embora a antiga reverência à cultura francesa ainda prevalecesse, o estilo nova-iorquino estava florescendo. Os Estados Unidos tinham também a vantagem de uma economia saudável e todos os benefícios da era das máquinas; o país já cultivava um mercado de vestuário de massa. Se Paris quisesse permanecer no jogo, precisava manter o controle da alta-costura, e os *couturiers* se esforçavam para conservar o seu nicho. Paul Poiret foi o primeiro estilista a se declarar artista, uma mudança radical para a época, já que eles eram reputados como estando no mesmo nível dos artesãos e dos artífices. Para promover esse aspecto, Poiret se uniu a Lucien Vogel, conhecido publicitário francês, e criou uma revista grande, cara e com um design requintado, a *Gazette du Bon Ton*. A publicação surpreendente estava repleta de vestimentas, com a intenção de convencer os leitores de que a moda era mais do que meros tecidos.

Vogel conseguiu persuadir um grupo de desenhistas a trabalhar para ele, com a promessa de receberem uma parte dos lucros se a revista tivesse êxito.[2] Tratava-se de um grupo de oito jovens de boas famílias que haviam crescido e estudado juntos... e se tornariam a primeira geração de ilustradores de moda parisienses realmente talentosos desde antes da Primeira Guerra Mundial.[3] Eles permaneceram fiéis a Vogel, que os apadrinhou até o final de suas carreiras. Nast pôs as mãos neles ao comprar um lote de ações que lhe deu controle sobre a *Gazette*, mais uma vez bloqueando Hearst. Isso significou que, quando a guerra terminou e as ações americanas

FROG 89

estavam altas no continente, os melhores ilustradores estavam à disposição da *Vogue*, graças à parceria de Nast com Vogel. Chegara a hora de lançar a edição francesa da *Vogue*.

Fazendo par com a britânica Brogue, ela surgiu em 1920 e foi apelidada de "Frog"* pelos americanos. Embora estivessem em Paris cercados pelos melhores ilustradores e estilistas, Woolman Chase, sempre crítica, achou as primeiras tentativas confusas e equivocadas, muito longe do manual brilhante que ela estava criando em Nova York.[4] No entanto, o verdadeiro conflito no início da *Vogue* francesa não tinha muita relação com o conteúdo.

Depois de fazer uma aliança vantajosa com Condé Nast, Vogel estava ansioso por empurrar outro título para o milionário americano. Havia alguns anos que ele e a esposa, Cossette, editavam um suplemento de moda dirigido à classe média, *L'Illustration des Modes*. Woolman Chase pretendia levar Cossette Vogel e contratá-la como primeira editora-chefe da *Vogue* francesa.[5] Bem relacionada e experiente, Cossette era perfeita, mas ela adorava *L'Illustration des Modes*. Ela chegou a viajar a Nova York para pressionar Nast a comprar o seu suplemento e, por fim, conseguiu que ele e Woolman Chase concordassem com os seus planos.[6] Nast comprou *L'Illustration*, rebatizou-a *Jardin des Modes* e a publicação continuou a falar com sucesso aos leitores da classe média, acima dos quais a *Vogue* pensava estar. No final, Cossette Vogel aceitou o posto de primeira editora-chefe da *Vogue* francesa, em paralelo às revistas Vogel-Nast, com a ajuda de membros da sua família.

O suplemento de Cossette Vogel gerou dinheiro ininterrupto para Nast, o que a *Vogue* francesa viria a perder. O modelo *Vogue* padrão, que dependia de anúncios, não funcionava muito na França, já que os costureiros preferiam anunciar diretamente os seus vestidos. Eles escolhiam uma socialite ou aristocrata de destaque nos círculos mais notórios de Paris e a transformavam em musa.[7] Assim, asseguravam que as suas roupas fossem apreciadas nos eventos corretos, enquanto as embaixadoras da moda podiam se vestir extremamente bem e com desconto.

---

* "Sapo", em inglês, é um termo pejorativo para designar os franceses. (*N. da T.*)

90 NOS BASTIDORES DA *VOGUE*

Na década de 1920, quando outras revistas davam lucro, as grandes perdas na *Vogue* francesa pareciam irrelevantes. Porém, quando os Vogel passaram a se ocupar dos demais interesses franceses de Nast, Cossette já não conseguia dar conta de todos os seus compromissos e foi preciso encontrar outro editor-chefe para a *Vogue* francesa. Em 1929, eles convocaram Michel de Brunhoff, que cruzou o canal para substituí-la.[8]

Editores, artistas, fotógrafos, modelos

Para termos uma ideia inicial da Frog, precisamos nos remeter a Bettina Ballard, funcionária americana enviada à França em 1935. Criada na Califórnia, ela havia estudado em Paris e possuía uma fluência em francês que a destacava. Como Woolman Chase queria trazer de volta algumas pessoas, mas sem empobrecer o escritório de Paris, enviou para lá a única candidata bilíngue dos EUA — e resolveu relevar o fato de Ballard ser jovem e estar na *Vogue* há apenas um ano.[9] Nos dias de glória era comum que a equipe trocasse de posto ou pulasse de um país ao outro. Isso ocorria em parte porque a *Vogue* desejava manter seus valiosos fotógrafos, ilustradores e editores, e em parte porque isso evitava treinar novos funcionários. Essas medidas também desestimulavam funcionários seniores e juniores a desertarem para a *Harper's Bazaar*.

Ballard teve uma espécie de choque cultural na *Vogue* francesa. No lugar da camaradagem que havia testemunhado no quartel-general americano, o escritório parisiense não dava espaço para as amizades e não possuía "nada do ambiente caloroso da família Condé Nast".[10] A França do entreguerras estava mergulhada na incerteza econômica e as alianças políticas oscilavam da direita à esquerda, criando uma atmosfera pessimista. O *café society* que florescera nos anos 1920 havia minguado em 1930, quando a Grande Depressão expulsou todos dos *années folles*.[11] Ela também fez os estudantes e turistas que costumavam lotar alegremente a cidade diminuírem os gastos.[12]

Havia também questões de ordem local. Os franceses levavam muito a sério o seu estilo de vida. Ballard comenta que, embora os colegas fossem perfeitamente educados, ninguém jamais lhe fez uma pergunta pessoal.[13]

FROG 91

Ela reuniu coragem e certo dia convidou uma das editoras para almoçar, ao que esta respondeu: "Sempre almoço em casa. Na França nós não almoçamos em restaurantes."[14] Meses depois, quando ela deixou escapar ao seu gerente que almoçava em um café de operários, ele ficou visivelmente abalado.[15] Presumia-se que todos em Paris tinham um cozinheiro profissional em casa.

Outros pequenos deslizes conspiraram para fazer Ballard se sentir uma outsider. Ao chegar para o primeiro dia de trabalho, vestida sem se preocupar com a moda, ela percebeu que não poderia ter feito nada pior para afastar suas colegas tremendamente chiques.[16] Certa vez, uma dama francesa formidável lhe disse que não era apropriado socializar com homens, a menos que fossem amantes.[17] A sociedade era tão elitista que os únicos convites que ela recebeu foram de estilistas que já haviam se desentendido com todos na *Vogue* e queriam pressioná-la. O resultado é que ela se sentia completamente só.[18]

Contudo, apesar das diferenças, a equipe não lhe desejava mal e, à medida que se adequava, Ballard pôde observar os hábitos da outra *Vogue* e seu pessoal. Depois do elegante escritório nova-iorquino, para ela, o escritório parisiense, mal iluminado e avariado, não combinava com o Champs-Élysées, onde se localizava.

A sala principal era ocupada por Michel de Brunhoff, o editor-chefe. De olhos brilhantes e rechonchudo, De Brunhoff usava tweeds de Savile Row e fumava cachimbo — resquícios do seu período britânico.[19] Caloroso e charmoso, ele tinha um dom natural para lidar com o comportamento caprichoso dos ilustradores e fotógrafos. Era extremamente popular não apenas entre os seus, mas em toda a indústria. De certo modo, o que fazia dele alguém divertido com quem se trabalhar era a sua vivacidade. Ele havia estudado interpretação, mas, segundo Woolman Chase, não conseguia memorizar uma só linha.[20] Ainda assim, a sua inclinação pela comédia e pela mímica seguiu forte, e frequentemente os funcionários o encontravam com um dos seus artistas mais queridos, Christian "Bébé" Bérard, atuando no escritório. Eles imitavam os seus estilistas favoritos ou punham a cadela maltês de Bérard, Jasmin, no papel principal de algum drama bobo, coroando-a com o chapéu mais extravagante que estivesse à

92 NOS BASTIDORES DA *VOGUE*

disposição.[21] Quando divertia os colegas sem Bérard, De Brunhoff encenava filmes mudos interpretando todos os papéis e tremia o tempo todo para reproduzir a má qualidade da projeção.[22]

A segunda sala no prédio pertencia oficialmente à *Vogue* americana, que contava com uma equipe própria à parte, para criar e enviar páginas aos EUA com a ajuda de um editor francês. Esses anglófonos raramente interagiam com os seus equivalentes francófonos. A terceira sala era da joia reluzente da *Vogue* francesa, o braço direito de Michel de Brunhoff e uma das joias mais raras da Condé Nast Publications.

A duquesa Solange d'Ayen fora descoberta no final da década de 1920 e se tornou editora de moda. A sua nobreza provinha do marido, cuja família era uma das mais antigas da França e cujo *château* fora construído pelo rei Luís XIV. Mulher delicada, a duquesa d'Ayen causava tanto encanto e devoção quanto De Brunhoff. Woolman Chase, que costumava ser parca em elogios, considerava-a "encantadora".[23] Para Bettina Ballard, ela era "animada" e "fascinante".[24] Provavelmente Condé Nast quase acertou na mira quando disse: "Todas as pessoas que a conhecem elogiam de um modo extravagante a sua personalidade encantadora e a sua inteligência. Isso deve ser em grande medida pelo fato de ela ser bela e uma duquesa!"[25]

A última das quatro salas era presidida pelo gerente, Iva Patcevitch, casado com uma editora de moda da *Vogue* britânica. Eles formavam um casal comovedoramente gracioso, até a esposa deixar a revista ao contrair tifo. Apenas a secretária de Patcevitch destoava. Uma francesa corpulenta e desagradável, descrita como portadora de um odor azedo e ar funéreo, cujos passos melancólicos pelos corredores, quando ela andava apagando as luzes para economizar na conta de luz, terminaram por elevar o moral do escritório — a antipatia ativa que ela despertava criava solidariedade entre todos.[26]

Como sempre, Edna Woolman Chase não se impressionou com as práticas de trabalho estrangeiras, e a delegação parisiense sofreu a sua interferência, assim como todos os demais. Os horários do escritório não faziam sentido para ela. Os editores franceses voltavam do almoço às 16 horas e só se debruçavam realmente sobre o trabalho por volta das 17 horas.[27]

De Bruhnoff era conhecido por trabalhar até tarde, extraindo desenhos de algum ilustrador ou fazendo esboços infinitos à sua escrivaninha. Ele tinha um modo tortuoso de editar: só conseguia expor suas ideias a lápis e constantemente cobria enormes folhas de layout com planos para o número seguinte, traçando esboço atrás de esboço enquanto todos conversavam sem parar. Ele desfrutava de ambientes confusos, intensificados pelo vaivém de gente à sua volta, debatendo acaloradamente sobre imagens e palavras, brandindo papéis.[28] Suas sessões noturnas eram alimentadas acatando a sugestão de um editor e imediatamente transformando-a em uma "grande produção visual".[29] Nada disso agradava à meticulosa Woolman Chase. Durante a década de 1920, ela se ocupou intensamente dos escritórios britânico e parisiense, os quais tentava alinhar ao modelo americano. Embora Woolman Chase gostasse mais de Paris do que de Londres, o seu embate contra o modo de trabalho da equipe parisiense era ainda mais vão que seus esforços no Reino Unido. Ela insistia em reuniões editoriais com hora marcada, forçando De Brunhoff a "escrever coisas nos exíguos espaços de uma folha de planejamento, com um ar de desafio infeliz e teimoso".[30] Porém, antes que o número estivesse totalmente pronto, aquelas ideias eram descartadas e eles retomavam as reuniões avoadas à meia-noite.

Outra atitude francesa que deixava Woolman Chase enlouquecida era a reverência aos estilistas. Segundo ela, a equipe superestimava os ateliês e era complacente demais com os caprichos dos *couturiers* iniciantes. Os chiliques de Chanel, as ameaças de Mainbocher, a paranoia insuportável de Vionnet eram esperados, e até respeitados, em Paris. Contudo, em Nova York, Woolman Chase pensava que bajular aqueles temperamentos artísticos atrapalhava o trabalho dos seus funcionários. O propósito das revistas de moda em geral era informar sobre a moda, e não criticá-la, e a *Vogue*, particularmente, sempre se esforçou muitíssimo para apoiar a indústria. A visão dela era: "No final, deixamos de ser editores e somos simplesmente empurrados por esses interesses conflitantes, e passamos a vida tentando conciliar os desejos de outrem. Definitivamente eu me rebelo contra isso... Pretendo editar a revista tendo como prioridade os leitores."[31]

É verdade que a *Vogue* francesa levou muito tempo para entrar em sintonia com os estilistas. Hipersensíveis, eles detestavam ver seus modelos em uma página vizinha à de outro estilista. Eles também objetavam a inclusão no editorial de criações que não estivessem prontas para serem exibidas ao público. Eles eram extremamente cautelosos para não terem seus trabalhos copiados e reproduzidos em massa por compradores. Alguns tinham brigas com certos fotógrafos e não os queriam perto das suas roupas. Se os estilistas fossem muito contrariados, os editores da *Vogue* sabiam que seriam barrados nos desfiles ou impedidos de entrar nas *maisons* por gerentes intimidadores.

Os estilistas assustavam De Brunhoff, que preferia deixá-los por conta da duquesa d'Ayen ou de algum outro editor. Os seus esforços se concentravam em outro grupo de personalidades difíceis: os artistas. Adulando-os, ele conseguia a colaboração de criadores festejados como Dalí, Vertès e Cocteau — uma verdadeira conquista para uma revista de moda. Ele também patrocinava ilustradores promissores de um modo similar ao que Dorothy Todd havia empregado ao promover escritores iniciantes em Londres. Porém, os talentos que ele reunia à sua volta eram consideravelmente mais loucos, estranhos e complicados do que aqueles com os quais Dody tratara. Esperava-se de André Durst que se tornasse um prodígio da fotografia, mas ele foi interrompido pela Segunda Guerra Mundial e, mais tarde, se matou bebendo uísque. Uma promessa ainda maior era o extravagante, e abertamente gay, Bérard. Embora o seu trabalho fosse vivaz e belo quando se exibia desenhando à mesa de algum restaurante caro diante de seus admiradores, era uma agonia conseguir que produzisse algo relevante. Woolman Chase era de outra opinião: os esboços dele não eram suficientemente realistas, e as mulheres não poderiam encomendar roupas a partir de suas ilustrações. Por outro lado, ela temia que a *Harper's Bazaar* o pescasse, caso ela o demitisse. No final, a sua veia competitiva venceu e Bérard foi mantido no posto.

A duquesa d'Ayen costumava descrever sua relação com Bérard como uma espécie de caso de amor pervertido, em que ela o repreendia e implorava para que apresentasse resultados.[32] Bettina Ballard passava dias tentando caçá-lo para que entregasse os desenhos prometidos no prazo, buscando-o por toda a cidade, inclusive no apartamento onde ele quase nunca estava, nos bordéis onde às vezes se escondia, no seu bistrô preferido, em ensaios de teatro e nos *boudoirs* de meretrizes famosas, onde às vezes ele catava aparas de penas para um vestido de baile chique.[33] O estilo dele era chegar ao escritório por volta das 18 horas, quando De Brunhoff sussurrava gentilmente em seu ouvido, instando-o a produzir só um *pouquinho* mais, enquanto acendia os seus cigarros e sutilmente alterava a pose da modelo.[34]

Bérard desenhava com ambas as mãos simultaneamente e suava profusamente nas páginas (ele cobria as gotas de suor e as incorporava à pintura, transformando-as em flores ou borboletas) e limpava o pincel na própria barba, que vivia coberta de espaguete e pequenos insetos.[35] Às vezes ele desmaiava nas festas com uma overdose de ópio, embora seus excessos se estendessem também à comida e ao álcool, sobretudo com as suntuosas opções francesas. Quando o efeito passava, ele tinha ataques de choro suicidas durante os quais dava voltas sem rumo dentro de um táxi, enojado com o próprio comportamento.[36] Quando ele faleceu, muitos na *Vogue* acreditavam que a sociedade francesa era culpada pela sua morte. Por um lado, adoravam o seu talento e, por outro, o julgavam por desperdiçá-lo em trabalhos comerciais para revistas. Esse conflito o destruiu. Woolman Chase apresentou uma teoria alternativa para a morte dele e, com humor ácido, afirmou: "Junto com o ópio e o álcool, ele comia pão compulsivamente... e o engolia como um animal faminto."[37]

Não era só isso. Os fotógrafos eram divas, e as modelos criavam problemas sem fim com seus egos gigantescos. A única diferença entre essas duas espécies de criaturas da *Vogue* e os artistas era que os primeiros costumavam permanecer trancados no estúdio, e não vagando livremente pelas ruas.

O estúdio de Paris era excepcionalmente bem equipado, e todos tinham muito orgulho dele.[38] O estúdio era um elo vital na cadeia de autoridade da Condé Nast, pois significava que a equipe podia reunir seus contatos de costureiros, chapeleiros e gerentes e pôr as mãos nas novas coleções o mais rápido possível. Depois de convencer as butiques a emprestar as peças, estas podiam ser rapidamente levadas ao estúdio e fotografadas pelos melhores profissionais disponíveis. Por fim, as imagens eram editadas e distribuídas às publicações apropriadas (incluindo as edições americana e britânica). Isso significava que a *Vogue* apresentava os estilos mais recentes aos seus leitores internacionais devido a essa rápida operação *e* tinha a maior variedade de materiais à sua escolha em virtude da forte relação que mantinha com as casas de alta-costura. A sombra da Condé Nast Publications era vasta e cobria grande parte da moda francesa.

O estúdio ficava no alto do prédio na Champs-Élysées e era gerenciado pela miúda madame Dilé, que tinha um dente de ouro.[39] Na época das coleções, os editores trabalhavam à noite fotografando vestidos, ternos e montes de joias. Isso tinha de ser feito à noite, depois que os compradores os tinham visto e antes de serem levados aos salões e exibidos aos clientes na manhã seguinte. As coisas ainda eram bastante informais, e a *Vogue* podia tomar emprestadas peças de luxo sem seguro; Ballard recorda-se de devolver bolsas repletas de diamantes a um vigia sonolento da Cartier às 2 horas da manhã.[40]

As comédias e tragédias que ocorriam no estúdio faziam as produções caseiras de De Brunhoff e o maltês branco parecerem fichinha. Ballard, que adorava o trabalho de estúdio, conta que as modelos criavam uma atmosfera de suspeita, rivalidade e letargia.[41] O ar cheirava a um ginásio esportivo, pois o desodorante ainda não tinha se popularizado e reinava uma tensão horrível... até alguém perder o controle.[42]

A *Vogue* francesa lançou diversas modelos famosas, em sua maioria russas e suecas, cujas reputações se devem a fotógrafos como Horst. A mais conhecida era Lude — e a mais assustadora. Russa exilada, ela adorava Horst e sorria para madame Dilé, mas aos demais reservava um olhar gélido.[43] Quando era forçada a posar com um vestido que não lhe agradava, ela estragava a foto de propósito.[44] Ela fazia um esforço extraordinário para alcançar a perfeição, chegando ao ponto de extirpar parte dos seios e das coxas. A cirurgia foi malsucedida e ela não pôde mais usar roupas decotadas.[45]

Outra modelo estrela de Horst era a sueca Lisa Fonssagrives. Quando queria vestir algo, ela piscava os olhos, punha a mão do editor em seu rosto e lançava um olhar suplicante.[46] Certa vez, ela teve um ataque furioso de ciúmes por achar que durante uma sessão Horst estava dando demasiada atenção a Inga Lindgren, outra sueca que, ousada, havia aterrissado elegantemente de paraquedas em Paris.[47] Em 1938, madame Muthe deixou todos alvoroçados ao entrar de repente no escritório carregando nos braços um lindo recém-nascido loiro.[48] De Brunhoff invadiu as salas de Ballard chamando todos para ver a "Virgem Maria" e o "menino Jesus". Meses depois, o bebê perdeu a graça quando urinou copiosamente em um vestido de noite Lanvin.[49] Coisas terríveis viriam a acontecer com algumas daquelas belas moças ao caírem nas mãos da Gestapo durante a Segunda Guerra Mundial.

O ambiente na *Vogue* francesa era divertido antes da eclosão da guerra. Os fotógrafos eram um pesadelo, mas mantinham todos em alerta. Beaton sempre improvisava, criando panos de fundo que podiam ser divertidos ou épicos. Ele fotografava as modelos junto a esboços em tamanho natural das roupas que estavam usando e justapunha a alta-costura a pilhas de destroços. Francesas aristocratas, que às vezes eram convencidas a posar pela duquesa d'Ayen, tinham a estranha propensão a ir embora sem avisar.[50] A incerteza assustava todos, e uma sensação de magia envolvia De Brunhoff, Ballard e a duquesa d'Ayen, o trio que varava a noite ao lado do retocador e do tipógrafo.[51] Com o tempo eles criaram uma cordialidade íntima que desafiava as convenções francesas, nutrida por jantares apressados ao anoitecer e cafés sonolentos ao raiar do dia. Estavam tão ocupados conjurando a beleza que não perceberam a tormenta que se armava nos países ao seu redor.

Capítulo 7

A MODA É INDESTRUTÍVEL
A Segunda Guerra Mundial

O anúncio da guerra

No verão de 1939, Condé Nast tentou persuadir o seu diretor administrativo britânico, Harry Yoxall, a mudar-se para Nova York.[1] Ele queria ter ao seu lado aquele aliado perspicaz. Como inglês, Yoxall não queria abandonar seus compatriotas naquele momento; porém, como pai, não podia perder a oportunidade de levar os filhos para um lugar seguro, caso a ameaça de guerra se cumprisse de fato. No final, ele instalou a família confortavelmente nos Estados Unidos antes de convencer Nast a deixá-lo voltar para casa. Embarcou de volta para a Europa no dia seguinte à invasão da Polônia pela Alemanha, em 1º de setembro de 1939.[2] Dias depois, a Grã-Bretanha e a França entraram na contenda.

Para os britânicos, aquilo foi especialmente sombrio. O país estava marcado pelas lembranças da última guerra, pelas greves e pela pobreza que perdurava, e estava exausto com as disputas entre os políticos. Cinco meses antes da declaração de guerra, a editora em exercício, Elizabeth Penrose, enviou uma carta premonitória a Woolman Chase em que informava: "A vida por aqui anda muito agitada, mal temos tempo para fazer o que é absolutamente essencial... enquanto escrevo, Hitler grita no rádio."[3] Quando os alemães atacaram, Penrose pressionou a administração a mandar os estrangeiros de volta para casa por questões de segurança, inclusive ela própria (Penrose era cidadã americana). Ela passava um fim

100 NOS BASTIDORES DA *VOGUE*

de semana ensolarado no campo pouco antes de embarcar de volta para casa, quando ouviu o primeiro-ministro dizer: "A Grã-Bretanha está em guerra."[4] Imediatamente depois soou a primeira sirene antiaérea. Ela havia garantido o seu regresso aos EUA na hora certa.

Harry Yoxall, herói e guardião inconteste da *Vogue* britânica, também acreditou que a guerra seria inevitável meses antes de começar e queria estar preparado. Sentou-se à mesa, redigiu cartas a cada membro da equipe com instruções precisas sobre o que fazer em caso de emergência e endereçou os envelopes.[5] Ele também retirou os livros-caixa mensais mais recentes, registros do escritório, matrizes de moldes da *Vogue*, filmes dos moldes de corte, guardando-os em segurança no porão da sua casa em Richmond.[6] Produziu até mesmo um número da *Vogue* sobre a guerra e o enviou à gráfica com antecedência.[7]

Em 3 de setembro de 1939, Bettina Ballard recebeu a notícia da guerra na cama, em Paris, quando se recuperava de uma gripe.[8] Ela ouviu as declarações do primeiro-ministro britânico e do presidente francês com uma euforia inadequada. Apesar das incertezas, a mudança despejava eletricidade no ar. Olhando retrospectivamente, o modo como o mundo da moda respondeu à notícia parece desconcertante e surpreendentemente ingênuo. A maioria não esperava uma guerra, principalmente os parisienses, que pareciam pensar que os alemães não se atreveriam a atacar o seu exército. Essa empáfia não se dissipou com a mobilização. A maior parte das coleções de alta-costura seguiu o curso normal, e a equipe visitante da *Vogue*, que incluía Woolman Chase e Horst, assistiu aos desfiles e em seguida saiu em grupo para dar um passeio em Genebra.[9] Grande parte da equipe da *Vogue* também estava de férias — a ficha só caiu mais tarde. Os turistas se engalfinhavam em busca de passagens para voltar para casa, e, enquanto Woolman Chase tinha passagem e escapava a tempo, outros funcionários americanos da *Vogue* acampavam em espaços improvisados e negociavam lugares em navios.[10] Depois, os transportes foram suspensos. As vitrines das lojas foram cobertas com papel. Casas foram fechadas. Por toda parte, os homens recuperaram seus uniformes militares salpicados de naftalina. Muitos abandonaram as cidades e se refugiaram no campo...

A MODA É INDESTRUTÍVEL

...E depois regressaram. As estrelas do *café society* se entediaram sem a alegria de Paris. Em pouco tempo, os restaurantes pequenos e aconchegantes à luz de velas se popularizaram. O restaurante Maxim's se reinventou como uma espécie de bar clandestino e voltou a ficar apinhado de clientes. Assim que chegou de volta a Nova York, Woolman Chase enviou memorandos com perguntas sobre como os *couturiers* estavam lidando com as condições da guerra e pediu histórias sobre o que os endinheirados trajavam nos abrigos antiaéreos.[11] Na moda, a principal notícia era que subitamente os acessórios brancos passaram a ser tendência, porque faziam a pessoa brilhar sedutoramente durante o blecaute. As atividades que Ballard descreve soam irritantemente semelhantes às histórias de crianças brincando de guerra. A sua produção era repleta de memorandos com fofocas, sobre abrigos antiaéreos de luxo construídos por celebridades, descrições de viajantes elegantes que passavam por inconvenientes nos trens lentos e as indumentárias chiques de Edward Molyneux para acorrer aos abrigos antiaéreos. Ela até documentou que os parisienses haviam deixado de usar chapéus durante semanas, até madame Suzy, a chapeleira, voltar e criar uma peça especialmente para os tempos de guerra.[12]

A diferença entre as atitudes da Grã-Bretanha e da França é evidente. Enquanto a equipe de Londres escrevia: "Nós... sentimos o verdadeiro aperto e o medo da guerra",[13] a repórter de sociedade em Paris dizia: "Aqui estamos, vivendo no Ritz e mantendo Versailles aberto nos fins de semana".[14] Outros relatos seguem essa frivolidade absurda. A Hermès fabricou maletas de couro requintadas para as máscaras de gás. Havia rumores de que as mulheres não usavam uniforme porque ninguém conseguia decidir sobre o modelo.[15] Os homens voltavam à cidade com vários tipos de licenças forjadas, embora os funcionários da *Vogue* tentassem tirar férias na época das coleções, para ajudar a revista quando era mais necessário. Ballard descartou tudo isso como a "guerra do descanso" e em dezembro foi para os Alpes esquiar.[16] As coleções de inverno seguiram como sempre, com poucos *couturiers* ausentes, que eram principalmente os que pensavam que poderiam se tornar alvos dos nazistas. O conhecido cinismo francês reinava e todos estavam entediados até a alma, até que, sem dificuldade alguma, os alemães invadiram o país em 1940.

O estoicismo britânico durante o bombardeio

Agora que a guerra era oficial, a experiência de Harry Yoxall como diretor administrativo não era muito distinta da que tinha a editora. Principalmente porque compartilhavam o escritório. Ele já não viajaria pelos vales e montes da Inglaterra levando caixas de revista. A editora não mais retocaria o batom no toucador da Claridge's depois de um almoço com Cecil Beaton ou Elizabeth Arden. O quartel-general da *Vogue* londrina foi destruído, embora, como comentou Yoxall, todos os demais também o foram.[17] Em 1941 houve um ataque especialmente terrível em Londres. Yoxall estivera patrulhando em outro local até as 6h30, mas assim que chegou em casa a secretária ligou. Ao saber do bombardeio, ele foi à cidade ver a situação no escritório — e não era boa.[18] Yoxall chegou o mais perto que pôde das chamas na Fleet Street. Esgueirando-se por becos e vielas para evitar as tampas de bueiro que disparavam no ar (elas eram atiradas para o alto pelo impacto das explosões e atingiam os bombeiros com tanta força que quebravam seus ossos), com muito esforço ele chegou ao prédio da *Vogue*.[19]

Yoxall encontrou os pisos afundados e as paredes abauladas. Ele deixou para trás os destroços em brasas e procurou os zeladores do quartel-general da *Vogue*, os quais felizmente não haviam sido atingidos, e eles lhe disseram que os sprinklers haviam mantido os papéis em segurança até que um segundo ataque inesperado arrebentou as tubulações de água.[20] Eles perderam não só o espaço físico, como também 450 mil moldes e 400 mil exemplares de revistas.[21] Um arquivo inestimável, acumulado ao longo de décadas. Perderam também os livros-caixa, à exceção dos que Yoxall havia removido dali junto com a lista de assinantes.

O engenhoso Yoxall reuniu alguns membros da equipe e os mandou para a sua casa em Richmond, onde parte dos equipamentos e dos moldes de corte estava guardada, com a ordem de montar um local de trabalho no porão para permitir a produção de pequenos lotes dos moldes da *Vogue*.[22] Negócios são negócios. A única outra peça recuperável da *Vogue*, encontrada triste e esmagada sob escombros quentes, foi Ginger, o gato, o caçador de ratos oficial da revista.[23] Todos ficaram muito contentes em resgatá-lo dos escombros, mas o felino deve

A MODA É INDESTRUTÍVEL 103

ter pensado que o incidente o expunha a riscos que iam além das suas obrigações profissionais. Após o trauma, ele desertou para uma leiteria vizinha e se recusou a visitar a revista novamente.

O ataque à Grã-Bretanha havia começado três semanas antes, e a *Vogue* britânica precisou de outra editora. Elizabeth Penrose havia voltado para casa. Outros se juntaram a organizações de voluntários ou foram convocados. Audrey Withers se tornou editora depois que as suas colegas desapareceram uma atrás da outra, e ela foi convidada a assumir o posto porque, como Yoxall ressaltou, não havia mais ninguém.[24] Withers tinha 30 e poucos anos quando essa tarefa colossal caiu sobre os seus ombros, e trabalhava na revista havia uma década. Mais uma vez, a *Vogue* encontrara a líder perfeita, sensata e criativa para conduzi-la durante a tempestade.

Criada no campo inglês, Withers vinha de um lar de leitores. Seus pais cultivaram os gostos intelectuais da filha, e não os extravagantes. Missivista comprometido e médico aposentado, o pai dela se correspondia com gente como A. E. Housman, e mais tarde a filha rememorou os rituais de limpeza primaveris da família, quando cada um dos 3 mil livros da biblioteca era espanado.[25] Ao deixar o internato e se formar em filosofia, política e economia em Oxford, ela se mudou para Londres e conseguiu trabalho em uma livraria, enquanto sonhava em trabalhar em alguma editora.[26] Não foi fácil. A cidade para onde se mudara tinha sido arruinada pela Primeira Guerra Mundial, e Withers foi dispensada mais de uma vez. Meses de busca infrutífera deixaram-na abatida — ela viria a comparar a dor do desemprego à morte de um ente querido.[27] A sorte finalmente mudou quando ela viu um anúncio oferecendo o posto de subeditora, com um salário de 3 libras por semana.

Em 1º de dezembro de 1940, a edição americana publicou um artigo intitulado "A *Vogue* britânica resiste à tempestade". Ele é atribuído a Withers e traça um retrato matizado e pungente da experiência britânica que continua sendo comovente. Da primeira frase, leve e elegante: "Publicar uma revista de luxo durante uma *Blitzkrieg* é como vestir-se para jantar na selva",[28] aos subtítulos sombrios, como "O problema das bombas-relógio", Withers cobre um vasto terreno. Ficamos sabendo que era difícil encontrar modelos, porque os maridos e noivos no front as instavam a evacuar para o campo. Lemos que, no campo, aldeões dessensibilizados, muitos deles desfigurados por ferimentos de estilhaços, passavam os domingos deitados na relva, observando centenas de aviões alemães passarem no alto — era a sua única distração. Ela descreve os prédios de Londres constantemente explodindo em chamas e a necessidade de cada departamento da *Vogue* ter uma maleta pronta junto à escrivaninha. A maleta não era para roupas ou escova de dente, mas para documentos essenciais — para os diretores de arte, os layouts; para os editores, uma cópia — que deveriam agarrar, empacotar e levar às pressas para a rua assim que soasse a sirene, levando-a consigo para o lugar considerado "seguro". Lá abriam a maleta, para não perder um minuto de trabalho.

Com aparência de matrona, é difícil imaginar Audrey Withers, de blazer e sapatos sem salto, guiando a sua equipe esquelética até o abrigo antiaéreo. Contudo, eles se adaptaram à vida em meio à guerra. A correria para chegar ao porão quando soavam as sirenes levava séculos, até que Withers bolou um esquema. Pôs olheiros no telhado para alertá-los momentos antes de se abrir fogo, o que significava que a equipe não precisava abandonar suas mesas cedo demais. No final, ela se tornara tão complacente que permanecia no escritório, apenas punha a máscara de gás e deixava as bombas ensurdecedoras caírem à sua volta, espatifando os vidros das janelas, enquanto ela seguia escrevendo.

Estar no porão não era desculpa para suspender o trabalho. Depois de descer os seis lances da escada de pedra carregando tudo, de papel para anotações a fotografias, pás e sanduíches, a equipe se acomodava em cadeiras de armar e começava a ditar cartas. As secretárias martelavam as máquinas de escrever precariamente equilibradas em seus joelhos. Até as fotografias eram feitas no abrigo. À noite, todo o material da revista era levado para o subsolo em uma cesta de lavanderia. O programa envolvia barulho e movimento contínuos; bombas sendo despejadas e destroços saltando com o impacto, fazendo as ruas tremerem. De vez em quando, uma casa desmoronava. Naturalmente, a equipe estava exausta. Alguns haviam morrido, outros tinham desaparecido. Muitos tinham sido feridos por fragmentos de vidro ou explosivo.

A MODA É INDESTRUTÍVEL

A famosa atitude britânica "*keep calm and carry on*" [mantenha a calma e siga adiante] fica patente. O artigo de Withers vem ilustrado com fotos ao mesmo tempo cômicas e comoventes. Em uma delas, Harry Yoxall, em um terno elegante, conversa ao telefone em seu escritório grandioso, a escrivaninha e o piso coalhados de cacos dos vidros das janelas bombardeadas.[29] Em outra fotografia, os membros da equipe estão sentados em círculo, como escolares, durante uma reunião editorial, com uma picareta ao lado, prontos para cavar um caminho de saída caso o abrigo antiaéreo desmoronasse.[30] Frequentemente, eles se frustravam porque não havia gás (a água na chaleira não fervia e eles queriam tomar chá) ou o transporte era interrompido (todos os dias o transporte apresentava problemas, o que significava que uma viagem de 30 minutos podia durar horas e implicar uma série de baldeações, para não falar que podiam ser mortos a caminho do trabalho).

Um dos problemas de Withers era encontrar material suficiente para produzir a revista e, por mais surpreendente que possa parecer, editoras de moda, de salto alto e chapéu, vagavam pelas ruínas de Londres em busca de itens de luxo para fotografar. Os lojistas eram constantemente atingidos pelas bombas e perdiam as vitrines recém-consertadas junto com a decoração e, às vezes, os produtos. Withers ressalta que os costureiros buscavam novas maneiras de exibir suas mercadorias. Alguns usavam vitrines escuras, outros reforçavam os painéis com madeira e punham itens menores para exibição em cada nova vitrine. John Lewis reabriu quase sem ter o que vender, depois de ser totalmente arrasado. Muitos estilistas independentes se mudaram para áreas rurais e continuaram a produzir vestuário em quartinhos de cabanas ou em mansões campestres.

Reunir conteúdo era literalmente um campo minado, e o mesmo acontecia com gente para arrumá-lo e recursos para completá-lo. O estúdio fotográfico tinha sido inundado e incendiado. Não havia energia suficiente para manter as luzes acessas, nem para secar as impressões, e poucos na equipe sabiam revelar um rolo de filme, já que a maioria dos fotógrafos havia sido enviada à guerra. O mesmo se sucedia com os artistas — até as mulheres. Uma delas costumava sentar-se na escada por segurança, desenhando em meio às longas horas que passava em treinamento para se tornar enfermeira, até ser convocada para servir. Além de tudo isso, havia

106 NOS BASTIDORES DA *VOGUE*

a batalha com os gráficos e gravadores; os atrasos no transporte, correios e distribuição; o deslocamento crônico dos negócios e o colapso da sua poderosa rede de contatos. Durante a guerra, a revista trazia uma pequena ressalva: "A guerra está deixando o serviço nacional de transportes no limite, e certamente haverá atrasos na entrega dos seus exemplares da *Vogue*. Lamentamos o inconveniente, mas isso está completamente fora do nosso controle."[31] Cada número era uma luta tremenda entre a determinação de Audrey Withers e as forças do destino. Ela costumava vencer.

Outro assunto era o que motivava todos naquele esforço hercúleo. Harry Yoxall, diretor administrativo, disse ser meticuloso por natureza.[32] Ele também tendia a minimizar a gravidade das situações. Sua famosa despreocupação perdurou até o final da Segunda Guerra Mundial. Ele comentou desdenhosamente que as histórias de bombas tinham ficado maçantes, embora tenha se dignado a descrever o Grande Incêndio em Richmond, em 1940, durante o qual, na mesma noite, houve pelo menos 27 focos de incêndio importantes no povoado.[33] A terra tremendo sob os pés deles, os explosivos derretidos chovendo na escuridão... nada disso o impediu de subir no telhado da sua casa pelo alçapão para tentar apagar o fogo na sua propriedade, ao mesmo tempo que zombava da esposa. Recém-chegada dos Estados Unidos, ela continuava se vestindo formalmente para jantar e derramava água no decote toda vez que passava um balde cheio de água ao marido para apagar o incêndio.[34]

A coragem e o trabalho árduo de Audrey Withers e sua equipe estavam em sintonia com o espírito geral do país. O público britânico foi tomado por uma espécie de febre nobre, obcecado com o ideal de ser produtivo e invencível. Todos queriam fazer a sua parte, e a equipe deve ter pensado que continuar produzindo a *Vogue* era seu modo de contribuir para o esforço geral.

Porém, circunstâncias pessoais à parte, eles não podiam fugir à influência da política. O problema do racionamento afetou de imediato a indústria editorial; os jornais rodavam 60% da produção anterior à guerra.[35] Essa mudança enorme forçou as publicações a cortar o número de páginas e apinhar informações em espaços reduzidos. Os departamentos de arte tiveram de repensar o layout, e os editores modificaram a contagem de

A MODA É INDESTRUTÍVEL

palavras. Withers não temia as decisões radicais. Já que agora o papel era uma mercadoria altamente valiosa, ainda mais escassa que o açúcar, ela reciclou o arquivo da *Vogue* para mantê-los funcionando — o que resultou em perdas ainda maiores de registros e materiais históricos. O racionamento ficou tão severo que era preciso um assinante morrer para outra pessoa receber a revista.

A austeridade também afetou a moda. O Esquema de Roupas Utilitárias foi criado no final de 1941 para reduzir o desperdício e diminuir o uso de matérias-primas como lã e couro. Com menos tecido, surgiu uma silhueta mais livre e leve, que Withers achou estimulante. Para ela, o esquema havia prestado um enorme serviço à moda britânica que, ela achava, se beneficiara da simplicidade forçada.[36] Outras normas, como o banimento dos saltos com mais de 5 centímetros, fizeram das roupas vistosas um sinal de mau gosto. As cores escuras foram encorajadas, pois representavam o luto e eram fáceis de manter.

A *Vogue* britânica não estava apenas na ponta final das novas restrições. Poucas horas após a declaração de guerra, foi criado o Ministério da Informação, para monitorar e gerenciar a opinião pública, a propaganda doméstica e a censura. Inicialmente ele enfrentou dificuldades pela falta de liderança, mas tudo mudou quando Brendan Bracken foi designado ministro da Informação, em 1941. Bracken, amigo de Winston Churchill e um proeminente dono de jornal, logo percebeu a importância das revistas femininas para moldar a mentalidade nacional. Isso é duplamente importante quando recordamos que a nação *era* as mulheres, já que os homens estavam fora, em combate. Os jornais e outras publicações para mulheres adquiriram uma importância nova.

A *Vogue* não escapou à atenção de Bracken, e Withers e editores de outros meios populares foram convidados para reuniões em que tratavam de temas como saúde, alimentação e vestimentas. Withers foi uma das convidadas a colaborar na campanha governamental pelo cabelo curto.[37] Como as mulheres tinham assumido trabalho nas fábricas, seus cabelos podiam ficar presos nas máquinas, provocando escalpelamentos. Será que a *Vogue* poderia fazer do cabelo curto algo chique? Withers achou que sim, então fizeram um artigo com atrizes de cinema e apresentadoras de TV

108 NOS BASTIDORES DA *VOGUE*

famosas com os cabelos quase raspados, mostrando que as estrelas e as trabalhadoras podiam usar cortes curtos.[38]

Embora houvesse uma tendência clara pelo prático, as mulheres ainda eram pressionadas a se arrumar. Manter o estilo era um modo de espicaçar Hitler, provando que as pessoas não estavam derrotadas, além de dar aos rapazes de além-mar motivos para lutar. O batom vermelho se tornou o favorito e chegou a simbolizar solidariedade entre as mulheres que literalmente mantinham a boa aparência. Embora muitas usassem beterraba para pintar a boca em virtude da escassez, marcas famosas lançaram novos tons com nomes que remetiam à guerra para atrair as clientes: "Vermelho Regimental", de Helena Rubinstein, "Vermelho Vitória", de Elizabeth Arden. A mensagem "A beleza é seu dever"[39] foi promovida na *Vogue* britânica desde o início da década de 1940. Em 1942, a *Vogue* americana publicou a carta de um soldado que dizia: "Hoje em dia, não se mostrar atraente quebra definitivamente o moral e deveria ser considerado traição."[40]

A primeira capa da *Vogue* britânica após a declaração de guerra, em setembro de 1939, trazia um brasão real dourado com as letras e o fundo em vermelho, branco e azul da bandeira. Neste número, a revista prometeu ser "prática e útil", ajudando seu público a economizar "em roupas e cuidados pessoais, gerenciamento doméstico e jardinagem".[41] A revista assinala que isso acompanha o desejo do governo de que os negócios sigam em frente onde for possível. Ela afirma que continuava sendo a *Vogue*. Em suas próprias palavras: "charmosa e civilizada, um tônico para o espírito — mais indispensável do que nunca".[42]

À medida que a guerra avançava, as privações só aumentavam. Era cada vez mais difícil para a revista e o governo dizerem "mantenham a cabeça erguida" aos milhões que sofriam. Em 1942, a ideia "A beleza é seu dever" tinha se transformado no esforço corajoso de seguir em frente apesar do caos. Era hora do "Arregace as mangas e remende". Os políticos no Parlamento esperavam que o foco nas tarefas domésticas e na criação de novos afazeres mantivesse ocupada a população desalentada. Diversas capas de livros de moldes da *Vogue* fazem referência ao movimento "Arregace as magas e remende", que promoveu a frugalidade durante o difícil racionamento. Uma ilustração de março de 1942 não traz modelos, e sim

A MODA É INDESTRUTÍVEL

apetrechos para montar roupas.[43] Obviamente, a intenção da revista era enaltecer os apetrechos de costura e apresentá-los aos leitores como nobres e valiosos — as armas naturais da mulher durante a guerra.

Em um número de maio de 1942, um artigo intitulado "O General Economia emite as ordens do dia"[44] acompanhava as aventuras de um soldado caricaturesco, o "General", vestido com retalhos de tecidos e um chapéu de jornal, simbolizando a "Economia" que levava no nome. Dentre as ordens estão: "Poupar cada folha de papel para reciclagem. Usar cada fiapo de linha para remendos... Saber que nossa força depende da nossa economia no consumo."[45] Uma capa de 1943 traz uma mulher elegante com um chapéu cobrindo sedutoramente os seus olhos.[46] O texto anuncia cupons, ao lado dos conselhos de moda.

Com essas atitudes bem pensadas, a *Vogue* liderou pelo exemplo. Além de reciclar o próprio arquivo, Cecil Beaton, fotógrafo de moda convertido em fotógrafo oficial de guerra, sacrificou um imenso portfólio de trabalhos para a reciclagem. Um artigo intitulado "O estofo da *Vogue*" traz uma colagem das antigas fotografias — grandes beldades, queridinhas da sociedade, até a realeza — que ele ia destruir em prol do esforço de guerra.[47] Em algum ponto do horizonte havia a promessa de uma nova esperança, a possibilidade de que elas se convertessem em páginas para imprimir uma futura *Vogue*. Agora, a revista física teria uma vida tão curta quanto as modas que apresentava.

O que hoje denominamos "reciclagem" era, na década de 1940, conhecido como "resgate", que implicava dificuldade e redenção condizentes com a guerra. O moral alto convinha à *Vogue* como qualquer outra coisa — o seu trabalho era, e continua sendo, apresentar itens fetichizados. Eles podiam ser bolsas e chapéus, ou podiam ser valores, tais como honestidade, honra, amor e lealdade. Qualquer coisa podia receber um tratamento glamouroso. Com essa abordagem, Withers foi capaz de promover roupas baratas, de acordo com as restrições têxteis, uma vida comedida e consertos rápidos para problemas domésticos — tudo em nome da nação. Nunca antes a *Vogue* havia promovido gastar pouco, em vez de muito.

Salvando a *Vogue* francesa dos nazistas

Do outro lado do canal, a ocupação da França pelos nazistas reacendera o antigo desejo alemão de suplantar Paris como o centro da moda. Durante a Primeira Guerra Mundial, eles haviam plagiado revistas de moda francesas, publicadas em Viena e distribuídas pela Europa, na esperança de que os leitores não percebessem que apresentavam design alemão de qualidade inferior, em vez da alta-costura francesa. Outra grande ideia que tiveram era deslocar o negócio da alta-costura simplesmente levando os estilistas, funcionários, fornecedores, vendedores etc. para Berlim. Por sorte, a alta-costura francesa, representada por Lucien Lelong, conseguiu conter os alemães argumentando, de um modo lógico, que a transferência desmantelaria a indústria.[48]

Se, por um lado, eles deixaram os ateliês em paz, por outro, a pressão sobre as publicações permaneceu intensa. Os nazistas encaravam essa mídia como um modo de fazer proliferar a sua propaganda entre as mulheres. Revistas recém-lançadas pelos inimigos traziam artigos petulantes sobre o futuro brilhante da moda na Grande Alemanha, afirmando que o legado parisiense se havia extinguido.[49] Em seguida, eles limitaram o número de revistas de moda francesas autorizadas a seguir operando. O modo como lidavam com a imprensa era frio e sistemático, calculado para permear a mente dos civis. Para Michel de Brunhoff e o pessoal da *Vogue* francesa, era hora de mostrar a todos que eles tinham estofo.

Na segurança de Nova York, Condé Nast teve a antevisão de enviar um telegrama a De Brunhoff, que dizia: "Estamos a ponto de perder o contato. Sei que você saberá tomar as decisões cruciais. Escrevo para lhe dizer que desde já aprovo quaisquer decisões que venha a tomar em nome da Condé Nast Publications."[50] Durante o êxodo em massa de Paris após a invasão alemã, em 1940, o colunista social Johnnie McMullin informou: "Neste momento, Biarritz oferece um panorama único no mundo... *Todos* os ricos da Europa estão aqui."[51] Porém, enquanto McMullin discorria entusiasmado sobre a aristocracia em fuga, Tommy Kernan, um americano que pouco antes assumira o papel de gerente da *Vogue* na França, desaparecia na surdina com os livros-caixa da *Vogue* e o dinheiro líquido de Les Éditions Condé Nast.[52]

A MODA É INDESTRUTÍVEL

Durante a noite, para garantir a segurança dos documentos, dormia no campo em cima do dinheiro. Estava indo para Bordeaux, em cujos arredores havia alugado um *château* antes do desastre iminente.[53] Cerca de quarenta pessoas ligadas à *Vogue* usaram o local como um refúgio até poderem regressar às suas casas em Paris ou em outros países.[54] De Brunhoff, a mulher e três filhos moraram lá, assim como os Vogel, que estavam muito preocupados. Lucien Vogel havia participado ativamente de campanhas contra Hitler. Após uma noite longa e agitada incitando-os a fugir para se salvarem, os Vogel finalmente escaparam, pouco antes de os nazistas aparecerem diante dos portões do castelo.

Os nazistas haviam chegado para se apossar do *château*, que pretendiam ocupar. Empregando todo o seu charme, De Brunhoff conseguiu convencê-los a desistir, assinalando a falta de mobília, o que os obrigaria a dormir no feno.[55] Foi o seu primeiro grande golpe, porque os nazistas permitiram que todos sobrevivessem. Quando De Brunhoff voltou a Paris, os alemães o intimaram para conversar sobre revistas. Estavam se preparando para fechar a maioria delas, deixando apenas algumas revistas de luxo e alguns títulos dirigidos às massas. As duas bebês que De Brunhoff tinha — a *Vogue* francesa e a *Jardin des Modes* — estavam na lista das que sobreviveriam.[56] A sua alegria durou pouco: os alemães queriam que ambas entrassem no rol de publicações regulamentadas, o que significava que, forçosamente, as opções editoriais lhes seriam ditadas. Em vez de alegar o controle outorgado por Nast no telegrama, ele disse aos oficiais inimigos que legalmente não podia assumir essa responsabilidade em nome dos proprietários americanos.

Os alemães continuaram a importuná-lo e apareceram pelo menos outras três vezes para tentar convencê-lo a relançar a *Vogue*, chegando a tentar suborná-lo com uma parte dos lucros ou um salário vultoso.[57] Eles reconheciam que a sua experiência editorial e uma longa amizade com diversos *couturiers* eram insubstituíveis. No final, De Brunhoff se internou em um hospital com falsos sintomas para evitar o assédio crescente. Mais tarde ele riria porque, ao visitá-lo em seu escritório, os nazistas haviam se apoiado em uma parede falsa, sem saber que detrás dela estavam escondidos os documentos resgatados da *Vogue*.[58] Tommy Kernan estava igualmente

112 NOS BASTIDORES DA *VOGUE*

decidido a resistir. Quando voltou da missão em Bordeaux para o quartel-general na Champs-Élysées, ele viu que as salas tinham sido invadidas, o cofre explodido e as escrivaninhas estavam de cabeça para baixo.[59] Supostamente, os alemães andavam buscando os arquivos que Kernan e De Brunhoff mantinham ocultos. Embora a dupla tenha conseguido esconder os documentos, o estúdio fotográfico de alta tecnologia fora confiscado. Os alemães estavam usando os equipamentos da *Vogue* para fotografar propaganda, e Kernan não podia entrar.[60]

A *Vogue* francesa era propriedade de uma corporação americana, mas publicada na França como uma entidade francesa separada. Essa estrutura de negócios complexa era ao mesmo tempo uma bênção e uma maldição. Kernan pensava que para os alemães dava no mesmo roubar uma publicação americana ou francesa — para eles tudo era butim de guerra —, porém, se pudesse impedi-los de assumir o controle da *Vogue* francesa recorrendo a esse detalhe confuso, ele o faria. Seu temor era que a próxima tática alemã fosse alegar que a revista era propriedade abandonada e começar a imprimi-la por conta própria. Kernan e De Brunhoff decidiram que o melhor a fazer seria tentar relançar a revista ou, pelo menos, fingir que o fariam.[61] Isso tornaria inviável a alegação de abandono e impediria que ao menos alguns dos seus antigos funcionários passassem fome.

Kernan apresentou uma solicitação ao escritório de propaganda para retomar a publicação e se viu diante do tenente Maier, um fotógrafo frustrado que Kernan tinha dispensado na porta da *Vogue* diversas vezes.[62] Foi um encontro constrangedor, em que Maier desfrutou imensamente a virada do jogo. Kernan recebeu uma lista interminável de regras a seguir, que incluíam fornecer informações biográficas completas de quaisquer pessoas que pretendesse recontratar, caso tivessem antecedentes judaicos.[63] Ele cumpriu a burocracia no que foi possível, na esperança de que os alemães perdessem o interesse. Quando o assunto arrefeceu, ele e De Brunhoff deram o seguinte passo: liquidaram todo o patrimônio remanescente de Les Éditions Condé Nast e pleitearam que um administrador fosse designado. Em meio a essas maquinações, conseguiram colocar a empresa sob a proteção das leis francesas.[64] Durante o restante da ocupação, quando os nazistas vinham espreitar, Michel de Brunhoff meneava a cabeça pesaroso

A MODA É INDESTRUTÍVEL   113

e declarava que a organização estava sob a administração do Tribunal de Comércio. Kernan e De Brunhoff estavam perfeitamente cientes de que se os nazistas pusessem as mãos na *Vogue* seria o fim da revista em toda parte, pois a sua reputação ficaria irremediavelmente manchada aos olhos do mundo livre, o que resultaria na morte lenta da corporação. A missão de ambos era salvar a Condé Nast Publications e garantir o seu futuro.

A morte de Condé Nast e o fim da guerra

Para os Estados Unidos, tudo ia melhor. A guerra parecia algo distante, longe do seu mundo e um tanto desagradável. Porém, os funcionários que produziam a *Vogue* americana enfrentavam outros horrores, pois havia acontecimentos preocupantes perto de casa.

O duplo golpe da traição de Carmel Snow e seu colapso financeiro deixou Condé Nast absolutamente abalado. Desalentado e oprimido, ele começou a ficar sem chão. Se fosse mais jovem, talvez aqueles incidentes tivessem avivado o seu ímpeto, porém, na meia-idade, podem ter sido o motivo que o fez sucumbir a dores no peito em 1942 — bem no meio da Segunda Guerra Mundial. Antes de morrer, ele escreveu uma última carta desconexa à sua adorada editora-chefe, Edna Woolman Chase. Uma distância havia surgido entre eles, dissolvendo uma parceria forjada em momentos mais cordiais e esperançosos. Ainda assim, as palavras finais de Nast foram comoventes: "Edna, nós formamos uma grande parceria. Creio que fui um editor atento e inteligente, mas sou o primeiro a admitir para mim mesmo e a reconhecer perante o mundo que, sem você, eu nunca teria erguido a *Vogue*."[65]

Sem saber, ele escrevia em seu leito de morte. Por 35 anos eles haviam trabalhado juntos obsessivamente, alimentando as aspirações e loucuras um do outro. Certa vez, uma pessoa em visita ao escritório expressou vivo interesse pela relação entre Nast e Woolman Chase, convencida de que, sendo tão próximos, eles mantinham um envolvimento amoroso. A resposta sarcástica de um funcionário dava a entender que eles estavam tão apaixonados que haviam gerado uma criança mimada.[66] A criança era a *Vogue*. Condé Nast, o homem, pode ter morrido em meio a um conflito

114 NOS BASTIDORES DA *VOGUE*

global, mas Condé Nast, a companhia, era, na verdade, um belo legado. Independentemente das críticas, a *Vogue* havia sido alimentada, engordada, nutrida, guiada e protegida por uma frente de bravos guardiões. Durante a guerra, a camaradagem reconfortante entre a equipe da *Vogue* e Nast, o seu segundo pai, foi como um raio de sol.

Até os fotógrafos estavam fazendo um trabalho importante servindo ao país. O britânico Cecil Beaton, um favorito da revista, foi contratado como fotógrafo de guerra para produzir obras sobre países estrangeiros devastados, em grande parte para obter o apoio americano às nações aliadas. Ele seguiu trabalhando para a *Vogue* e fez imagens de novas ruínas em Londres. O esplendor arquitetônico da capital inglesa foi assolado pelos bombardeios aéreos. Porém, mesmo nas cenas tristes, Beaton enxergava glamour e teatralidade. O resultado de um bombardeio o fez exaltar aqueles "efeitos, ao estilo Piranesi, extraordinariamente espetaculares que se obtinha".[67]

Em uma fotografia lendária, ele colocou uma modelo em um terno justo, de costas para a câmera. A modelo está cercada por pilhas de destroços mais altos que ela, uma confusão de tijolos e vigas partidas. Só um par de arcos sobrara de pé, e ela fita uma placa no alto dependurada entre eles. A placa marca um local que fora destruído antes, durante o Grande Incêndio de Londres, provando que a cidade já havia se erguido das cinzas e indicando que faria o mesmo depois do ataque. A mensagem de esperança é coroada pelo título da fotografia: "A moda é indestrutível."[68]

Ainda mais vitais foram as contribuições de Lee Miller, a modelo que virou fotógrafa, publicadas nas *Vogues* inglesa e americana. A carreira de Lee Miller começou em Paris, onde foi musa dos surrealistas e amante de Man Ray. Ela foi fotografada para a *Vogue* diversas vezes e, portanto, conhecia todos os editores europeus. Quando a guerra começou, Miller decidiu se concentrar na fotografia, com um desejo intenso de participar. O resultado é um portfólio com as imagens de guerra mais impactantes que se conhece. Dissecar o material que ela produziu durante a Segunda Guerra Mundial é uma tarefa gigantesca; dentre suas atribuições, houve uma série fotográfica dos campos de concentração de Buchenwald e Dachau, muitas das fotos mostrando moribundos ou mortos. Ela foi outra das deidades singulares que passaram pelo universo da *Vogue* como cometas.

A MODA É INDESTRUTÍVEL

Miller era muito admirada pelos editores, principalmente pela britânica Audrey Withers. Withers pensava que, embora fosse bom publicar mensagens-padrão sobre o moral, Miller punha a *Vogue* "bem no meio do conflito".[69] Determinada a entregar um relato claro aos leitores, Miller insistia em escrever os artigos que acompanhavam suas fotos. As mulheres na Grã-Bretanha tinham poucos meios de obter notícias e de ouvir relatos genuínos sobre como a guerra avançava em outros países. Com Miller, o conteúdo da *Vogue* passou das roupas aos assuntos do dia.

Havia também o importante aspecto de que Miller era mulher, e naquela época todos os correspondentes de guerra eram homens. Ela usava pontos de referência femininos em seus textos para atrair as leitoras, tais como comparar os equipamentos militares aos espartilhos. Miller tinha uma personalidade vibrante e Withers hesitava em cortar uma só palavra dos seus textos, mas às vezes precisava fazê-lo em virtude do racionamento de papel. Graças à perspicácia de Miller, Withers pôde chamar a sua revista de luxo de "O guia da mulher inteligente muito além da moda".[70] Ela nunca se esqueceria de quem imprimira profundidade à sua revista, e muito depois tentou atrair a repórter famosa, apesar de Miller ter deixado a equipe permanente em 1949. Embora ainda contribuísse ocasionalmente a convite de Withers, mais tarde o seu marido escreveu à editora pedindo-lhe que parasse de enviar encomendas — ele alegou que trabalhar deixava Miller muito aborrecida.[71]

Em 1944 os britânicos estavam esgotados. A *Vogue* americana ainda publicava artigos sobre a sua experiência; no entanto, um texto de Lesley Blanch, uma editora na *Vogue* britânica, retrata o cansaço de Londres. "Nós não vivemos, apenas nos viramos", escreveu ela. "Todas temos uma aparência cansada. Fazemos o melhor que podemos, e maquiagem e cabeleireiro não nos faltam, mas é um tremendo esforço, pois estamos bem cansadas e desvitaminadas. A aparência desluzida se deve à tensão nervosa."[72] Withers manteve a equipe operando da melhor maneira possível, já que era editora de uma revista de luxo e podia passar o dia todo falando de diamantes raros e depois chegar em casa e esfregar o chão. Ela era notoriamente frugal. Usava o transporte público em vez de táxis, preferia comer um sanduíche à escrivaninha a jantares nababescos com faturas altas. Por um tempo, ela foi eleitora devota do Partido Trabalhista (e uma das poucas editoras de

116   NOS BASTIDORES DA *VOGUE*

esquerda na história da *Vogue*) e, depois de aposentada, já na casa dos 80 anos, seguia convicta e foi voluntária no Partido Social-democrata. Withers era tão estoica que nem a Dior conseguiu abalá-la; ela não aprovava aquele estilo porque era impossível usá-lo no ônibus. Mais tarde, em 1954, ela foi agraciada com a Ordem do Império Britânico pela sua participação na Segunda Guerra Mundial.

Quando a guerra terminou, em 1945, imaginamos uma atmosfera de celebração, festas, desfiles. Mas a capa da *Vogue* foi estranhamente silenciosa. Ela trouxe a pintura de um céu azul, quase sem nuvens, com a palavra "*Vogue*" no alto, em letras brancas. Nenhuma pessoa, nenhum ponto de referência. Aquilo não foi à toa. O céu vazio enfatizava o azul claro no alto — sem aviões, sem mísseis, sem bombas-relógio —, o fim dos bombardeios. A discrição com que a equipe da *Vogue* britânica resumiu o fim da guerra era típica de Withers, o epítome do dever. Anos depois, ao ser indagada sobre onde estava no Dia da Vitória, ela respondeu: "Era um dia de semana? Se era, eu estava no escritório."[73]

Os seus vizinhos na França também estavam cansados das privações. Quando Bettina Ballard voltou a Paris, em dezembro de 1944, depois de servir na Cruz Vermelha, encontrou Michel de Brunhoff e a equipe murchos no ano novo, apinhados no exíguo quartel-general da *Jardin des Modes*. A atmosfera era sombria, o lugar transmitia uma sensação de medo e desalento.[74] Ballard achou que De Brunhoff havia envelhecido décadas nos quatro anos desde que o vira pela última vez. Estava encurvado, grisalho, de coração partido. O seu filho adolescente havia sido perseguido e brutalmente assassinado pela Gestapo. De Brunhoff nunca se recuperou daquela perda absurda.

A duquesa d'Ayen também havia enfrentado adversidades inimagináveis. O marido dela fora preso por causa da sua conhecida simpatia pelos Aliados, tendo sido ela própria detida em seguida. Ela passou meses na solitária da prisão de Fresnes, onde ocasionalmente enfrentava interrogatórios que duravam o dia todo. Para evitar enlouquecer, ela dançava na cela diminuta e compunha artigos imaginários sobre a moda na prisão ou a beleza atrás das grades. D'Ayen sucumbiu à desnutrição e, ao ser solta, estava tão inchada e coberta de feridas que a filha quase não a reconheceu.[75]

A MODA É INDESTRUTÍVEL

Assim que foi libertada, a duquesa d'Ayen tentou descobrir onde estava o marido, seguindo rumores sobre prisões e campos de concentração na França e na Alemanha. Na última vez que o viu, ela estava esperando em meio a uma multidão de esposas e mães, que haviam ouvido que cativos seriam conduzidos para certa praça. Por fim, os homens apareceram, tropeçando aos pares, cercados pelos guardas. Quando ela correu na direção deles, um soldado alemão a empurrou e arrebatou das suas mãos o pacote que ela trazia para o marido. Na confusão, ela ainda conseguiu ver o rosto dele e ouviu a sua voz que gritava: "Minha pequena Sol, aqui estou!"[76] E desapareceu. Ele morreu um dia antes da liberação do campo de concentração onde estava. Seu filho adolescente, como o de De Brunhoff, também foi assassinado. A duquesa d'Ayen nunca voltou à *Vogue*.

A equipe da *Vogue* francesa estava em choque com o que havia sofrido. O fato de ninguém ter desistido da Frog é prova da coragem e liderança de Michel de Brunhoff. Até o escritório americano se assombrou com o desejo dele de relançar a revista assim que fosse possível, e ele foi categórico.[77] Estava determinado a virar a página. Em novembro de 1944, Edna Woolman Chase, De Brunhoff e dois *couturiers* representando a alta-costura se falaram por rádio. Woolman Chase estava muito tocada:

> Para mim, aquele foi um acontecimento profundamente emocionante. Tremi diante do microfone esperando ouvir as vozes de Michel e de Lucien Lelong depois de quatro anos... então veio a voz de Michel.
> "Olá, Edna, o meu coração está disparado."
> O meu também estava.[78]

O primeiro número após a liberação de Paris foi lançado em janeiro de 1945, graças à férrea determinação de Michel de Brunhoff. Durante a guerra, ele não só criara religiosamente, a cada seis meses, volumes encadernados registrando a moda na alta-costura — o que significava que havia um registro da evolução das tendências (muitos *couturiers* haviam permanecido em Paris e continuaram vendendo suas coleções duas vezes ao ano, como de costume) —, como cuidara pessoalmente do fornecimento

118 NOS BASTIDORES DA *VOGUE*

de materiais. Após a liberação, o único modo de se locomover era por meio do transporte público ou de bicicleta; então, De Brunhoff ia à gráfica de bicicleta apesar da neve espessa[79] e barganhava tinta com seus amigos no mercado clandestino.[80]

Woolman Chase escreveu que a recompensa foi uma bela revista com toneladas de anúncios, recebida de braços abertos.[81] De Brunhoff tinha muitos motivos para se sentir aliviado: para a França, a guerra terrível tinha acabado; Paris era novamente francesa; o restante da sua família estaria em segurança; os amigos estavam voltando para casa; a sua equipe leal receberia o que lhe era devido; muitos artistas, fotógrafos, escritores e editores voltariam à cidade para ressuscitar a magia e a arte do vestuário. Ele continuou na *Vogue* francesa por quase uma década e pôde celebrar a indústria da moda que tanto contribuíra para salvar.

Capítulo 8

OS ANOS PODEROSOS
A Vogue *fica maior, mais rica e mais sofisticada*

"New Look"; nova *Vogue*; novos estilos de vida

Nenhuma coleção de moda marcou mais claramente o início de um momento do que o "New Look" de Christian Dior, em meados do século XX. O seu desfile de estreia, em 12 de fevereiro de 1947, marcou o compasso dos dez anos seguintes. Da tristeza e gravidade de mais uma guerra mundial, Dior resgatou as mulheres da vida monótona e utilitária, do racionamento e dos funerais, das ruínas de cidades recém-destruídas. Inspirado no querido jardim Granville da sua infância, ele transformou as saias em vestidos de baile enormes, oscilantes, como buquês de ponta-cabeça. As cinturas eram de vespa, os bustos torneados, os ombros com contornos, os quadris cheios como pétalas abertas.

Essa frivolidade era exatamente o que as mulheres necessitavam depois do que tinham passado. Dior criou a coleção para despertar alegria, e conseguiu. O novo estilo provocou frenesi entre gente da moda de ambos os lados do Atlântico. Era diabólico. Era recatado. Era apaixonadamente delicioso! E foi o catalizador de mudanças que inspiraram os ultrafemininos anos 1950. Uma editora da *Vogue* presente no primeiro desfile saudou o esforço de Dior como uma completa revolução.[1] Não era só uma questão de mulheres ricas comprando vestidos, o "New Look" era reconhecido por açougueiros e taxistas, entrou para o vocabulário moderno e alçou Christian Dior ao estrelato. A certa altura, ele ganhou mais do que todos os *couturiers* parisienses juntos.

120 NOS BASTIDORES DA *VOGUE*

Essa lufada de ar fresco chegou à *Vogue* e desencadeou outras mudanças, embora nem sempre felizes. No final da Segunda Guerra Mundial, a formidável Edna Woolman Chase estava na casa dos 60 anos e muitos dos seus antigos colegas estavam mortos, aposentados, casados, desaparecidos em combate ou simplesmente haviam ido embora. Foi particularmente difícil para ela a perda de Condé Nast. E justamente quando estava planejando uma viagem muito esperada com o seu amado marido, ele adoeceu e morreu em 1950.[2] Ele não chegou a cruzar o umbral da nova casa que estavam construindo. Dali em diante, ficou evidente que a imortal Woolman Chase, a *grande dame* da *Vogue*, tinha entrado em declínio. Ela escreveu com extrema melancolia sobre a morte do marido:

> Talvez seja natural pensar que uma mulher tão absorvida pela carreira como sempre fui, ocupada com tantas atividades, cercada por tantos colegas, sinta menos a falta do marido do que aquela cujo único interesse se centra no lar, mas não é assim. Durante 29 anos, Dick foi um elemento forte e imutável na minha vida, era com quem eu contava. Não digo que nunca tivemos desentendimentos — tivemos brigas sérias —, mas pertencíamos um ao outro... É triste ser mulher, porque nós sobrevivemos, e a sobrevivência pode ser solitária.[3]

Nas últimas páginas da sua autobiografia, ela fala de como envelhecer na vida real era diferente da velhice glamourosa que retratara na *Vogue*. Ela lamenta que a democratização da moda tenha levado à insustentabilidade e que a excelência do trabalho manual que valorizava estivesse desaparecendo.[4] Essas queixas podem parecer típicas de gente que envelhece, mas isso não as invalida. Os estilistas *estavam* licenciando (e comprometendo) seus designs para lucrar mais. A manufatura de têxteis mais baratos *estava* em crescimento. Os consumidores *tinham* começado a comprar mais e a ligar menos para a qualidade. Ainda assim, Woolman Chase perseverou, e só se aposentou do cargo de editora-chefe em 1952, quando já tinha 75 anos, e, mesmo assim, manteve um posto na direção. No total, ela passara 56 anos na *Vogue*, 38 deles como editora-chefe. Mais tempo do que qualquer

OS ANOS PODEROSOS

pessoa em toda a história da revista, até hoje. Ela tinha passado de uma adolescente que endereçava envelopes a presidente da maior companhia editorial do mundo. Quem poderia substituí-la?

Depois da perda de Carmel Snow para a rival *Harper's Bazaar*, Woolman Chase precisou começar do zero na busca da sucessora — e a nova herdeira escolhida foi Jessica Daves, editora de merchandising de moda que havia entrado para a revista em 1933. Após a debacle com Snow, Daves era uma escolha prudente. Snow transbordava personalidade, agudeza e verve, uma figura caótica irresistível, famosa por não comer, preferindo almoçar três martínis. Daves era o oposto: uma abelha operária cheinha, minuciosa e diligente, que ficava até tarde no escritório todos os dias. Criada em um lar sulista rígido, Daves era neta de ministros metodistas e tinha o mesmo senso de responsabilidade e dever infalível que a educação quacre havia instilado em Woolman Chase. Ela podia não ser uma fashionista de coração, mas era confiável. Quando Daves ascendeu à editoração, a *Vogue* já era um monstro mundial, literalmente uma bíblia da moda. Também era próspera e tinha uma receita de milhões. O trabalho dela seria tentar mantê-la assim.

Por sorte, Daves estava cercada de uma equipe excepcionalmente forte. Na presidência, no lugar de Condé Nast, estava o carismático Iva Patcevitch e, no lugar do dr. Agha, estava Alexander Liberman, como diretor de arte. Não surpreende que os números da década de 1950 fossem diferentes, embora isso possa ter a ver tanto com mudanças de estilo quanto com a restruturação da equipe. Nenhum período da *Vogue* exala tanto glamour como as capas de meados do século. Cada frontispício altera a pose da modelo e a tipografia da *Vogue*, um efeito visualmente estimulante que, infelizmente, foi substituído por retratos monótonos nas décadas de 1960 e 1970.

Cobertas de diamantes, as modelos nas capas da década de 1950 apontam seus pés finos sob saias volumosas e enfiam as mãos manicuradas em estolas de pele radiantes. A elegância clássica é primordial. Por toda parte há cinturas de vespa, turbantes com joias, chapéus *pillbox* com véus, mãos graciosas enluvadas de branco. Nos editoriais e nas capas, os homens trajam smokings. Às vezes um bebê ou um filhote de cão completa um retrato de domesticidade de enrubescer. As modelos não fazem bico nem franzem

NOS BASTIDORES DA *VOGUE*

o cenho, como é padrão hoje em dia. Muitas sorriem de um jeito sedutor, tímido ou francamente feliz. Isso cria a impressão de que são pessoas de carne e osso, e não modelos inalcançáveis. Essas modelos fazem você pensar que poderia ser uma delas, se tivesse a roupa certa.

O crédito dessas capas vai para o diretor de arte Alexander Liberman, que teve a vantagem de trabalhar com alguns dos mais maravilhosos fotógrafos na história da moda. Ele descobriu Irving Penn e seus monocromos dramáticos. Ele continuou contratando Cecil Beaton e suas cenas mudas de contos de fadas, além de seguir trabalhando com as fotos em estilo cinematográfico de Horst P. Horst e com os closes suaves em sépia de Erwin Blumenfeld. Não é de admirar que essas edições sejam consideradas marcos na era dourada das revistas. Embora as fotografias coloridas fossem uma tecnologia em desenvolvimento e uma ferramenta importante na *Vogue*, em geral os fotógrafos mais famosos preferiam as paletas mais suaves. Blumenfeld explicou que a fotografia colorida tinha tanto afã em provar que podia captar todos os tons que o resultado muitas vezes era uma supersaturação cafona. O que os famosos fotógrafos da *Vogue* produziam estava mais ligado ao mérito artístico do que às inovações da Kodak.

As ideias de Liberman provinham das suas raízes russas, onde a vocação artística tinha maior valor do que no Ocidente. Sim, em sua carreira ele havia sido atraído pela ideia de uma renda estável e, por isso, entrou para o mundo comercial das publicações de moda. A sua atração pela arte se renovou dramaticamente na década de 1940, quando ele começou a ler sobre a arte moderna e a analisar as teorias de Kandinsky e outros. Segundo a sua enteada, Liberman passou a crer que havia uma dimensão sagrada nas belas-artes que ia além da fotografia e das artes gráficas.[5] Ela conta que ele começou a desprezar o trabalho que fazia na *Vogue*, confessando que se considerava um verdadeiro artista, o que o alçava acima das revistas.[6] Tudo isso poderia não ter significado grande coisa se durante umas férias na França ele não tivesse sido encorajado por um amigo a fotografar o estúdio de Georges Braque. Liberman aproveitou a oportunidade e desfrutou tanto daquele projeto que dedicou parte do seu tempo a visitar estúdios de outros artistas, fotografando e entrevistando gente equivalente a Cézanne e Monet.

OS ANOS PODEROSOS

O passatempo, que originalmente visava a sua satisfação pessoal, desaguou na *Vogue*. Em 1952, Irving Penn o convenceu a publicar alguns ensaios na revista e "Estúdios de Artistas" se tornou uma coluna regular, com um olhar em profundidade sobre os hábitos e as vidas de mestres modernos.[7] Eles publicaram artigos sobre luminares como Chagall, em 1955, e Picasso, em 1956. Contudo, mesmo antes da coluna, a arte já havia invadido as páginas. Em 1951, Liberman havia concebido fotos editoriais de Cecil Beaton em que as modelos vestiriam versões do "New Look" da Dior plagiadas por costureiros americanos diante de telas de Jackson Pollock. Isso não só introduziu um novo modo de usar a arte como adereço comercial, mas ligou o mundo da moda ao mundo sagrado das belas-artes.

Por mais deslumbrantes que fossem os vestidos, a era foi marcada pelo crescimento da produção em massa, que ameaçava erradicar a manufatura e o toque pessoal. A edição americana da *Vogue* de 1947 elogia a indústria têxtil dos EUA, que havia produzido mais de 1 trilhão de peças de roupa no ano anterior,[8] embora, na prática, o *prêt-à-porter* tivesse grandes oponentes na revista, onde a alta-costura reinava. A edição americana pode ter se vangloriado da indústria do país, mas a imagem da marca (e, portanto, a sua receita) provinha da exibição dos itens mais luxuosos para os mais ricos e mais belos. Se a moda fosse democratizada, como iriam continuar vendendo exclusividade? No entanto, havia defensores do *prêt-à-porter* na folha de pagamentos da *Vogue*, e um deles era Jessica Daves. Ávida por enxergar as circunstâncias como oportunidades, ela via a *Vogue* como um meio para educar o gosto do público[9] e acreditava sinceramente que gosto era algo democrático que podia ser ensinado e aprendido em benefício de todos, não só da elite.[10]

Daves queria tornar a moda acessível, como indica o título da coluna "Mais Bom Gosto do que Dinheiro". O texto trata o gosto refinado como o maior poder na moda. Um artigo abre com a frase: "É preciso ter olhos para o que é novo e bom, e inclinação para usá-lo. Você não vai encontrar nenhum dos dois na sua bolsa."[11] Ao promover o estilo antes do preço, ela defendia o *prêt-à-porter*. Contudo, à medida que o gosto supostamente mais requintado virava parte da munição da revista, ele foi tratado cada vez mais por Liberman como o último item obrigatório nas páginas editoriais. A intenção era provocar uma nova insegurança social quanto a ter ou não ter bom gosto. Isso ajudava a vender; ninguém queria ter mau gosto.

A arte havia se tornado o núcleo da sociedade nova-iorquina, com multidões reunidas ao redor de marchands carismáticos e instituições, como o Museu de Arte Moderna. Em 1945, um número inteiro da *Vogue* foi dedicado ao MoMA.[12] Com Paris destruída, a cena artística do pós-guerra se transferiu para Nova York. Americanos ricos passaram a investir na formação de coleções particulares, enquanto a reputação de artistas subestimados na Europa, como Dalí, se consolidava. A moda passou a deter mais autoridade, já que era considerada de classe alta. A arte seria mais visível estando na moda. Cada vez mais, os artistas aceitavam trabalhos comerciais, antes considerados inferiores, e Dalí produziu três capas da *Vogue* na década de 1940. Cultivar o bom gosto, desenvolver o olhar para o estilo, adquirir cultura... esses eram os novos valores segundo os quais a *Vogue* definiria os estratos mais altos da sociedade. Agora todos podiam comprar roupas, mas muito poucos podiam adquirir arte.

Outras pistas, mais sutis, apontam o quanto a mídia de moda começara a exercer influência, com o "New Look" no centro de diversas mudanças. Desde que o desfile seminal da Dior ocupara as manchetes das primeiras páginas, jornalistas de todo o mundo prestavam mais atenção à moda. Proliferaram os cursos de redação de moda, e em 1952 a Escola de Design Parsons passou a oferecer um curso de bacharelado em moda em parceria com a Universidade de Nova York (NYU).[13] A cobertura das coleções de alta-costura teve um aumento exponencial: em 1949, mais de trezentos repórteres internacionais cobriram os desfiles de Paris; em 1957, eles eram quinhentos, além dos cerca de oitocentos compradores.[14] Com as passagens aéreas mais baratas, as viagens ficaram mais frequentes, e os críticos realmente bem-sucedidos alcançaram novos patamares. Alison Settle, ex-editora da *Vogue* britânica, vendeu suas colunas para a imprensa, bem como Eugenia Sheppard, famosa conhecedora de moda, cuja espirituosidade fez o seu nome por toda Nova York. Em meados da década de 1950, os EUA haviam desenvolvido uma economia robusta; os americanos tinham um grande poder de compra e estavam ansiosos por demonstrá-lo consumindo artigos de luxo. Mais uma vez, eles eram os

OS ANOS PODEROSOS

principais consumidores da alta-costura parisiense e ajudaram a estabilizar os ateliês ao promover o design francês na mídia dos Estados Unidos. Eles também apoiaram o surgimento de novos centros da moda, como a Itália, que vivia um auge econômico e, graças à exposição pela publicidade americana, pôde formar uma safra própria de estilistas internacionalmente reconhecidos, tais como Simonetta e Pucci.

Começaram a surgir diferenças entre a cobertura das revistas de moda e a da imprensa. As revistas se esforçavam por se manter imparciais e eram assediadas pelos anunciantes, que exigiam comentários positivos. Já os jornais tinham liberdade de publicar comentários críticos. Junto com o novo prestígio da indústria e a formalização do jornalismo de moda houve uma mudança de tom. A voz da *Vogue* dizia às mulheres exatamente o que vestir em cada ocasião e como, e quais acessórios eram perfeitos para quê. Os duas-peças ficaram cada vez mais populares como parte do mercado de roupas informais. Como eles eram novidade, as revistas acharam necessário ensinar às mulheres como misturar e combinar os modelos. Elas ensinavam como planejar o guarda-roupa, e os guias que indicavam o que levar para uma viagem de fim de semana, do iate ao esqui, se tornaram obrigatórios.

As conversas sobre cores entraram na esfera do vestuário. Em 1949, três capas consecutivas da *Vogue* exibiram uma paleta de arco-íris, e a frase "Traga cor à sua vida" foi o lema em uma capa no final de abril.[15] Os estilistas de então pensavam que as mulheres não tinham ideia de como se vestir e a colunista de um jornal de comércio chegou a rogar às lojas de departamento que contratassem coloristas para aconselhar as mulheres sobre os tons que lhes caíam bem.[16] A superabundância de tutoriais da *Vogue* preenchia uma necessidade comum desesperada ou adotava a nova atitude ditatorial da sociedade sobre a feminilidade. As mulheres se viam diante de novas pressões para serem bem-sucedidas socialmente, bem--arrumadas e, principalmente, obedientes.

Apesar de toda a sofisticação das suas fotos, o conteúdo da *Vogue* tem tons definitivamente patriarcais, além de referências fortuitas à violência doméstica. Um artigo incômodo sugere que questões como "Você é esnobe?" e "Você já parou de bater na sua mulher?"[17] sejam casualmente levantadas à mesa de um jantar. Um número de 1956 traz um artigo que

126   NOS BASTIDORES DA *VOGUE*

indaga o que torna as mulheres memoráveis: a beleza ou o charme? Se você nascesse sem nenhum dos dois, a sua única esperança seria se vestir bem.[18] Em uma coluna dirigida aos homens, somos informados com firmeza que as mulheres bonitas são as melhores, já que ninguém quer um cônjuge sem atrativos. A sensualidade, porém, era vulgar, e beleza demais era algo ostentoso e de mau gosto.[19]

A *Vogue* propagava essas ideias, mas é difícil julgar o quanto de culpa ela carrega. A revista recorria a valores sociais distorcidos para vender o seu produto? Sim. Tinha consciência de que fazia isso? Provavelmente, não. Afinal, às vezes, até para os homens há diretrizes rígidas. Uma parte considerável da cobertura é dedicada aos planos de dietas, com receitas e dicas para a contagem de calorias, pressão da qual os homens não escapam. Um artigo detalha uma nova geringonça parecida com uma cama dobrável motorizada que os homens podiam levar para o escritório e perder peso apenas deitando-se nela. Muitos anunciantes promoviam a perda de peso, com produtos como balanças de banheiro de alta tecnologia. No final da primavera de 1954, um artigo discutiu os benefícios da silhueta de verão (precursora do corpo de praia), que poderia ser aprimorada com a compra de maiôs estruturados que seguravam as gordurinhas, como as cintas modeladoras de hoje.[20]

Assim como se esperava que as mulheres estivessem à altura do ideal da esposa perfeita, as páginas da *Vogue* refletiam o desejo generalizado de levar uma boa vida e trair a ansiedade tão americana com o fracasso. O novo hábito de viajar implicou páginas e páginas de discussão sobre férias na praia, festas em casas de campo, cruzeiros. Era possível encontrar a roupa correta para uma volta de helicóptero acima dos arranha-céus de Nova York. Ou para visitar um *château* francês com um guia nas mãos. Os esportes eram populares, principalmente o golfe e o tênis. Também os resorts e as visitas às propriedades de amigos exigiam um código de vestimenta cuidadosamente elaborado (para conhecer a estufa do anfitrião, as bermudas seriam o traje apropriado). Complementando esses temas, há diversos anúncios de agências de viagem e malas de marca. Essas diversões da classe alta não eram só para os jovens e aventureiros. Uma das invenções mais singulares da *Vogue*, a sra. Exeter, viajava tanto quanto os outros.

OS ANOS PODEROSOS 127

Surgida em 1948, a sra. Exeter era produto do departamento de marketing, concebida para oferecer conselhos abrangentes aos leitores mais velhos. Embora desde o início a *Vogue* tivesse artigos condescendentes dirigidos às senhoras de meia-idade, a sra. Exeter foi uma invenção radical que, por fim, reconheceu a importância das mulheres de mais de 30 anos: o seu poder de compra, a sua posição social, a sua longevidade e vitalidade crescentes. Foi também uma das primeiras vezes que o envelhecimento foi discutido francamente, mostrando que, apesar de os corpos das mulheres mudarem com o tempo, era possível manter o estilo. As matérias da sra. Exeter não são assinadas e estão redigidas na terceira pessoa, como se fossem escritas sobre os feitos de uma pessoa real. Em um número, ela é descrita como uma mulher de certa idade,[21] em outro é uma heroína de 50 e tantos anos.[22] Essas matérias são uma agradável surpresa, pois a sra. Exeter é prudente e amável. Ao lhe imprimir uma personalidade definida, a *Vogue* mostra que as habilidades sociais e o capital cultural são pontos fortes para a mulher e que sua identidade não precisa depender de um marido (que nunca é mencionado), nem de dinheiro. Ela estimula o planejamento de gastos, mas sem negar a si mesma; discute os estilos da sua juventude e apresenta retratos nostálgicos da moda; em alguns momentos ela promove o *prêt-à-porter*. Antes o vocabulário recomendava esnobemente "cobrir" ou "esconder" "áreas difíceis"; com a sra. Exeter, a ideia era que suas escolhas estéticas haviam simplesmente *evoluído* e suas inclinações se tornado naturalmente mais elegantes.

A sra. Exeter era tão popular que ganhou uma filial na *Vogue* britânica, embora as duas senhoras Exeter tivessem vozes distintas. A *Harper's Bazaar* a copiou e lançou uma coluna semelhante intitulada "Na Minha Idade" em um tom mais severo, com listas que proibiam vestimentas inadequadas, em vez de apresentar dicas úteis. A sra. Exeter durou tanto quanto Jessica Daves, que era uma pessoa prática, originalmente do departamento de marketing, e que provavelmente teve um papel importante na sua criação. Havia muitas forças na *Vogue*, e às vezes elas se encaminhavam em direções diferentes. Jessica Daves queria a igualdade na moda, e por isso defendia o estilo acima do dinheiro, a moda como algo funcional e a sra. Exeter como um símbolo contra o etarismo. O

128 NOS BASTIDORES DA *VOGUE*

diretor de arte Alexander Liberman era a favor do luxo e do estilo como ferramentas elitistas, da moda como arte e das mulheres como modelos de beleza unidimensionais. No entanto, essas filosofias opostas não deixaram a *Vogue* confusa e inconsistente. Pelo contrário, fizeram dela uma publicação singularmente bela e abrangente.

Dos leitores da *Vogue* esperava-se que levassem uma vida de lazer. Para os que trabalhavam nela, porém, a ideia era risível. O novo movimento frenético da moda trouxe novas responsabilidades e fez a equipe trabalhar muito dia e noite. Em 1951, a revista *Life* publicou um artigo intitulado "O dia atarefado de Bettina", em que detalhava a programação da editora de moda da *Vogue* Bettina Ballard durante a Semana de Moda de Paris. Às 8 horas, ela dá uma conferência matutina em seu quarto de hotel. Às 9h15, está no desfile de Balenciaga, usando uma roupa Balenciaga. Às 10h15, está no desfile de Schiaparelli, vestindo um casaco Schiaparelli para ocultar o Balenciaga que leva por baixo. Depois, troca completamente de roupas — de Balenciaga para Dior — e ocupa um assento na abertura da Dior. O carro que a leva de um desfile ao outro traz as roupas que ela tem de vestir para evitar ofender cada estilista, e muitas vezes ela as troca dentro do carro que avança no trânsito. Hoje em dia as revistas podem pegar roupas emprestadas e enviá-las a diferentes países para serem fotografadas, mas em 1951 o único modo de obter fotografias era com sessões de estúdio noturnas. Isso significava que à meia-noite Bettina Ballard e o fotógrafo John Rawlings estavam começando a dirigir as modelos no estúdio. Às 2 horas, Ballard beliscava um prato de batatas fritas, ainda coberta de pérolas, e analisava as fotos que acabaram de tirar, para escolher quais enviar ao quartel-general. Só então podia ir para a cama, e repetir a rotina no dia seguinte.

Mesmo trabalhando com uma programação tão apertada, Bettina Ballard era considerada mais criativa do que prática. A editora-executiva Mildred Morton (descrita como dona do "coração mais cruel e frio que se possa imaginar"),[23] que gerenciava a relação entre anunciantes e a equipe editorial, estava sempre de olho, para o caso de Ballard comprometer o lado financeiro da *Vogue* ao não honrar acordos delicados entre as marcas e a revista. Ballard e a editora-chefe Jessica Daves tampouco se davam bem; a primeira achava que devia ter sido indicada editora-chefe. Em ge-

OS ANOS PODEROSOS

ral, Daves era amplamente criticada por ser comum demais. Uma suposta amiga comparou o rosto dela a uma maçã assada,[24] e outra editora disse: "Tudo nela era desinteressante."[25] Nas festas de Natal de Liberman, riam de Daves porque ela comia os canapés de um modo esquisito, mastigando até o seu chapéu escorregar sobre o rosto e o véu ficar lambuzado de recheio de atum ou patê.[26]

Aos olhos das voguetes, o pior era que ela defendia o *prêt-à-porter*, tendo inclusive escrito um livro extremamente técnico intitulado *Ready-Made Miracle: The American Story of Fashion Made for Millions* [O milagre do *prêt-à-porter*: a história da moda americana para milhões]. O seu apoio transparece até mesmo nesse texto seco; ela chama os empresários de "heróis" por apostarem em uma mudança necessária na volátil indústria do vestuário.[27] Essa abordagem deve ter desagradado especialistas como Ballard e Liberman, para os quais a moda era matéria de sonhos, não de números. A *Vogue* continuava sendo um lugar esnobe para trabalhar. A equipe júnior ainda era composta pelas filhas dos ricos, que recebiam salários tão baixos que eram qualificados como "mixaria".[28] Segundo uma piada do escritório, uma novata disse à outra: "Agora vou ter de conseguir um emprego de verdade. Papai não pode mais pagar para me mandar à *Vogue*." Havia também uma grande quantidade de loiras de pernas compridas que passavam pela revista e em seguida iam embora com um anel no anular. Para muitas filhas ou divorciadas dos ricos, a *Vogue* era um rito de passagem. Herdeiras entediadas, modelos sem inspiração, ex-esposas de estadistas, desportistas, playboys ou atores de Hollywood, com cheques de pensão ou acordos de divórcio garantidos, entravam e saíam da *Vogue*. Ela era o seu poleiro natural; elas não sabiam aonde ir entre os maridos e as férias.

Daves não se encaixava naquele molde. Decididamente uma trabalhadora da classe média, às vezes é surpreendente, diante de tantas divisões, que tenha conseguido manter o seu posto na *Vogue* ao longo da década de 1950. Contudo, uma nova era se avizinhava, e o acaso fez com que a exótica editora superstar Diana Vreeland deixasse o emprego na *Harper's Bazaar*. Na *Vogue*, o diretor de arte Alexander Liberman ficou alerta. Ele declarou que a revista precisava de ajuda com as seções de moda, alegou que Daves não tinha criatividade e rebaixou-a a uma simples gerente.[29]

130 NOS BASTIDORES DA *VOGUE*

No expediente, o cargo dela foi trocado de editora-chefe para consultora editorial — posto simbólico dado aos editores-chefes a caminho da saída — e o seu último ano na revista foi 1964. Livrar-se de Daves foi uma das primeiras providências de Liberman quando adquiriu maior controle na companhia, mas, para entender isso melhor, é importante conhecer os novos donos da *Vogue*.

Novos donos: os Newhouse

A Condé Nast Publications foi comprada por 5 milhões de dólares, em 1959, por Samuel Irving Newhouse Sr., que erguera a Advance Publications do nada. Segundo a lenda, a sua esposa Mitzi, louca por roupas, certa manhã ergueu os olhos da leitura e disse: "Querido, não se esqueça de comprar a *Vogue* para mim hoje." O marido entendeu errado e adquiriu a companhia, quando, na verdade, ela só queria o último número da revista.[30] Newhouse Sr. era o mais velho de oito irmãos nascidos em Nova York, filhos de imigrantes judeus. Forçado a assumir a chefia do lar aos 13 anos devido à saúde frágil do pai, ele deixou a escola e começou a trabalhar para ajudar a manter a família, enquanto esperava pela oportunidade de atacar.

O ataque veio na forma de um jornal local em dificuldades que caiu nas mãos do seu patrão, o qual, reconhecendo o espírito empreendedor do jovem, arriscou e o pôs no controle da publicação. Caso fosse bem-sucedido, receberia uma participação no negócio. Percebendo rapidamente que o problema do jornal era a baixa captação de publicidade, Newhouse Sr. fez a empresa dar lucro em um tempo recorde e, ao ver que a sua fórmula poderia funcionar em outras partes, começou a investir em outras publicações deficitárias. O seu *modus operandi* era: encontrar um jornal barato em uma comunidade em expansão, comprá-lo e depois comprar o segundo jornal mais importante. Em seguida, fechar um dos dois, estabelecendo assim um monopólio, o que lhe permitia cobrar pelos anúncios o mais caro que lhe aprouvesse. O investidor bilionário Warren Buffett chamou essa estratégia de pedágio não regulamentado.[31] Esse sistema, repetido várias vezes, rendeu a Newhouse Sr. uma das maiores e mais resplandecentes fortunas dos Estados Unidos.

OS ANOS PODEROSOS 131

O filho dele, Samuel Irving Newhouse Jr., conhecido como Si, nasceu e foi criado em circunstâncias totalmente diferentes das do pai e estava acostumado ao luxo. À diferença do pai prosaico, desde a juventude Si Newhouse demonstrou grande interesse pelas artes. Infelizmente para ele, era difícil fugir da sombra do pai. Um tanto reservado, ele largou a faculdade e se estabeleceu em Manhattan. Um casamento fracassado e três filhos depois, Si Newhouse, na meia-idade, se instalou em um apartamento de solteiro e ocupou diferentes cargos nos vários jornais do pai. Foi quando se deparou com a Condé Nast Publications que Si Newhouse descobriu o seu lugar.

Ele entrou mansamente nos escritórios da *Vogue* e consolidou a sua propriedade durante o mandato de Jessica Daves. Embora a princípio tenha se horrorizado com a ideia de assumir um cargo oficial "cafona", mais tarde foi persuadido por Liberman e se tornou editor da *Vogue* americana em 1964 — o mesmo ano em que Daves foi apagada.[32] Seria fácil colocar aos pés de Si Newhouse a glória e a culpa por cada vitória e cada mancada da revista até a morte dele, em 2017. Mas a *Vogue*, especialmente a nova *Vogue* respaldada pelos cofres abarrotados dos Newhouse, contava com fundos ilimitados, prestígio e glamour... e um número restrito de postos de trabalho. Não é de surpreender que isso tenha ocasionado alguns embates brutais entre a equipe sênior e as hábeis manipulações de Si Newhouse por parte de gente suficientemente ousada para tal.

Pouco antes de morrer, Condé Nast ditou uma carta para o seu braço direito, Iva Patcevitch, nomeando-o o próximo presidente da companhia. Patcevitch era um russo branco que servira no exército do tsar antes de escapar para os Estados Unidos. Ele era erudito e magro, bom atleta, mago financeiro, bom pianista, amante de Marlene Dietrich e confidente de Nast. (Isso não significa que não tivesse alguma extravagância tola, tão comum entre o pessoal da moda: a maior parte da vida ele levou no bolso uma colher bailarina de ouro da Cartier para remover o excesso de bolhas do champanhe.)[33] Foi Patcevitch quem garantiu a venda da *Vogue* aos Newhouse — decisão que mais adiante lamentaria profundamente, ao ser demitido por eles. Em outras decisões monumentais, ele se deixou influenciar desnecessariamente pelo outro titã por trás dos panos: Liberman.

Foi Liberman quem conspirou para demitir Jessica Daves, quem pressionou para que Diana Vreeland a substituísse e quem logo seria responsável por despedi-la também, quando ela deixou de servir. Vreeland tinha a reputação de ser uma editora agitada e entusiasta, e por um tempo Liberman ficou encantado com ela. Ao recordar a partida de Jessica Daves da *Vogue* e a chegada de Vreeland, Liberman afirmou que os Newhouse queriam que ele assumisse como editor, mas ele teria rejeitado, dizendo que os homens deveriam ser gerentes, sem se envolver com moda.[34] Em vez disso, ele se tornou diretor editorial, um novo cargo que lhe deu controle onipotente sobre todas as revistas da Condé Nast. O memorando que circulou anunciando a contratação de Vreeland dizia que ela trabalharia em estreita colaboração com Liberman. Anos depois, ao se lembrar disso, ele comentou ironicamente: "Eles queriam que eu a controlasse. Mas Vreeland era incontrolável."[35]

A família Newhouse também leva o crédito de ter revivido um dos protocolos empresariais favoritos de Condé Nast: expandir, expandir, expandir. Condé Nast tinha adorado descobrir periódicos falidos e lançar a *Vogue* com suas diversas filiais pelo mundo, e aparentemente os Newhouse faziam o mesmo. A sua primeira incursão em terras estrangeiras foi quase imediata, com o plano de lançar a *Vogue Austrália*.

Fazia muito tempo que a Austrália era foco de tendências inglesas que chegavam da Europa apesar da distância. Em grande parte povoado por descendentes de britânicos e irlandeses, o país sempre buscara dicas de estilo no chuvoso Reino Unido. Os habitantes daquele território jovem tinham de lidar com a sua natureza selvagem, a infraestrutura ainda não desenvolvida e o clima tropical, o que exigia roupas de trabalho práticas. Porém, no final da década de 1950, a Austrália estava ficando mais sofisticada e se apoiava em uma economia bastante robusta. Os australianos viajavam, eram expostos a diferentes estilos de vida e compravam belas mercadorias no estrangeiro. Para os Newhouse, isso era bom, principalmente porque a sua única concorrente era uma revista chamada *Flair*.[36] De qualquer modo, não havia muita chance para outra publicação local; ela teria de enfrentar as conexões de sangue azul da *Vogue*, seus equipamen-

OS ANOS PODEROSOS

tos de última geração e suas fotografias padrão ouro. Naquele momento, a *Vogue* estava na dianteira.

Para ajudá-los, os Newhouse chamaram Bernard Leser, judeu alemão que escapara dos nazistas e se tornara um vendedor de calçados sociável nos antípodas. A carreira no licenciamento de têxteis e calçados o pôs em contato com Reggie Williams, presidente e diretor administrativo da Condé Nast no Reino Unido, o qual se impressionou com a sua energia, para não falar da sua experiência. Quando fazia negócios em Londres, Leser foi procurado para ajudar a lançar uma nova filial da revista, proposta que aceitou com entusiasmo. Inicialmente, a *Vogue Austrália* foi lançada, em 1959, como uma divisão da companhia britânica. O suplemento aparecia três vezes por ano e as vendas foram suficientemente significativas para dar luz verde a uma edição completamente australiana. Com a colaboração da ousada editora Sheila Scotter, eles fizeram a revista de luxo atingir a circulação recorde de mais de 60 mil exemplares. Mais tarde, Leser lançaria e editaria a *Vogue Living* australiana, que teve o mesmo sucesso.[37]

A primeira capa da *Vogue Austrália* foi fotografada por Norman Parkinson: o retrato de uma loira estonteante de expressão tranquila e agradável. A imagem com foco suave imprimiu um delicioso brilho dourado, adequado ao continente quente e praiano. A obsessão do pós-guerra pelas cores está presente, mesmo aqui, com a manchete: "RESPLENDOR PRIMAVERIL. Cores, roupas, cosméticos." O crédito dos primeiros êxitos da *Vogue Austrália* deve ir para Bernard Leser. Ele foi o pioneiro, batalhou pelos anúncios com os teimosos comerciantes locais e defendeu a Austrália como um mercado animado, e não um cafundó tedioso. Nada é mais indicativo da sua influência que o caminho ilustre que ele abriu para si. O piloto australiano obteve tanto sucesso que em 1976 ele foi alçado a primeiro diretor administrativo não britânico da Condé Nast no Reino Unido e, mais tarde, em 1987, foi o primeiro não americano a presidir a Condé Nast Publications nos Estados Unidos.

A próxima cartada internacional da *Vogue* foi menos influenciada por uma personalidade em particular; em vez disso, surgiu como o subproduto natural de fatores econômicos, históricos e culturais.

Você pode se perguntar: quando "*Made in Italy*" se tornou sinônimo de estilo? O país passou por um período extraordinário de criatividade no pós-guerra, que abrangeu a arquitetura, as artes, o cinema, a fotografia e, claro, a *alta moda* (alta-costura). Até aproximadamente a década de 1970, a Itália esteve em cena fornecendo um luxo deliberadamente sem firulas e popularizando as roupas esportivas. A moda francesa era prescritiva e difícil de usar, ao passo que a Espanha passava por uma grave crise econômica. A Itália também estava em ruínas, mas viu a oportunidade de reconstruir sua fortuna alinhando-se com os florescentes Estados Unidos, algo que a Espanha franquista não podia fazer. Em pouco tempo, as estrelas do cinema americano se tornaram embaixadoras da elegância italiana, enquanto os turistas americanos enchiam os bolsos dos habitantes locais, de Capri até Perugia. A indústria têxtil em ascensão foi alimentada pelos dólares americanos. Os italianos se sentiam merecedores dessa injeção de dinheiro: afinal, as forças americanas haviam deposto o regime do país e monitorado as eleições após a guerra.

Da região do Piemonte, pequenos mercadores, como Loro Piana, começaram a exportar suas lãs primorosamente tecidas. As fábricas têxteis foram se recuperando, da indústria milanesa do algodão à tradição lombarda e toscana da seda. As linhas das manufaturas que corriam como artérias através das Dolomitas e da lagoa veneziana, das colinas Béricas ao Vale do Pó, todos sob a governança da Sereníssima — o antigo nome de Veneza — pegaram no tranco. Em seguida, começaram a se distinguir pela inovação dos produtos e pelo desenvolvimento de fibras sintéticas. Promovida como alternativa a Paris e a Riviera, a Itália subitamente estava nas telas, com Audrey Hepburn em *A princesa e o plebeu* e, mais tarde, *La dolce vita* e *Começou em Nápoles*.

Isso gerou uma safra astuta, elegante e esportiva de estilistas italianos, muitos dos quais possuíam ascendência aristocrática, faro para a publicidade, mente ágil e língua ferina. O cartão de visita deles eram os tecidos de excelência e os cortes, simples. Germana Marucelli nasceu em uma família florentina de artesãos e popularizou túnicas leves batizadas com nomes de frades e bispos. Outros estilistas proeminentes incluíam Irene Galitzine, uma princesa que gostava de sandálias,[38] Simonetta Colonna e

OS ANOS PODEROSOS

Emilio Pucci, com seus tecidos caleidoscópicos vibrantes. Essa primeira leva abriu caminho para muitas gerações futuras de estilistas italianos: Prada, Gucci, Fendi, Ferragamo, Missoni, Valentino, Versace. Quando os olhos do mundo pousaram na Itália, a Condé Nast Publications começou a pensar: por que não uma *Vogue* nativa para esse novo mercado?

Como o mercado italiano já estava repleto de revistas, os Newhouse decidiram entrar aos poucos. Fizeram uma sociedade com outra publicação e, em 1961, lançaram *Novità*, para evitar danos à marca *Vogue* caso não desse certo. Em 1965, a revista foi rebatizada *Vogue + Novità* e só em 1966 passou a se chamar *Vogue Itália*. Assim como se sucedera com muitas das publicações irmãs — a exemplo da *Vogue* britânica e da *Vogue Paris* —, a *Vogue Itália* contou com diversos editores enviados de Nova York para acompanhá-la nos estágios embrionários. Levou décadas para a revista se firmar e abalar consideravelmente a direção ao ficar conhecida como uma dissidente radical.

Capítulo 9

TERREMOTO JOVEM
Escândalo em Paris, os Swinging Sixties *em Londres*

Racismo na França do pós-guerra

Michel de Brunhoff permaneceu como editor da *Vogue Paris* até meados da década de 1950 — mais um que se casou com a Condé Nast Publications. Apesar da idade avançada, o seu faro para a edição e o dedo instintivo no pulso da moda nunca vacilaram. Ele chegou a ter uma participação na criação da Christian Dior.

Dior tivera uma galeria de arte modesta em Paris que faliu durante a Depressão de 1929. Sem saber o que fazer para sobreviver, ele produziu alguns esboços e os mostrou a De Brunhoff, que não os considerou suficientemente bons para usar na *Vogue*, mas apresentou Dior a vários contatos da alta-costura. Intuitivamente ele viu que Dior pertencia ao mundo do design. A apresentação resultou em um emprego responsável por grande parte do treinamento de Dior na moda. Mais tarde, De Brunhoff descobriu Yves Saint Laurent, apresentou-o a Dior e, assim, lançou também a sua carreira.

Porém, os tempos haviam mudado e, para a Condé Nast, a *Vogue* francesa não estava mais na linha de frente da moda. Antes, ela produzia todas as páginas de moda das edições britânica e americana; agora, os editores americanos produziam as próprias páginas em Paris. De Brunhoff não se opunha; pelo contrário, parecia contente de se desembaraçar da responsabilidade.[1] Ele evitava conversas inevitáveis sobre o *prêt-à-porter*, que rejeitava. Queria que suas filhas trabalhassem com ele e o substituíssem mais adiante, o que era tecnicamente contrário às regras da Condé Nast, a qual desencorajava o nepotismo. Indubitavelmente, o seu entusiasmo estava murchando. A companhia lhe devia muitíssimo por ter salvado a *Vogue* francesa dos nazistas, mas precisava de um editor naquele momento. Um colega se recorda de ter entrado no escritório dele em meados da década de 1950, pouco antes da sua aposentadoria, e ver a escrivaninha, em geral abarrotada de papéis, totalmente vazia.[2] Assim como Edna Woolman Chase, ele morreu poucos anos depois de deixar a *Vogue*.

A mulher que o sucedeu em 1954 deu continuidade à surpreendente abundância de heróis de guerra da revista. Edmonde Charles-Roux provinha de uma família de diplomatas e fora criada em meio à elite intelectual de diversas capitais europeias. Contudo, tinha um forte sentimento nacionalista que a levou a servir como enfermeira aos 19 anos, quando irrompeu a guerra. Ela foi ferida primeiro durante o bombardeio a um hospital, enquanto resgatava soldados das chamas, e feriu-se novamente quando entrou para a Resistência. Ao regressar à sua Marselha nativa condecorada com honras militares, descobriu que a alta sociedade em que seus pais circulavam olhava com desdém as mulheres que haviam estado na linha de frente. Excluída em virtude das suas opiniões demasiado liberais, ela decidiu recomeçar a vida em Paris. A caminho da capital, conheceu um armador rico que estava a ponto de investir na *Elle*. A revista era nova, uma das muitas que surgiram para ocupar o vazio criado no mercado pelas publicações fechadas pelos alemães. Depois de dois anos trabalhando na *Elle*, ela entrou para a *Vogue* em 1948.

Seis anos era pouco tempo para alguém inexperiente chegar à editora da *Vogue*, mas Charles-Roux se impôs. Uma vez no comando, houve uma forte mudança de perspectiva. À diferença de Michel de Brunhoff, que se entusiasmava com a diversidade e a criatividade, ela não encarava a moda como uma forma de arte. Para ela, a moda era um agente de mudança social, crucial para retomar a economia exportadora francesa no pós-guerra. Nas páginas da *Vogue* francesa, as roupas *prêt-à-porter* apareciam ao lado da pop art. Grandes nomes vinham ao lado de fotógrafos jovens e inexperientes. Ela fez muito para tornar o luxo acessível, e o forte senso moral foi o seu principal esteio enquanto foi editora. Contudo, os Newhouse viam a sua política com cautela.

Em 1966, Charles-Roux planejava colocar na capa a modelo afro-americana Donyale Luna. A família Newhouse em Nova York soube e enviou Alexander Liberman para dissuadi-la. Liberman tinha ligações próximas com Charles-Roux. Os irmãos dela haviam estudado na mesma escola que ele, as famílias de ambos faziam parte dos mesmos círculos da alta sociedade no tempo em que Liberman viveu em Paris e ele, esnobe, adorava o fato de ela descender de uma linhagem proeminente. Até ela ser demitida, a enteada de Liberman afirma que ele se referia a Charles-Roux como "um dos seus dois ou três amigos mais próximos".[3] Ainda assim, a tarefa que ele fora resolver era difícil: os Newhouse não queriam uma mulher negra na capa, para não melindrar os anunciantes conservadores na França. Embora seja difícil confirmar os detalhes, parece que se tratou de um ato de censura racista. Mas Charles-Roux não se deixou persuadir por Liberman; ela queria Luna na capa.[4] Negou-se a mudar de ideia e então foi demitida, o que só soube, sem a menor cerimônia, quando foi ao departamento de contabilidade buscar o seu salário e lhe disseram que aquele era o último pagamento. Donyale Luna nunca saiu na capa da *Vogue* francesa, mas foi a primeira modelo negra a ser capa na *Vogue* britânica.

Edmonde Charles-Roux foi o tipo de editora que hoje valorizaríamos, uma "figura régia"[5] imbuída de integridade. A moda não era o mais importante para ela; escritora séria, o seu primeiro romance foi publicado meses depois de ser demitida da *Vogue* e recebeu o mais importante prêmio literário da França. Liberman sofreu ao romper com aquela mulher notável, e a fama que ela granjeou mais tarde o afetou profundamente. A sua enteada analisou: "Edmonde simbolizava tudo na sociedade europeia que Alex poderia ter alcançado, e que ele não pôde ou não tentou alcançar: a disciplina intelectual rigorosa, a verdadeira realização intelectual."[6]

Embora Liberman tenha passado seus últimos anos tentando reconciliar desejos conflitantes, o episódio com Charles-Roux é um exemplo do seu lado mais desagradável. Ele foi um dos diretores de arte mais espertos que a *Vogue* já teve, mas também é recordado como o mensageiro disposto a fazer o trabalho sujo dos diretores da Condé Nast a qualquer custo.

Editar na Grã-Bretanha do pós-guerra

Vagando por uma galeria de arte londrina na década de 1950, talvez a National Portrait Gallery ou a Royal Academy, era possível encontrar duas senhoras às gargalhadas, zombando abertamente dos retratos. Audrey Withers e Bettina Ballard costumavam escapar do escritório da *Vogue*, quando Ballard cruzava o Atlântico para breves visitas, e rir dos rostos pomposos nas paredes.[7] Trajando tailleurs de alta-costura, com acessórios imaculados e muito batom, ninguém teria esperado conduta semelhante de duas representantes da mídia ilustrada. Ballard, que adorava prolongar suas visitas porque a companhia a hospedava no Claridge's e cobria as despesas dos seus almoços de negócios no Le Caprice, tinha total consciência da superficialidade presunçosa do seu mundo.[8]

Withers nunca criticou os aspectos ridículos do seu emprego, nem demonstrou qualquer ressentimento ante a hipocrisia, mesmo nos anos 1950, quando os britânicos sofreram a ressaca da Segunda Guerra Mundial. As páginas da *Vogue* podiam ter voltado a tratar de meia de seda e casacos, mas o racionamento do pós-guerra implicava que as mulheres ainda não podiam tê-los. Muitas continuavam usando os casacos de ombros armados dos anos 1940, ao passo que no resto do mundo as moças andavam pelas ruas vestindo as novas saias da Dior. O esquema das roupas utilitárias democratizara a moda até certo ponto, mas com o fim da guerra a luta de classes voltou a reinar. A alta-costura voltou a ficar fora de alcance, disponível apenas para a *beautiful people*, ao mesmo tempo que o *prêt-à--porter* enfrentava dificuldades no Reino Unido. Em uma anedota popular, o comprador encontra um fabricante de roupas e pergunta: "Como vão os negócios?" e o fabricante responde: "Difíceis. De uma hora para a outra, todos querem as duas mangas no mesmo comprimento."[9]

Recuperada a paz, os escritórios da *Vogue* voltaram a ficar apinhados com as antigas modelos e as filhas dos ricos. Um jornalista da Fleet Street recorda ter visto editoras invadindo o salão de um estilista "armadas com os guarda-chuvas altos enrolados, que então eram o grande acessório da moda... bastante intimidante para os mortais comuns".[10] Enquanto isso, Withers orgulhosamente publicava obras de estrelas literárias, de Kings-

TERREMOTO JOVEM

ley Amis a Dylan Thomas, e lançava literatura escrita pela classe média ao lado de vestimentas proibitivamente caras, disponíveis apenas para as classes altas. Por volta de 1960, Withers quis se aposentar e viajar. Tinha sido editora durante vinte anos. Permanecera o bastante para testemunhar mudanças sísmicas, quando o *status quo*, inibido e autocomplacente, se curvou ao animado espírito adolescente personificado por Twiggy.

Os *Swinging Sixties* surgiram como um raio. De repente, gângsteres e cantores pop se mesclavam com socialites e estrelas de cinema. As senhoras com luvas e de expressão severa foram substituídas por modelos com cara de bebê, como Jean Shrimpton e Pattie Boyd; nomes populares, e não mais cabides de roupas anônimos. A fotografia de moda foi dominada por David Bailey, saído da classe operária, e lorde Snowdon (Antony Armstrong-Jones), cunhado da rainha. Provenientes de extremos opostos do espectro social, ambos eram fiéis à *Vogue*. Colocá-los lado a lado mostrava que o antigo regime estava desmoronando. O status não importava mais, só o estilo.

Muita coisa estava acontecendo na Brogue. Em primeiro lugar, havia problemas com as ações e dividendos. O segredo de que lorde Camrose havia comprado a Condé Nast Publications na década de 1930 veio à tona quando ele vendeu a sua companhia, a Amalgamated Press, ao Grupo Mirror, em 1959.[11] O presidente da Condé Nast, Iva Patcevitch, havia se esforçado para encontrar alguém nos Estados Unidos que comprasse a *Vogue* e as revistas irmãs, antes que se convertessem na propriedade incômoda de algum tabloide do Reino Unido. Os Newhouse silenciaram a disputa entre Londres e Nova York ao comprarem a companhia e se tornarem soberanos.

Com a partida de Audrey Withers, a sucessora, Ailsa Garland, foi recrutada bem no início da década, em 1960. Sua experiência principal era como editora de moda em jornais. Ela tinha um discernimento singular no que concerne ao jornalismo, naquele momento um campo dominado pelos homens que mal começava a reconhecer as necessidades das leitoras. Quando Garland assumiu a editoria, a Brogue havia obtido autonomia da edição americana e já não recebia conteúdo enviado dos Estados Unidos. Não era pouca coisa — por quase meio século a *Vogue* britânica havia sido ciosamente regulada por seniores com olhos de águia em Nova York.

142 NOS BASTIDORES DA *VOGUE*

Trocar os jornais pela *Vogue* foi uma das decisões mais difíceis da vida de Garland, que não era nenhuma novata nas revistas. Na verdade, ela já havia trabalhado arduamente na Condé Nast; o seu primeiro emprego jornalístico fora na *Vogue Book of British Exports*. Esta publicação subsidiária fora criada pelo diretor administrativo Harry Yoxall na tentativa de aumentar a receita durante a guerra. Trimestral, era uma revista comercial que promovia as exportações britânicas em uma rede mundial de compradores e trazia uma receita publicitária necessária aos cofres da Brogue.

Na juventude, Garland fizera parte da pequena equipe encarregada de apresentar essa versão mais prática da *Vogue* a um público internacional. O escritório deles ficava logo acima dos escritórios principais, na 37 Golden Square, e a atmosfera era extremamente formal. Todas as editoras de moda usavam chapéu, mesmo sentadas às suas escrivaninhas, e mantinham o rosto encoberto pelo véu enquanto datilografavam.[12] No entanto, embora o ambiente fosse intimidador, Garland percebeu como era importante vestir-se corretamente para a *Vogue* e acumulou um conhecimento enciclopédico sobre o comércio de roupas.

Quando finalmente tomou a decisão de voltar à *Vogue* britânica como editora, ela foi para um novo endereço na Hanover Square. A organização adotou um arranjo de plano aberto quando se mudou para aquela estrutura imponente, que hoje faz parte da Área de Conservação de Mayfair. O escritório da editora era um espaço quadrado com paredes de vidro que não chegavam ao teto.[13] O resultado irritou Garland. Ela não podia retocar o batom ou puxar as meias sem ser vista.[14] Não podia evitar ninguém nem fazer entrevistas privadas. A sua voz era alta o suficiente para ser inconveniente: certa vez ela pediu à secretária que chamasse uma funcionária para repreendê-la, e a mulher em questão ouviu-a e simulou um mal-estar para não comparecer.[15] "Não me sinto à vontade num aquário", escreveu ela em suas memórias.[16]

O ambiente era distinto da vida nos jornais e suas tarefas também eram outras. No jornal, o trabalho da editora era informar e entreter. Garland classificou as tarefas na *Vogue* como envolventes: "considerações sobre publicidade, aceitação pelo meio como uma autoridade, manutenção da imagem da *Vogue*, capacidade de liderança".[17] Os itens nas páginas estavam

TERREMOTO JOVEM

lá para embelezar as mulheres, e a editora que supervisionava aquelas páginas devia defender a marca. Para manter o objetivo da revista, Garland precisava encontrar soluções para os problemas dos anos 1960, e o mais premente era novidade para ela.[18] Chamava-se orçamento.

Quando abordou Garland, o presidente da companhia, Iva Patcevitch, lhe perguntou se a *Vogue* seria capaz de bancá-la. Ante tal linha de ataque, Garland foi forçada a responder que não buscava um salário alto, e sim um trabalho que a desafiasse. Ela estava preparada para aceitar um corte salarial se lhe oferecessem o cargo de editora. Os homens de negócios hábeis sempre souberam como fazer os funcionários cavarem a própria cova. Portanto, Garland foi alertada para a delicada questão das finanças na edição britânica. Não era tanto que não gerasse receita, era mais uma cautela preliminar em virtude da instabilidade econômica europeia. Ainda assim, o orçamento a mantinha pisando em ovos. Ela o descreveu como uma "questão formidável" em que todos os itens, do papel fotostático aos selos dos correios, eram contados e estimados para produzirem uma cifra projetada, sendo depois comparados ao custo total no final de cada mês.[19] Havia uma gerente comercial, Lily Davies, que tratava de tudo, das reservas e preparativos de viagem aos chiliques que vinham junto com o talento. Contudo, a sua tarefa mais importante era manter todos fortemente limitados pelo orçamento.

Dava muito trabalho ser editora antes da internet. A primeira atividade do dia era ler a correspondência, responder aos convites, passar notícias de moda à sala de moda.[20] Os compromissos eram verificados com a secretária, que os apurava com outras secretárias. Em seguida vinham os *briefings* de cada sessão fotográfica. Uma chefe de departamento trazia suas opções com a ajuda de uma assistente, dependurava-as na arara e passava a mostrá-las ao som de exclamações como "Maravilhoso!" ou "Não gosto disso!".[21] Uma questão importante era se o fabricante das roupas comprava anúncios. Se pagasse, as suas peças entravam. Caso contrário, seriam repensadas. Os copidesques examinavam os textos, mexiam, cortavam, refaziam e editavam. As editoras de moda debatiam acaloradamente sobre qual fotógrafo, estúdio ou locação usar e onde conseguir os adereços.[22] Ideias eram aventadas, o fotógrafo podia sugerir algo complicado, como uma sessão na movimenta-

144 NOS BASTIDORES DA *VOGUE*

da Portobello Road, com as modelos rodeadas por uma variedade de raças caninas. Alguém podia ter um filhote em casa ou se oferecer para trazer um filhote do vizinho. Era sempre questão de colaborar.

Em seguida, a editora ia ao departamento de arte ver os layouts e avaliar o espaço, sempre tendo em mente o orçamento e os anunciantes — dar mais espaço a uma marca poderia ofender a outra.[23] Voltava ao seu escritório — que já não era a caixa de vidro — onde vários funcionários faziam fila para falar com Garland sobre diversos assuntos, como promoções, beleza, anúncios, erros tipográficos, eventos, cores, dispensa por motivos de saúde ou planos para o almoço.[24] Garland almoçava no mundo exterior, mas só quando estava acompanhada pelo presidente ou diretor administrativo de alguma empresa de renome.[25]

Retornava, desta vez para examinar o próximo assunto com todos os chefes de departamento, trocar ideias e distribuir tarefas. Um número com atmosfera romântica podia significar lingerie rosa, uma viagem ao estrangeiro para baías isoladas, histórias de moda com amantes.[26] O gerente comercial se encarregava de contratar fotógrafos, modelos, maquiadores.[27] Faziam-se listas de honorários e listas de contatos que pudessem ser acionados para favorecer a *Vogue*. As agendas eram montadas e distribuídas. Como trabalhavam em pelo menos três números ao mesmo tempo, toda essa organização era crucial. Os colaboradores famosos tinham de ser paparicados, para que se sentissem valorizados pela empresa e saíssem pelo mundo dizendo a todos os seus amigos importantes: "A editora? Ah, ela é encantadora!"[28]

Uma coisa é bastante clara: para manter o emprego era preciso ter um alto nível de energia. Pequenas pistas da intensa pressão dessa vida se sobressaem como sinais de alerta por toda a autobiografia de Garland. Após cada dia em Paris assistindo aos desfiles, ela "caía na cama".[29] Ao final de uma semana, ficava sem voz em virtude do nervosismo ou do cansaço.[30]

Garland reconhecia que o trabalho, mesmo "intenso, cansativo", obviamente tinha seus momentos divertidos. Certa vez ela acompanhou a equipe para fazer uma matéria em Barbados e levou o filho de 5 anos para brincar com a filha da assistente do fotógrafo. A ilha ficou tão impressionada com a cavalaria da *Vogue* que uma *steel band* compôs um calipso em

TERREMOTO JOVEM

sua homenagem, e um trecho da letra dizia: "Modas que de longe você lia/ Dicas às mulheres para alegrar o dia/São ideias de miss Garland, o coração do esquema/Leia a *Vogue* para ver."[31]

A juventude a pleno vapor

Em meados da década de 1960, o panorama social de Londres havia virado de ponta-cabeça. A época que trouxe o rock 'n' roll, a minissaia, a era espacial e a juventude moderna estava a toda. Os *baby boomers* abriam caminho e curtiam os coques colmeia, The Beatles, ácido lisérgico e macacões de couro. O glamour e o privilégio não eram mais moedas correntes. Como exemplo disso, um repórter de 20 e poucos anos do *Evening Standard* (que mais tarde caiu em desgraça sendo membro do Parlamento), Jonathan Aitken, fez uma série de entrevistas com cerca de duzentas pessoas que estavam definindo um novo panorama. O resultado deste documento antropológico foi o livro intitulado *The Young Meteors* [Os jovens meteoros] (1967), que põe em foco personalidades em campos tão variados quanto fotografia, música, política, arte, televisão e até jogo e prostituição. O conjunto mostra uma nova elite emergente no coração do East End londrino que celebrava abertamente a criatividade em detrimento do berço.

Fotógrafos como David Bailey já não precisavam passar a maior parte da vida pagando tributo para alcançar o sucesso convencional. De repente, os jovens tinham o próprio dinheiro e até as mulheres podiam ganhar algum — e às vezes o faziam. Uma nova safra de estilistas surgiu na região de King's Road em Chelsea, dentre eles Jean Muir e Mary Quant. Também houve mudanças em quem representava a sociedade. O predomínio anterior das linhagens nobres desapareceu, levado pela maré jovem que varreu a ilha. Essa foi a primeira geração adolescente livre do alistamento militar e capaz de desfrutar da vida. A natalidade no Reino Unido aumentara em 1947, após a Segunda Guerra Mundial, quando houve cerca de 880 mil nascimentos (para efeito de comparação, o Instituto Nacional de Estatísticas registrara pouco menos de 580 mil nascimentos em 1941).[32] Os milhões de adolescentes resultantes desse boom eram o futuro do país.

Quando assumiu o posto, Ailsa Garland sabia da importância da idade. Com o intuito de atender às filhas dos leitores da *Vogue*, Audrey Withers havia criado a coluna "Ideia Jovem" no início da década de 1950, mas foi Garland quem fez dela uma seção regular. No início, a juventude era identificada em algum ponto entre os 17 e os 25 anos, e os vestidos formais no estilo debutante, com luvas combinando, estavam na ordem do dia.[33] Quando Galand assumiu o cargo, achou que aquelas páginas eram "debutantes" demais e não se encaixavam no momento.[34] Praticamente não havia empresas fabricando roupas adequadas às jovens, em sua maioria eram versões simplificadas dos guarda-roupas das mães. Nos anos 1960, quando isso começou a mudar, a *Vogue* de Garland correu para acompanhar a novidade. Em pouco tempo, "Ideia Jovem" passou a ser o cartão de visitas triunfante das inovações no design britânico.

Nessa seção, a fotografia se chocava com o resto da revista; ela era dinâmica, movida pela ação, natural nos gestos. A publicação ainda apresentava uma grandeza arrogante nas matérias de moda, com retratos solenes e estáticos em que as modelos pareciam ter 30 anos, embora tivessem 20. Isso acontecia porque o grosso dos leitores pertencia à geração mais velha, e teria sido um disparate afastá-los antes de atrair as suas filhas. Em vez disso, a *Vogue* pretendia atender a ambos os grupos, dividindo sutilmente o conteúdo, e aos poucos ir seduzindo a nova geração que, mais adiante, suplantaria os pais nas assinaturas pagas.

Na década de 1950, os fotógrafos haviam tido problemas para retratar as roupas *prêt-à-porter*. John French, que tinha sido o mentor de David Bailey, costumava enfiar rolos de papel higiênico vazios na parte de trás das roupas para lhes dar alguma forma. Esse não era o seu único truque: ele carregava pregadores de roupa para ajustar jaquetas grandes demais.[35] O seu engenho era posto à prova quando se deparava com roupas prontas do tamanho errado, mas as modelos precisavam ser ainda mais pacientes. As sessões demoravam muito tempo e elas tentavam manter a pose naquelas roupas ajustadas no improviso, sendo às vezes amarradas em mastros para ajudá-las a permanecer imóveis. Nos anos 1960, isso melhorou com a evolução do design e das câmeras. Um David Bailey endiabrado corria em círculos em torno das suas musas enquanto apertava o obturador.

TERREMOTO JOVEM

O fotógrafo Norman Parkinson foi um dos primeiros a tratar as modelos como pessoas, e não como manequins, permitindo-lhes exibir expressões faciais. Ele também foi o primeiro a fotografar as moças fumando ou comendo. Colocar as modelos em movimento era uma ideia avançada, mas para os leitores maduros aquilo era inadequado. Ele abriu caminho para sangue novo, como Tony Armstrong-Jones (mais tarde lorde Snowdon), que fez uma foto atrás da outra de modelos escorregando em cascas de banana ou pulando uma janela.[36] O trabalho dele é uma vastidão do frenético e do cinético. Ele era tão ligado em movimento que, segundo a lenda, se alguém se referisse às suas sessões fotográficas como "poses", ele punha as modelos para correr.[37]

E havia David Bailey, que granjeou reputação ao conseguir um trabalho enorme para a *Vogue* em Nova York, para onde foi acompanhado de lady Rendlesham, uma editora magnífica. A matéria de moda que eles cobriram foi publicada em 1962 com o título "Ideia Jovem vai para o Oeste" e mostrava a sua musa (e paixão) Jean Shrimpton vagando pelos becos ásperos de Manhattan. Eles estavam empolgados por se verem tão longe de casa; naquele tempo, a juventude da classe operária não viajava a lugar algum, muito menos de um continente a outro. Décadas mais tarde, em uma entrevista, ele desdenhou da experiência com um tom blasé, dizendo que fazia tanto frio que seus dedos grudavam na câmera e que lady Rendlesham gritava sem parar.[38]

O grupo de estilistas britânicos que ficaram conhecidos nos anos 1960 foram extremamente importantes. Assim como David Bailey e lorde Snowdon alçaram a reputação da *Vogue* britânica por serem seus primeiros artistas de vanguarda, marcas que se tornaram referência, como Mary Quant, Jean Muir e Biba, redimiram o estilo britânico. Túnicas e minissaias com estampas geométricas e uma variedade de acessórios divertidos, como as botas à go-go e os *hot pants* metálicos, deram à moda dos anos 1960 o ar de um baú de fantasias infantis. Foi a primeira incursão dos britânicos no *prêt-à-porter*, e eles mantiveram a simplicidade.

Tania Mallet, modelo que depois foi a "Bond girl" de *007 contra Goldfinger*, rememorou a mudança radical de comportamento. Quando começou a carreira de modelo, no final da adolescência, as modelos jovens eram

148 NOS BASTIDORES DA *VOGUE*

extremamente raras. Ela descreve a sua inexperiência e conta que, para ir à Casa Vogue pela primeira vez, caminhou debaixo da chuva vestindo umas calças velhas e chegou ensopada, com o cabelo grudado no rosto.[39] Ela foi dar em uma sala onde havia vários rostos sofisticados que posavam desde a década de 1950, com os cabelos arrumados em coques colmeia perfeitos: imitações reais das fotografias de moda. Sentindo-se constrangida e deslocada, Mallet se encolheu em um canto achando que estava fazendo papel de boba, mas um fotógrafo de aspecto esquisito enfiou a cabeça pela porta entreaberta e, para sua enorme surpresa, chamou-a para o trabalho.[40] Ela encarnava a adorável ingenuidade da criança — justamente em nome de quem este novo mundo queria falar.

Em 1965, uma página da "Ideia Jovem" tratou da inauguração da loja 21, uma das principais butiques que promoviam estilistas britânicos emergentes, como Ossie Clark e Foale and Tuffin. As modelos foram fotografadas em poses dinâmicas ao lado de alguns rapazes. Estes jovens formavam o grupo seleto dos "Jovens Meteoros" que incluía Kenneth Tynan — que havia sido contratado como crítico teatral pelo *Observer* com apenas 28 anos —, o fotógrafo de moda Terence Donovan e Vidal Sassoon. Ao deixar suas áreas de expertise para fazer um bico como modelos em uma matéria da *Vogue*, eles serviram de exemplo para outro estereótipo dos anos 1960: a transversalidade criativa. Outra noção vanguardista, os grupos de Carnaby Street e Chelsea frequentemente trabalhavam em papéis intercambiáveis. Nunca antes as pessoas ousaram sair do que era considerado o seu lugar de direito, o que também estava mudando. Barbara Hulanicki, criadora da lendária loja Biba, tinha sido editora de moda da revista *Nova* e ilustradora de moda da *Vogue*, trabalhando no que lhe interessava.

Àquela altura, "Ideia Jovem" já tinha catorze páginas para preencher. O departamento de arte estava ficando mais ousado. As capas da *Vogue* britânica da década de 1960 são muito mais experimentais que as da sua equivalente americana, ilustrando a nova mistura entre as classes alta e popular. O tom dos artigos também evoluiu e passou a espelhar leveza e graça. Já não dava ordens, como nos anos de guerra. Em vez disso, o texto indagava: "As roupas de alta-costura valem o que custam?"[41] Esta não é uma pergunta ousada pelos padrões de hoje, mas

TERREMOTO JOVEM

até então nenhuma revista havia descartado sua posição de autoridade e proposto o diálogo.

O prazer de consumir deixou de ser tabu e lemas atraentes, tais como "O que faz a Grã-Bretanha se vestir tão bem" e "Não compre nada enquanto não comprar a *Vogue*", expressavam o espírito da época. Nem seus rivais mais modernos conseguiam competir com o apoio declarado da *Vogue* ao design britânico, repleto de cores primárias e sugestões de ponta. Por trás das páginas coloridas havia diversos estagiários e aprendizes brilhantes que haviam sido descobertos pelo Concurso de Talentos *Vogue* ou que tiveram uma oportunidade nas sessões fotográficas ou cumprindo pequenas tarefas. Naquele momento reinava uma meritocracia estimulante.

Questões de classe

No final, Garland não levava jeito para a vida na Condé Nast. A trama complexa do mundo da *Vogue* era sufocante, impossível de desemaranhar. Completamente exausta apenas quatro anos depois de começar, em 1964 ela se demitiu e voltou para os jornais. A sua substituta, Beatrix Miller, tinha um estofo mais resistente. Praticamente uma intelectual, Miller era formada em jornalismo, e no início da carreira trabalhou como secretária do MI6 nos Julgamentos de Nuremberg. Ela teve uma trajetória interessante nas revistas ilustradas, tendo começado na *Queen*, revista inglesa de vanguarda, que deixou em 1956 para assumir o cargo de copidesque na *Vogue* americana.

Quando Sir Jocelyn Stevens, editor e executivo de jornais (e avô de Poppy e Cara Delevingne), comprou a *Queen* em 1957 como um presente de aniversário para si mesmo, estava determinado a trazer Miller de volta. Sabe-se que ligou para ela no meio da madrugada para dizer: "Você não me conhece, mas estou ligando para lhe oferecer o cargo de editora da *Queen*." Miller respondeu: "São 4 horas da manhã. Você está louco", e desligou.[42] Quando por fim aceitou o posto, ela fez parte da transformação da revista em uma antologia excêntrica que granjeou status entre o pessoal de Chelsea e fez dos seus jornalistas figuras populares. Na verdade, tão populares que a *Vogue* os cobiçava. Em 1963, a editora Marit Allen foi contratada e, em 1964, Beatrix Miller também foi fisgada pela Condé Nast.

150   NOS BASTIDORES DA *VOGUE*

A *Vogue* britânica era grandiosa em comparação com as revistas inglesas, mas não chegava aos pés da versão americana. Era Nova York que detinha o grande orçamento, o fluxo de trabalho superorganizado e o volume para funcionar numa escala industrial. Miller tinha capacidade de liderança e podia descartar uma edição inteira caso não lhe agradasse. Contudo, o regime da Brogue não era pesado: a equipe chegava mais para as 10 horas do que as 9 horas, desfrutava de refeições de três pratos em cafés onde passava horas conversando e às 18 horas todos já tinham ido para casa, inclusive Miller, que saía às 17h30 em ponto no seu Jaguar.

Grace Coddington — que depois se tornou diretora criativa da *Vogue* americana — entrou em 1968, quando a sua carreira de modelo estava chegando ao fim. A Casa Vogue ainda ocupava o endereço ilustre em 1 Hanover Square, mas Coddington achou o interior decepcionante. O hall de entrada era um espaço insignificante forrado de lambri; o andar superior era uma confusão de salas em plano aberto. Os móveis pareciam catados de uma lata de lixo; o piso era de cortiça, gasto e encardido. Coddington registrou a sua primeira impressão: "As portas do elevador se abriram — e que decepção foi aquilo!"[43] Ainda havia lá muitas mulheres bem-nascidas e com boas relações, mesmo que estivessem em postos de iniciantes. Uma das assistentes de Coddington era uma "moça financeiramente independente" com cabelos tingidos de magenta, que conduzia uma Mercedes quase tão rápido quanto Beatrix Miller conduzia o seu Jaguar e que terminou se casando com um jogador de polo.[44] Há um quê de divertido naquelas voguetes elegantes do início da década de 1970 que queimavam os pneus dos seus carros esportivos com tanta imprudência.

Miller havia chegado às revistas no momento da transição, quando as barreiras de classe estavam sendo derrubadas. Ela era suficientemente inteligente e original para aceitar isso. Embora preferisse redatores bem treinados e não aceitasse cópias de má qualidade, ela apoiava aspirantes a escritores e assegurava que um bom punhado deles pudesse cruzar a soleira da porta. Marina Warner, hoje dama Marina Warner, crítica, romancista, ensaísta e primeira mulher a presidir a Sociedade Real de Literatura, foi contratada recém-formada graças ao instinto de Miller.

TERREMOTO JOVEM

Outra das suas iniciativas foi o Concurso de Talentos *Vogue*. Ela recrutava livremente entre classificados e vencedores, estimulava-os a mostrar seus trabalhos e permitia certa liberdade editorial às suas imaginações. Quando a novata Sandy Boler escreveu queixando-se de que a *Vogue* continuava sendo elitista, Miller entregou a ela a coluna intitulada "Mais Graça do que Grana".

Durante a era Miller, houve uma matéria perfeita, lindamente irreverente, fazendo troça da etiqueta britânica tratada no livro *Noblesse Oblige* (1956), de Nancy Mitford. Uma das regras da autora era que uma dama nunca deveria usar joias falsas, roupa de baixo colorida e diamantes antes do café da manhã.[45] Eles então fotografaram a modelo Cathee Dahmen cometendo esses três pecados; ela escova os dentes usando uma enorme gargantilha de strass e a foto não faz nada para esconder o fato de que está de *topless*. Enquanto isso, o close confuso de uma modelo com uma juba ruiva foi para a gráfica com a legenda: "'Tingido é vulgar!' *É mesmo?* / 'Nunca use vermelhos vibrantes' *Por que não?*"[46]

Ainda mais ousada é a modelo Gala Mitchell que, em um macacão de seda dourado, meias laranja e sapatos de salto amarelo, cruza o Hyde Park empurrando um carrinho de bebê no estilo vitoriano. Era 1971 e, no entanto, à sua volta na fotografia estão as babás dos ricos, imaculadamente uniformizadas, com toucas e aventais brancos sobre vestidos simples e os cabelos presos para trás. Elas levavam os herdeiros de Chelsea e Kensington para tomar o sol da manhã. É difícil acreditar que, nos anos 1970, ainda se empregasse tanta gente no serviço doméstico, ainda por cima com uniformes idênticos. A legenda de Miller dizia: "'É de mau gosto vestir-se de forma extravagante ou chamativa ao se mesclar com gente vestida de forma simples' *O mau gosto é uma coisa ruim?*"[47]

Desafiar o que restava da sociedade inglesa prescritiva, baseada nas classes sociais, mostrava que a moda podia ser usada, subvertida e empregada para fazer os leitores terem uma visão mais ampla do mundo em que viviam. Por outro lado, Miller gostava de fotografias em jardins, que lhe parecia algo bem inglês. Ela era maternal (Coddington se lembra de que desmaiou durante uma viagem e depois disso Miller começou a levar doces na bolsa para elevar o açúcar no seu sangue, caso aquilo acontecesse novamente);[48] e ela também podia ser decadente, com seu negroni obrigatório na hora do almoço e jantares com Elizabeth Taylor, Richard Burton, a princesa Margareth, Paul e Linda McCartney.[49] Ela se aposentou no final de uma gestão exitosa, entre 1964 e 1984. Levou muito, muito tempo para a *Vogue* britânica voltar a questionar as normas sociais.

Capítulo 10

ENTRETENIMENTO CARO
Facadas pelas costas e grandes negócios

O mundo de fantasia de Diana Vreeland

Nos Andes centrais, em altitude elevada, um grupinho peculiar estava reunido. A cadeia montanhosa mais extensa do mundo, e a segunda mais alta, se compõe de altiplanos cobertos de musgo verde e seus picos são tão elevados que se dissolvem em sombras azuis e lagos vítreos formados pelo degelo dos glaciares. O panorama é pincelado pelo branco das nuvens em movimento. Parece improvável encontrar ali o fotógrafo britânico John Cowan, ocupado com um editorial da *Vogue* americana. Mas lá estava ele, no final da década de 1960, tentando imortalizar os saltos alegres das modelos cobertas de vison. Junto dele nesta aventura congelante estavam a famosa cabeleireira Ara Gallant e a editora de moda Babs Simpson, que teve um episódio grave de vertigem.[1]

Cowan vinha planejando uma matéria extravagante com a cordilheira coberta de neve, o verdor escuro e as ruínas incas para fazer parecer que as modelos — em uma variedade de roupas de camurça, cachecóis, casacos e vestidos ajustados no busto, além de uma pletora de peles, da chinchila ao lince — saltavam e flutuavam na paisagem varrida pelas nuvens. O piloto do helicóptero que os levara até lá avisou que eles tinham até as 17 horas para deixar o local; se permanecessem mais tempo teriam de ser resgatados.[2] Porém, o toque de recolher veio e se foi, o piloto foi embora e a noite chegou. No final, o grupo teve de descer a montanha

154 NOS BASTIDORES DA *VOGUE*

com as modelos ainda calçando *stilettos*, até encontrar uma caverna onde acenderam uma fogueira.[3] Passaram a noite aninhados debaixo das peles. No dia seguinte foram despertados por um exército peruano furioso e ao redor do seu abrigo viram pegadas de leões da montanha.[4] Foram todos imediatamente deportados.

A matéria foi para a gráfica e saiu na edição de outubro de 1968 da *Vogue* americana,[5] embora houvesse diversas "falhas técnicas onerosas"[6] — graças à última editora-chefe, Diana Vreeland — que não veriam a luz do dia. A aventura peruana surreal não foi de modo algum a única. Certa vez, Vreeland enviou David Bailey à Índia para fotografar tigres brancos, mas nunca usou as imagens. Uma série de fotos com a modelo Penelope Tree foi rejeitada por Vreeland porque, segundo ela, "não havia languidez nos lábios".[7] Refazer sessões de fotos era frequente. O mesmo ocorria com os chiliques. Embora fossem empolgantes, as locações exóticas exigiam meses e meses de preparativos. Era necessário o aval do Departamento de Estado para os vistos. Para passar pela alfândega, a equipe precisava fazer carnês listando cada item, até o acessório mais ínfimo, de modo a garantir que tudo o que deixasse o país regressaria.[8] Uma editora conta que em uma viagem ao Irã passou noites seguidas desembaraçando centenas de borlas francesas antigas para servirem de "*look* ornamental".[9] Em outra ocasião, Vreeland subitamente decidiu que uma sessão fotográfica que estava ocorrendo no Himalaia exigia um chapéu enorme. Para alcançar a equipe, que já havia partido para a Ásia, o chapéu em sua caixa foi levado ao topo da montanha de carro, jipe, camelo e, por fim, em um burro, até chegar àquele local remoto. Ferros, tábuas de passar e parafernália de costura iam junto com as roupas. Aquelas peças caras às vezes precisavam de consertos e alterações de última hora.

Era árduo criar o "estilo" de Vreeland. Amostras de tecidos eram solicitadas, entregues, escolhidas, devolvidas; depois vinha a encomenda das roupas, que eram modificadas, descartadas, encomendadas novamente; cabeleireiros, maquiadores, modelos, editores, assistentes, estilistas, fotógrafos eram testados, contratados, demitidos. Cada passo tinha de ser registrado em Polaroid, para que todos ficassem a par das modificações.[10] O custo da revelação dos filmes era insano. E, é claro, Vreeland possui o recorde das sessões

ENTRETENIMENTO CARO 155

fotográficas mais caras da história. No outono de 1966, a revista publicou "A Grande Caravana de Peles", que ocupou 26 páginas.[11] A equipe — que incluía um lutador de sumô de 2 metros e tanto — passou cinco semanas no Japão e carregou quinze baús de roupas até o topo de montanhas nevadas. Posando com botas altas de arminho, bonés de arminho, mitenes de chinchila imperatriz e lince russo, a época era obviamente pré-PETA. Fotografado pelo lendário Richard Avedon, supervisionado pela editora de moda Polly Mellen e estrelado pela supermodelo Veruschka, o editorial, segundo boatos, custou 1 milhão de dólares. Isso equivale hoje a 7,5 milhões de dólares.

"A Grande Caravana de Peles" é descrita como uma "aventura da moda", e a equipe por trás dela como "um elenco de personagens".[12] À época era comum chamar a sessão fotográfica de "história". O vocabulário explica um pouco como a *Vogue* pensou a moda sob a batuta de Vreeland. Nascida na virada do século, ela rememorava melancolicamente as roupas espetaculares usadas pelas grandes damas de Paris no início da década de 1900. Tendo vivido a juventude nos Loucos Anos Vinte e com experiência direta das mudanças trazidas pelas duas grandes guerras, Vreeland foi testemunha ocular de reviravoltas surpreendentes na moda. Ela uniu a fantasia e a história nas páginas da *Vogue*, colocando-se como a última esteta verdadeira e uma espécie de acadêmica da moda.

Vreeland evitou as receitas e as dicas domésticas que eram comuns nas revistas femininas da época, por acreditar que o romantismo da Rússia e da China era mais importante. Ela entendia quais qualidades efêmeras mudavam as nossas vidas e foi esse instinto que trouxe a magia, equilibrando o que a fazia parecer difícil e de sanidade questionável. O problema com os sonhos de Vreeland era que sempre tinham um preço muito alto. Quem pagaria por eles?

As aventuras bajulatórias de Alex Liberman

Nascida em 1903, filha de uma socialite e um corretor da bolsa de valores, Vreeland chegou às colunas sociais como debutante. Apesar de carecer de uma beleza convencional (a mãe lhe dizia "minha monstrinha feia"), ela conseguiu um casamento proeminente com um banqueiro bem-apessoado

156 NOS BASTIDORES DA *VOGUE*

que levou a família para Londres, onde as suas primeiras excentricidades se manifestaram. Ela pintava a pele de branco com linhas grossas de ruge vermelho nas bochechas. Aprendeu a dançar rumba em vez de cuidar dos filhos. Montou uma loja de lingerie onde se dizia que Wallis Simpson fazia compras. Ao voltar para Nova York, ela foi vista por Carmel Snow, editora-chefe da *Harper's Bazaar*, dançando no alto do hotel St. Regis e recebeu uma proposta de emprego em virtude do modo como se vestia. Os Vreeland viviam em uma extravagância despreocupada e nunca tinham dinheiro; então, na tentativa de evitar o horror financeiro, ela aceitou o trabalho. Passou 26 anos sob a batuta de Snow, que rapidamente foi promovendo-a até o posto de editora de moda.

Por um tempo, Vreeland teve uma coluna intitulada "Por Que Você Não...", em que dava conselhos extravagantemente enlouquecidos, tais como "Por que você não... usa mitenes de veludo roxo com tudo?"[13] ou "Por que você não... usa uma concha gigantesca em vez do balde para gelar o champanhe?".[14] O seu faro de editora de moda produziu as fotografias que puseram a *Harper's Bazaar* na vanguarda da moda, embora a *Vogue* continuasse sendo de primeira necessidade. Uma colega da *Bazaar* recorda que, durante o racionamento de calçados na Segunda Guerra Mundial, Vreeland foi responsável pela popularização das sapatilhas de balé, levando Capezio, o fabricante, a acumular uma daquelas fortunas americanas absurdas.[15] A amizade com Jackie Kennedy fez a primeira-dama consultá-la sobre o que vestir na posse do marido. Ela injetou toda a indústria com um artifício inebriante que transportava as mulheres a mundos de encantamento. Porém, o gênio a tornava imprevisível demais para operar sem supervisão. Carmel Snow a mantinha em rédeas curtas e, quando se aposentou, a promovida não foi Vreeland, mas a sobrinha de Snow. Ter sido esnobada foi demais para Vreeland, que em seguida deixou a *Harper's*. Liberman a chamou para a *Vogue*, com a intenção de impressionar os novos donos.

Diana Vreeland apelidou 1962 de "o ano do jato, da pílula".[16] A década de 1960 havia nascido em Londres, mas foi o momento de Vreeland. Os novos rostos e as mudanças a estimulavam e ela cunhou a expressão "terremoto jovem".[17] Os excessos visuais continuaram dominando a sua

ENTRETENIMENTO CARO 157

vida. A sua sala de estar, denominada "Jardim no Inferno", era de um vermelho intenso do tapete às cortinas, apinhada de divãs orientais, caixas de rapé, livros e almofadas em diversos tons de vermelho. Ela tinha uma empregada para vesti-la, limpar o interior das suas bolsas e passar a ferro as notas de 5 dólares.[18] Era famosa pelas tiradas bombásticas, que incluíam: "O biquíni é a coisa mais importante desde a bomba atômica!"[19] "O rosa é o azul-marinho da Índia!"[20] "Um pouco de mau gosto é como uma boa pitada de páprica!"[21] O melhor de tudo foi a ordem enigmática que deu a um fotógrafo: "Encontre a rainha cigana que se banha em leite e tem a pele mais bonita do mundo!"

Os escritórios da *Vogue* foram tomados por uma atmosfera de licenciosidade. A assistente de Vreeland menciona um cão dinamarquês maroto que arrancou um naco de um vestido de gala durante uma sessão fotográfica.[22] Os estúdios se queixavam de que as modelos viviam chapadas de maconha e não conseguiam ficar de pé. Uma matéria sobre roupas de banho foi suspensa porque a modelo estava com os braços completamente marcados de injeção de heroína.[23] As modelos "tinham faniquitos, roubavam casacos de pele".[24] Um estilista de visita insistiu em ler as palmas das mãos de todos antes de mostrar as suas roupas.[25] No documentário *Diana Vreeland: The Eye Has to Travel* (2011) [Diana Vreeland: o olho precisa viajar], um especialista em moda declara: "Ela foi a coisa mais cara... que os Newhouse já tiveram. Ela custava uma *fortuna!*"[26]

Por muitos anos houve uma amizade sólida entre Iva Patcevitch, presidente da Condé Nast, e Alexander Liberman, o diretor de arte. Ambos eram russos e tinham vivido em Paris. Patcevitch foi quem promoveu Liberman, fazendo dele o mais jovem diretor de arte em Nova York. Liberman descartou a amizade de 27 anos despreocupadamente para se converter no favorito de Si Newhouse, quando a companhia trocou de mãos. O novo dono, que se atritava com Patcevitch, perguntou a Liberman se o seu amigo estava fazendo um bom trabalho, e ele não levantou um dedo para defender o homem que, anos atrás, havia garantido o seu futuro. Com Patcevitch fora do caminho, Liberman ficou livre para se aproximar de Si Newhouse. Um ex-funcionário da Condé Nast relatou:

158   NOS BASTIDORES DA *VOGUE*

Liberman encontrou um cara tímido, de certo modo desconhecido, chamado Si Junior, e o pôs sob as suas asas... Ele o expôs a um
mundo diferente. Ninguém havia passado muito tempo com Si
nem demonstrado grande interesse nele. Então, a atitude de Si com
relação a Alex não expressara apenas que este era um ser humano
talentoso, mas sim alguém que se interessou por *mim*, alguém que
passava um tempo *comigo*.[27]

O feitiço jogado em Si Newhouse fez de Liberman a voz dominante na Condé
Nast no quarto de século seguinte. Apesar de ser muito talentoso, ele não
teria mantido a sua posição se não fosse dono de uma mente astuta, fria e
calculista. Sempre imaculado, ele dizia "caro amigo"[28] antes de proferir um
insulto mordaz. Anos depois apelidado de "raposa prateada",[29] Liberman
parecia disposto a qualquer coisa para se manter no topo da *Vogue*, não só
controlando a equipe como até se colocando em situações comprometedo-
ras. Ele estava disposto a acumular dívidas, fazendo sucessivos emprésti-
mos bancários ou com amigos para manter um estilo de vida adequado à
Vogue. Ele esperava o mesmo de outros funcionários (é difícil saber quem
estava mais errado — a *Vogue*, por não pagar decentemente, ou Liberman,
por acreditar que a equipe não se dedicaria, a menos que estivesse disposta
a acumular dívidas alarmantes para manter o emprego). Lorde Snowdon
comentou: "Ele era a pessoa mais dedicada à autopromoção que se possa
imaginar, escorregadio como uma enguia, sempre tramando e enganando
em proveito próprio."[30] Até Si Newhouse, que passou quatro décadas fiéis
ao lado de Liberman, foi forçado a admitir que ele era muito interesseiro.[31]

A amizade com Si Newhouse foi útil a Liberman. Quando Si foi indicado
presidente da Condé Nast, em meados da década de 1960, ele aumentou
o salário de Liberman para 500 mil dólares (em 1980 chegou a 1 milhão
de dólares por ano).[32] Nos fins de semana, ele levava Liberman a galerias
como um assessor informal, para comprar de Koonings e Rauschenbergs.
Liberman lucrava inclusive nessas expedições artísticas — Newhouse
comprou também algumas das suas obras.

Contudo, embora ficasse contente em sugar fundos de Newhouse em
proveito próprio, Liberman desaprovava os esforços sicofantas de Vreeland

Capa do primeiro número da *Vogue*, lançada nos Estados Unidos
em 17 de dezembro de 1892, ao preço de 10 centavos de dólares, exibindo uma bela debutante.

Condé Montrose Nast, o segundo dono da *Vogue* e magnata das publicações, que lançou a revista no exterior.

A autocrática editora-chefe Diana Vreeland em sua sala de estar, o "Jardim no Inferno".

Capa do número inovador da *Vogue Paris* de dezembro/janeiro de 1994, por Colombe Pringle, com Nelson Mandela como editor convidado.

Colombe Pringle, editora-chefe da *Vogue Paris* entre 1987 e 1994, conhecida por suas edições de Natal vanguardistas.

Liz Tilberis e Anna Wintour no desfile de Donna Karan, em 1994. Postas em confronto n mídia e com estilos opostos, ambas foram editoras-chefes da *Vogue* britânica.

Capa da *Vogue* britânica de novembro de 2017, com Meghan Markle como editora convidada.

Emmanuelle Alt, editora-chefe da *Vogue Paris* até 2021, com Edward Enninful, atual editor-chefe da *Vogue* britânica.

ENTRETENIMENTO CARO

nesse sentido. Apesar de todo o amor dela pelo efêmero e pelo místico, havia também um profundo apego ao dinheiro. Ela sabia perfeitamente qual era o seu lugar e tentava seduzir os Newhouse, tornando-se uma figura constante nas festas de Mitzi Newhouse. Uma colega conta que, após os desfiles, Vreeland corria para Mitzi, praticamente atirando-se sobre ela, e a cobria de elogios.[33]

Muito antes de Anna Wintour, Vreeland foi uma editora autocrática dos infernos. *O diabo veste Prada*, o retrato velado de Wintour pintado por uma ex-funcionária, foi precedido de *Cinderela em Paris*, o musical com Audrey Hepburn cuja personagem editora de revista está baseada em Vreeland. O seu comando da *Vogue* americana foi cansativo e não construtivo, calibrado para jogar as pessoas umas contra as outras. Ela dava as primeiras ordens ainda na banheira e adentrava o escritório ao meio-dia, portando um palito de incenso aceso suficientemente grosso para sufocar as secretárias. No almoço, comia um sanduíche de manteiga de amendoim com meia tigela de sorvete derretido e em seguida chegava uma enfermeira para lhe dar uma injeção de vitaminas.[34] Vreeland herdara de Jessica Daves um escritório que funcionava perfeitamente bem. Com ela, transformou-se em um circo. A funcionária Grace Mirabella comparou o sistema de Vreeland a uma disputa entre gladiadores romanos:

> Muitas vezes as revisões de Vreeland eram como atirar cordeiros aos leões... Havia muitas lágrimas, muitas baixas. Mais de uma editora ameaçou se atirar pela janela depois de conferir o trabalho com Vreeland. As secretárias se demitiam a torto e a direito... As editoras brigavam pela atenção dela e, para tal, tentavam pisar umas nas outras. Eu ouvia gritos o tempo todo.[35]

Com todos pisando em todos para ficar bem com Vreeland e sabotando-se mutuamente no processo, as coisas logo saíram de controle. Liberman conseguira segurar a língua quando ela esteve no auge da popularidade, na década de 1960. Porém, quando a década chegava ao fim, ele enxergou uma oportunidade. Cada vez mais as mulheres precisavam de roupas práticas e sóbrias que refletissem a recessão econômica. Vreeland não respondeu a esse novo

160 NOS BASTIDORES DA *VOGUE*

panorama e preferiu continuar apresentando capas de chuva roxas, blusas de vinil e *bodies*, em vez de atender às necessidades práticas das mulheres. Estas responderam cancelando as assinaturas. Nos primeiros três meses de 1971, as vendas de espaço publicitário caíram quase 40%.[36] Mirabella reconhece que as vendas haviam caído em toda a indústria, em resposta à recessão generalizada, mas quando Liberman e Si Newhouse "examinaram os números, eles viram o rosto de Vreeland".[37] Pode-se entender a frustração de Liberman com o assunto Diana Vreeland. Em uma das suas várias admoestações para que ela fosse mais sensata nos gastos, Vreeland o surpreendeu ao responder: "Alex, afinal de contas, isto é só entretenimento." Obviamente, para Si Newhouse, cuja família havia construído um império americano moderno, aquilo foi profundamente desconcertante. Para eles, a *Vogue* não era entretenimento, era um negócio.[38] Quando, por fim, Vreeland foi demitida em 1971, ela exigiu que Liberman lhe desse alguma explicação ou assumisse a responsabilidade. O confronto levou ao último dos seus famosos *bons mots* cunhados na *Vogue*: "Todos conhecemos muitos russos brancos, e conhecemos alguns russos vermelhos. Mas Alex, você é o único russo amarelo que conheço."[39]

Os anos bege de Grace Mirabella

Herdar o trono de Diana Vreeland não ia ser fácil. Com quase uma vida na indústria, ela havia inspirado alguns apelidos pitorescos que ilustram o fervor semirreligioso que provocava. Monstro Sagrado. Alta Sacerdotisa da Moda. Imperatriz. Oráculo. O sigilo de conclave em que sua sucessora foi escolhida tornou o resultado final ainda mais surpreendente. Liberman se deteve em Grace Mirabella, uma loira pragmática de 40 anos com um estilo americano moderno e simples.

O mundo da moda reagiu com absoluta indiferença. Para os iniciados, Mirabella era convencional demais. Mordaz, Andy Warhol comentou que ela havia sido contratada porque "a *Vogue* queria virar classe média".[40] Uma colega definiu-a na *Newsweek* como uma mulher "das nove às cinco".[41] Outras línguas ferinas na *Vogue* a apelidaram de "a secretária".[42] Gianni Bulgari visitou-a para discutir como a vulgarização da *Vogue* afetaria a sua publicidade. Vários fotógrafos e estilistas famosos e seus próprios colegas

ENTRETENIMENTO CARO

passaram pelo escritório de Mirabella para interrogá-la sobre seus planos e contemplar a *normalidade* ofensiva daquela criatura. O recado da moda foi claro: Mirabella não merecia.

Naquele momento e agora, ninguém parece lhe dar muito crédito por não ter soçobrado sob tanta pressão. Comprometida com a *Vogue*, ela estava na equipe desde os 20 e poucos anos e havia trabalhado com afinco até ser a segunda de Vreeland. Ninguém esteve mais perto da ação nem conversou mais frequentemente com Vreeland. "Eu era a sombra de Vreeland, seu alter ego... Eu não gostava da imagem que ela pensava que devia apresentar ao mundo... Mas amava, eu simplesmente adorava, com o que só posso descrever como a paixão de uma estudante adolescente, a mulher Vreeland", escreveu Mirabella em sua autobiografia.[43] Quando o reinado de Vreeland terminou e a Condé Nast Publications lhe telefonou, Mirabella estava em uma sessão de fotos na Califórnia. A situação deve ter sido profundamente dolorosa, principalmente pelo fato de Vreeland ter permanecido mais seis meses como consultora editorial. Ela estava totalmente arrasada. Mirabella reconhece francamente a própria covardia, diz que não conseguiu desanuviar o ambiente com Vreeland e que por isso evitou-a por completo.[44]

Os vários refutadores tinham razão em uma coisa sobre Mirabella: ela significou mudanças. Sua especialidade era a vestimenta esportiva, e ela era cerca de trinta anos mais jovem que Vreeland. Mirabella tomava o pulso da década de 1970 e estava bem situada para atender à "Nova Mulher". Todos os grandes temas da época — o feminismo, as rebeliões políticas incitadas por Watergate, os surtos de protestos contra a Guerra do Vietnã e pelos direitos dos gays, a retração econômica e a crise do petróleo — estavam no radar de Mirabella. Ela podia não conhecer cada detalhe constitucional, mas sabia o que as mulheres queriam vestir nas passeatas ou no primeiro dia da faculdade. Os anos 1970 têm má reputação na história da moda. Com a crise econômica, a bainha das saias desceu; então, no início da década, as saias mídi substituíram as minissaias nos desfiles parisienses. Nos Estados Unidos dizia-se que as mídis envelheciam e eram conservadoras. Insolitamente, a disputa chegou à geopolítica, e os democratas contrários a Nixon se tornaram defensores inesperados da minissaia, que viam como

162 NOS BASTIDORES DA *VOGUE*

um símbolo da liberdade americana, ao passo que a mídi era rejeitada como uma ferramenta da Europa ditatorial.

A controvérsia sobre as bainhas levou as mulheres de meados dos anos 1970 a eludir o assunto por completo e adotar as calças compridas em massa. A segunda onda do feminismo levou muitas a desprezar as tendências e passar a enxergar a moda como uma ferramenta de opressão. Contraculturas, como a da psicodelia das drogas e a da revolução sexual, se espalharam e foram absorvidas pela sociedade de consumo. Os blue jeans, antes a vestimenta básica do operário, se tornaram afirmações da moda com o nascimento das marcas de design em brim. A influência da música, do punk ao glam rock e ao hip-hop, a crescente visibilidade dos afro-americanos no cinema e a chegada do *streetwear* significavam que a moda já não provinha das casas de alta-costura parisienses, mas brotava de lugares como o Bronx.

Mirabella pode não ter introduzido o *streetwear* na *Vogue*, mas foi a mulher certa para fazer a sua curadoria na versão *Vogue*. Filha de um importador de álcool de Newark, nas décadas de 1950 e 1960 ela teve de enfrentar esnobadas sem fim das suas colegas patricinhas, mas os anos 1970 provavelmente foram o seu momento. Uma grande empreendedora, que permaneceu solteira até tarde na vida, ela apreciava as mulheres que tentavam abrir os próprios caminhos. Vreeland era bem-nascida e sentia-se à vontade entre pessoas do mesmo meio. Até as suas modelos, como Veruschka e Penelope Tree, vinham do dinheiro ou da nobreza. Mirabella quis ser a primeira a defender pessoas com mérito próprio na *Vogue* americana. Novos tipos de rostos famosos, como a ativista política Gloria Steinem, apareceram nas páginas, enquanto garotas de rosto docemente infantil, como Twiggy, desapareceram. Mirabella foi também a primeira editora americana a colocar uma mulher negra na capa.

Em outro passo ousado, a *Vogue* se expandiu e abriu espaço para a política, a saúde e o bem-estar. Os artigos iam dos vexames sinceros de senadores[45] às novidades na medicina que promoviam os benefícios da vitamina E.[46] Há reportagens sobre a criação do Papanicolau, tecnologia de ponta para detectar os primeiros sinais de câncer cervical.[47] Esses temas raramente, ou nunca, haviam sido tratados pelas revisas femininas. Em

ENTRETENIMENTO CARO

vez de ser leviano ou glamouroso ao tratar de fatos "pouco apropriados às damas", o tom era sério sem ser solene. O cérebro era o novo sexy, o bem-estar era o novo sexy, e mulheres adultas com opiniões eram muito, muito sexy.

Apesar do ideal americano saudável que esta *Vogue* representava, em geral havia muito sexo. Há anúncios quase obscenos. Os anúncios de cigarros discutem comprimento e tamanho, os de batom divulgam a umidade e a liquidez, e para as férias há dicas selvagens e quentes. As imagens mostram corpos masculinos, mulheres travessas e sorrisos sugestivos. São respostas claras à liberação sexual. A própria Mirabella hesitou quanto à quantidade de sexo que tomava conta das páginas e culpou Liberman e o seu interesse na *Playboy* e na *Penthouse* por às vezes ir longe demais.[48] Na medida do possível, ela queria que o elemento sexo liberasse as mulheres, e não que servisse para satisfazer o olhar masculino.

A moda também passou por uma reformulação. As botas à go-go sumiram, assim como os cílios falsos purpurinados. Saíram os penteados laqueados, a maquiagem como uma máscara. A *Vogue* de Mirabella era deliciosamente classuda. Loiras altas e saltitantes requebram nas páginas, acendem cigarros em movimentos resolutos, servem-se de vinho de modo sedutor e ajeitam os brincos em seus *boudoirs*. Elas cruzam belas salas com passos decididos, conduzem carros velozes com os cabelos ondulando ao vento. Elas se deitam na praia com as amigas, e não com os maridos, e com frequência mulheres ligeiramente mais velhas aparecem junto às jovens, ambas com boa aparência, bem maquiadas e profissionais, dando uma nova dignidade à idade. Por fim, as mulheres avançavam por conta própria — e faziam sucesso com elegância.

Quanto às modelos, Mirabella buscou o ideal americano, saudável e sorridente. As roupas são glamourosas, mas permitem o movimento. Na década de 1950 e até na de 1960, grande parte da moda dependia de ter um homem ao lado para fechar o zíper do vestido ou uma ajudante para dar acabamento na sua roupa elegante. Durante muito tempo, foi surpreendentemente complicado para a mulher vestir-se sozinha. Na década de 1970, finalmente todas elas, das adolescentes que iam de jeans para a escola às datilógrafas que saíam para trabalhar e às herdeiras mimadas com seus

164 NOS BASTIDORES DA *VOGUE*

talões de cheque fornidos, puderam assumir totalmente o controle. Isso marcou uma mudança fundamental na vida das mulheres. As roupas estilosas e práticas, a forte ênfase em estilistas americanos em detrimento das casas europeias tradicionais e as novas vozes espontâneas catapultaram a *Vogue* a novas alturas. As leitoras do cinturão da Bíblia, ofendidas com tanto sexo, cancelaram suas assinaturas, mas isso não importava, pois a revista de Mirabella bateu recordes.[49] Durante a sua gestão, a circulação triplicou, de cerca de 400 mil para 1,3 milhão, e o aumento correspondente do lucro bruto subiu de 9,1 milhões de dólares para 26,9 milhões de dólares.[50]

Esse êxito de modo algum significava que a vida estivesse mais fácil nos bastidores. Mirabella admite uma desilusão crescente na década de 1980. À medida que a indústria da moda atraía cada vez mais a atenção da mídia, os desfiles tiveram de acomodar um público cada vez maior. As apresentações intimistas dos anos anteriores se converteram nas passarelas bombásticas de hoje. Pode-se mostrar roupas a uma audiência pequena para que aprecie de perto o design, mas o vasto público que hoje assiste aos desfiles nas passarelas tem de ser entretido. As marcas responderam acrescentando música, luzes e, por último, reformulando as roupas. Mirabella detestava aquela virada carnavalesca e tinha uma implicância particular com Christian Lacroix, que ela parece culpar em grande parte pela mudança.[51] As peças opulentas e nada práticas que ele produzia iam contra tudo o que ela havia defendido. As consumidoras também haviam mudado. "Eu estava acostumada a estar com gente que *fazia* alguma coisa... essa gente estava fora de moda na década de 1980. Uma 'nova aristocracia' havia surgido com os banqueiros de investimentos e suas mulheres magricelas", escreveu.[52]

Junto com o sentimento de desconexão ante as novas tendências, houve um distanciamento entre Mirabella e Liberman. Eles haviam tido uma estreita colaboração por cerca de vinte anos, mas ela estava ficando insatisfeita. Presumivelmente, não ajudava que Liberman fosse onipresente na *Vogue*. Quando Mirabella recebeu a editoria, foi com a ressalva de que trabalharia "sob a orientação geral do sr. Liberman, diretor editorial da Condé Nast", como havia sido com Vreeland.[53] Mais uma vez ele tinha a

ENTRETENIMENTO CARO

palavra final em tudo, além de decidir quem era contratado e despedido, o que significava que muitas vezes Mirabella ficava presa a uma equipe cuja visão não coadunava com a sua. Começou a incomodá-la o fato de que, embora a *Vogue* fosse feita principalmente por mulheres para mulheres, eram os homens da parte administrativa que tomavam todas as decisões e tinham bons salários, enquanto as mulheres em cargos editoriais recebiam uma ninharia. Não ajudava que Si Newhouse nunca a consultasse e vivesse confabulando com Liberman. Ela estava ficando cansada de ser descartada, diminuída e ignorada.

Quando Mirabella quis fazer uma matéria sobre câncer de mama, Liberman respondeu: "As leitoras da *Vogue* estão mais interessadas na moda do que no câncer de mama",[54] ao que ela retrucou cortante: "Sou mulher há mais tempo que você, e elas se interessam pelas duas coisas";[55] quando ela quis cobrir o movimento pró-escolha diante do aborto, Liberman retrucou "ninguém liga";[56] e quando apresentou uma matéria sobre a evolução do lugar das mulheres na sociedade, a resposta dele foi: "Você não precisa fazer outra matéria sobre mulheres que trabalham. As mulheres são, e sempre serão, mão de obra barata."[57]

Quando estava na casa dos 40 anos, Mirabella casou-se com um eminente cirurgião que era terminantemente contrário ao fumo, depois de constatar os seus efeitos a longo prazo nos pulmões. Ela deixou o hábito de fumar quarenta cigarros por dia e começou a tentar difundir informação sobre os perigos do fumo, tática que provocou forte reação de muitas companhias de tabaco que gastavam milhões em anúncios na *Vogue*. Ela pressionou Liberman para aumentar os salários das editoras, ressaltando que agora as mulheres tinham outras opções e não precisavam mais se prender a pagamentos miseráveis.[58] E ela queria um lugar na diretoria para participar, ao lado de Liberman, das conversas que decidiam o futuro da *Vogue*. A opinião deprimente de Si Newhouse foi: "As mulheres não significam nada nas diretorias, Grace."[59] De fato, parece que a atmosfera de clube masculino nos altos escalões da Condé Nast só foi invadida por uma mulher, a mesma que expulsou Mirabella. Anna Wintour.

Capítulo 11

WINTOUR VEM AÍ
Os primeiros anos de um ícone

Anna Wintour e a *Vogue* britânica

Não há outro nome na indústria como o de Anna Wintour. O terror, o fascínio, a excitação nervosa que ela produz até em gente menos ligada em moda testemunham a força do seu culto à personalidade. Mas nem Anna Wintour foi feita em um dia. Nunca saberemos exatamente como esta editora britânica conseguiu conquistar Alexander Liberman e Si Newhouse. Grace Mirabella recorda como ela se materializou na *Vogue* americana, uma criatura magrela e impenetrável.[1] Diz a lenda que Wintour certa vez fora recomendada a Mirabella para uma vaga de emprego. Quando Mirabella perguntou qual trabalho ela desejava, Wintour teria respondido despreocupadamente "O seu", por trás dos seus óculos de sol pretos.[2]

Nascida em Londres em 1949, Wintour era uma entre cinco irmãos, embora uma tragédia tenha levado o seu irmão mais velho aos 10 anos, em um acidente de bicicleta. O pai foi o indomável Charles Wintour, editor de longa data do *London Evening Standard*. O interesse pelo jornalismo não foi o único traço que ela herdou; a atitude gélida também deve ter vindo do pai — ele era conhecido na Fleet Street como o Charles Glacial. Como disse um ex-empregado: "Ao conhecer Charles Wintour, você fica paralisado ante o seu semblante frio, mas quando o conhece melhor vê que isso é só a ponta do iceberg."[3] Criada no enclave arborizado de St. John's Wood, Anna Wintour frequentou uma série de escolas para meninas no norte de

Londres tão exclusivas que as alunas iam às aulas em carros com chofer. Voluntariosa e complexa, ela demonstrou um desinteresse patente por tudo o que fosse acadêmico. Não fazia o menor esforço para ficar amiga das colegas de classe e sempre que podia faltava às aulas.

Corre o rumor de que Anna Wintour tinha apenas 14 anos quando arrancou uma página com fotos de cortes de cabelo curtos da *Vogue* britânica e foi a um salão de Mayfair cortar as tranças.[4] Desde então, ela usa o corte tipo bob. Na biografia não autorizada de Jerry Oppenheimer (publicada em 2005) que conta tudo, as pessoas se recordam que ela era pouco generosa e provocadora, implicava com os gordos e zombava das professoras solteiras e viúvas.[5] Ao mesmo tempo, ela cuidava do peso obsessivamente e fazia tratamentos faciais semanalmente em uma clínica privada na Baker Street. Durante décadas, deve ter sido a cliente mais jovem. Embora a família Wintour tivesse valores conservadores, parece ter dado uma liberdade considerável à filha louca por roupas. Aos 15 anos, ela transitava à vontade, tinha uma vida bastante independente e passava as noites em clubes, dançando e sendo vista. Os que se recordam dela apontam principalmente a sua magreza incrível, o silêncio, a timidez aparente e os flertes infindáveis com homens mais velhos. Aos 16 anos, Wintour teve um desentendimento final com sua escola sobre o uniforme, que ela achava horrendo. Recusando-se a se adequar, ela foi embora e nunca mais voltou.

Não há pistas que demonstrem que Wintour tivesse algum interesse particular por revistas no final da adolescência e início da idade adulta, mas ela tinha uma noção inata sobre o que lhe caía bem e o que vestir para causar impacto. Quando os pais lhe ofereceram uma festa pelos seus 21 anos no hotel Savoy, ela já era a beneficiária de duas grandes heranças de parentes distantes de ultramar, e a soma desses fundos era suficiente para viver em apartamentos luxuosos e ter carros caros.[6] O mais importante é que eles lhe permitiam ter um armário com roupas de marca que era renovado a cada estação sem pensar duas vezes.

Na aurora da era disco, nos anos 1970, Wintour conseguiu o seu primeiro emprego editorial. A imponente *Harper's Bazaar* do Reino Unido estava sendo fundida à rebelde *Queen*, e eles buscavam pessoal. Wintour não tinha experiência, mas foi contratada pelo mérito do seu guarda-roupas.

WINTOUR VEM AÍ 169

O salário era uma mixaria, mas obviamente aquilo era irrelevante. Ela não precisava do contracheque, o que queria era estar no meio da turma descolada. Embora insistisse que não tinha objetivos particulares, ao preparar a edição de dezembro da *Harper's & Queen* em 1971, cada membro da equipe teve de escrever o seu presente de Natal ideal. Corre o rumor de que o de Wintour era ser editora da *Vogue*.[7] Seus chefes na *Harper's* não acharam aquilo apropriado para publicação.

Assistente de moda na *Harper's & Queen*, o sucesso de Wintour era misto. Ela tinha ideias originais para as fotografias. Era capaz de organizar grandes grupos heterogêneos e sabia lidar com fotógrafos instáveis. Começara a usar óculos escuros e parecia estar criando uma persona, embora isso ainda não estivesse funcionando: as pessoas a achavam soberba e um tanto ridícula, já que se recusava a conversar e socializar com a equipe depois do trabalho. Há relatos de funcionários juniores levados a se demitir devido à sua antipatia sistemática.[8]

Mesmo sendo competente e focada, ela só fazia o que queria. A complicação era ampliada pelo fato de que, naquele tempo, o pessoal do editorial de moda só lidava com as fotografias, não com o texto, e ela não conseguia comunicar adequadamente as suas ideias aos redatores. Apesar disso, foi promovida a assistente de edição de moda, o que levanta dúvidas sobre a credibilidade dos relatos sobre o seu passado.

É difícil dissecar a história recente, as pessoas sempre têm queixas a apresentar. Contudo, um fato parece ser irrefutável: Wintour era ambiciosa. Quando a editora da *Harper's & Queen* ia ser substituída, Wintour se impacientou. O gerente buscava alguém com experiência de redação e ela não tinha experiência em praticamente nada — começara a trabalhar havia apenas alguns anos — mas fez pressão para estar entre as candidatas à vaga. Quando o posto foi para a jornalista Min Hogg, Wintour não engoliu aquilo. Suas tentativas persistentes de solapar Hogg provocaram desentendimentos frequentes, e em 1975 ela se demitiu e se mudou para Nova York.

Aos 25 anos na *Big Apple*, Wintour naturalmente entrou para o equivalente nova-iorquino do seu meio social londrino. Antes eram os fins de semana em propriedades suntuosas e noites no Annabel's. Apesar de morar no Upper East Side, ela participou da cena no centro da cidade,

170 NOS BASTIDORES DA *VOGUE*

nos *lofts* modernosos e coquetéis nos terraços; uma vida em que artistas e expatriados britânicos eram muito apreciados. Em pouco tempo ela conseguiu o posto de editora de moda júnior na *Harper's Bazaar*. Mais uma vez, Wintour foi disciplinada, criativa e intransigente. Mais uma vez, isso criou atritos com os colegas. A sua negativa em fazer as sessões fotográficas de acordo com os *briefings* editoriais assombrou seus superiores, que não estavam acostumados a ser questionados. Ela achava que sabia mais. A *Harper's Bazaar* achou que podia viver sem esse problema. Em nove meses ela foi demitida.

A demissão foi um choque, mas não a fez mudar. Com a ajuda de um novo namorado, Wintour foi introduzida na revista *Viva*, publicada por Bob Guccione e a esposa, Kathy Keeton. Guccione era o criador e editor da *Penthouse*, uma revista erótica masculina, e *Viva* havia sido lançada como a sua versão feminina — uma versão focada no erotismo para as mulheres. Diariamente Wintour tinha de caminhar pelos corredores do império pornô de Guccione, ladeada por cartazes de mulheres seminuas, para chegar ao seu escritório. Mais tarde ela omitiria a época entre os "Pets da Penthouse" ao ser indagada sobre a sua experiência de trabalho. De qualquer modo, prova do seu caráter é o fato de ter se destacado naquele posto pouco interessante ao produzir páginas de moda em meio à tensão crescente com os patrões, até a revista fechar. Ela estava outra vez desempregada.

A sua carreira prosseguiu com altos e baixos. Em 1980, ela foi contratada como freelance por uma revista nova, *Savvy*, onde recebia um salário que até a direção considerava vergonhosamente baixo.[9] Em troca de aceitar aquela indignidade, Wintour pediu mais espaço para os seus layouts, na esperança de que o seu trabalho atraísse uma oferta de emprego melhor de outra publicação. Durante um ano nada aconteceu, até que, em 1981, ela conseguiu outro posto de editora de moda com a ajuda dos seus contatos, desta vez na revista *New York*. Lá, por fim, Wintour achou o seu lugar. A sua abordagem sensual da alta-costura falou à nova geração de casais *yuppies* com altos salários que adoravam consumir. O conjunto de leitores da *New York* era mais amplo que o das outras revistas nas quais havia atuado; o seu trabalho, então, passou a ter visibilidade. Ele começou a atrair anunciantes, desejosos de vender para gente que comprava.

WINTOUR VEM AÍ

As fotografias estilizadas de Wintour eram repletas de mulheres magras, muito bronzeadas e musculosas, num cenário de arranha-céus, usando camisas masculinas com nada por baixo e carregando pastas de executivas. Além da estética de mulher poderosa dos anos 1980, ela também teve vislumbres de criatividade; em uma matéria memorável contratou artistas nova-iorquinos contemporâneos, dentre eles Jean-Michel Basquiat, para que retratassem suas interpretações das últimas coleções. Essa fusão particular de arte e moda teve um efeito que Wintour só podia esperar em seus sonhos mais loucos: atraiu a atenção de Alexander Liberman, representante da Condé Nast, que a chamou para uma entrevista.

Os chefões da Condé Nast não estavam preparados para oferecer a Anna Wintour algo tão concreto como a editoria de uma publicação. Em vez disso, inventaram uma espécie de papel intermediário; em 1983 ela figurou no expediente como "diretora criativa", cargo que nunca havia sido usado antes. A então editora-chefe da *Vogue* americana, Grace Mirabella, ficou furiosa, principalmente porque Wintour começou a criticá-la nas reuniões editoriais. A raiva de Mirabella aumentou quando Wintour deu uma entrevista para a revista comercial *Adweek*, que produziu um perfil meloso exaltando-a como uma editora inovadora.[10] As verdades inconvenientes ficaram de fora, principalmente o fato de não ter cursado o ensino superior... Em vez disso, a matéria elogiosa menciona de passagem seu amor pela literatura inglesa.

Agora que Anna Wintour é a cara da moda, é fácil julgá-la por qualquer abuso, por menor que seja. Contudo, embora estivesse acostumada a granjear o desafeto dos colegas por ser gélida e corrosiva, ela não estava acostumada a lidar com as consequências. Em seus empregos anteriores, a agressividade funcionara, mas a Condé Nast era uma corporação repleta de figurões. Havia bastante hostilidade fluindo em todas as direções, e cada editor sênior, diretor, executivo e editor forcejava em uma guerra de poder sempre carregada de tensão. A competição era feroz; todos tentavam garantir a sua parte. Mirabella pode ter se ressentido da interferência de Wintour, mas aquele tampouco era o arranjo ideal de Wintour. No cargo pouco claro que Liberman lhe dera, ela obviamente não pertencia a nenhum departamento. Podia bloquear ideias alheias, mas também podia ser solapada.

Acostumada a trabalhar em departamentos de moda relativamente pequenos, Wintour tendia a assumir a produção, mas a *Vogue* era um ne-

172 NOS BASTIDORES DA *VOGUE*

gócio escorregadio e a especialidade dela eram as sessões fotográficas. A revista contava com equipes imensas e Wintour simplesmente não tinha experiência naquela escala. A sua atitude nada cooperativa piorava as coisas. Seu plano preferido era ignorar Mirabella abertamente e ser obediente e obsequiosa com Liberman. Isso conseguia deixar Mirabella ofendida, o que, por sua vez, acabava causando problemas para Liberman. A complexidade daquelas rixas infinitas é incompreensível; elas se repetem incansavelmente. E fazem indagar se aquele seria um ambiente de trabalho produtivo.

No final, com o aumento da animosidade, Liberman teve de proibir Wintour de lidar com as páginas de moda. Aquilo a deixou muito tensa e a alijou do seu tema preferido — as roupas. Diversos funcionários da *Vogue* à época dizem tê-la visto aos prantos ou soluçando ao telefone com o futuro marido, David Shaffer.[11] Shaffer era um psiquiatra infantil, o que, no mínimo, fazia dele um bom ouvinte, ainda que a maior parte dos entendidos lhe dê crédito por muito mais, sugerindo que ele se comportava mais como um orientador pessoal do que como um amante. Encorajada por ele, Wintour fez de tudo para mostrar aos colegas que estava comprometida com o trabalho. Segundo um informe contraditório do mesmo período, longe de ser vista chorando, Wintour seria uma tirana que substituiu as paredes do escritório por painéis de vidro porque não suportava a ideia dos subalternos fofocando a seu respeito detrás das portas.[12] Essa versão dos acontecimentos chegou ao *New York Times Magazine*, onde ela foi citada dizendo que não gostava de nada oculto — fora, aparentemente, o seu próprio rosto, coberto pela franja e pelos famosos óculos escuros.

Com ou sem paredes, Wintour estava ansiosa pela recompensa. Ninguém tinha a menor dúvida de que ela estava esperando que Mirabella fosse posta de lado e a editoria caísse em suas mãos. Até na Condé Nast as pessoas começaram a considerar como um fato que, cedo ou tarde, ela seria a próxima editora-chefe da *Vogue* americana. Em vez disso — inesperadamente — a versão britânica caiu no seu colo. Quando Beatrix Miller, editora da Brogue, anunciou a sua aposentadoria, Liberman viu a oportunidade para remover a protegida agressiva sem perdê-la. Na esteira da sua impopularidade, Wintour teve de aceitar o novo plano forjado para ela na corporação, mas foi difícil. Shaffer, que a esta altura era seu marido, permaneceu em Nova York para trabalhar, mas o bebê que ela dera à luz

WINTOUR VEM AÍ

meses antes foi com ela. Muitas mães de primeira viagem teriam jogado a toalha, mas a persistência é um componente-chave do caráter de Wintour. O curto período em que ela ficou no posto foi recordado, em certos aspectos injustamente, como o "Wintour Nuclear" que assolou a edição britânica.

Anna Wintour e a *Vogue* americana

Se Nova York foi uma montanha-russa, Londres deve ter parecido um engarrafamento. Para Wintour, a *Vogue* britânica não era descolada e Beatrix Miller era careta. Em 1985, quando assumiu o posto, Wintour não se impressionou com aquela publicação de vanguarda e suas atitudes indolentes. O seu trabalho era exemplificar o estilo para as mulheres, mas ela não parecia crer que a capital inglesa tivesse qualquer estilo. Nova York era só velocidade e *pare*! Zum e *derrapagem*! Táxis amarelos barulhentos; jovens se apossando das calçadas; um lampejo pétreo de ambição nos olhos de todos. Um exército de moças carreiristas marchando com copos da Starbucks nas mãos. Como uma armadura, elas levavam ombreiras, laquê e esperança, mas precisariam de mais do que isso para abrir caminho nas estruturas corporativas. Wintour estava ansiosa para vestir as mulheres para aquele burburinho nova-iorquino. Em vez disso, teve de começar a entrevistar os funcionários da filial londrina para ver se valia a pena manter alguém.

Ela não demorou para fazer mudanças. O carinhoso apelido Brogue, usado desde o início, foi abolido. Assim como a americana Woolman Chase em sua época, Wintour ficou chocada com os hábitos de trabalho europeus. É de conhecimento público a sua agenda microscopicamente esquadrinhada: Anna Wintour acorda entre as 4 e 5 horas da madrugada e pratica uma hora de tênis antes de ser maquiada e penteada para a entrada diária na *Vogue*, às 8 horas.[13] Na década de 1980, em Nova York, o prédio já estava repleto quando ela chegava. Uma colega de Londres recordou o quão frustrada Wintour se sentiu e comentou: "Sinceramente, não sei como Anna sobreviveu. Não havia uma atmosfera animada, nenhuma determinação, tudo era considerado 'impossível' ou 'Ah, acho que não', e a solução para a maioria dos problemas era 'Hum, vamos tomar um chá.'"[14]

Grace Coddington — que mais tarde ocuparia o alto cargo de diretora criativa na *Vogue* americana — foi uma das poucas a serem promovidas por

174   NOS BASTIDORES DA *VOGUE*

Wintour no Reino Unido. Quando Coddington se tornou diretora de moda, o escritório enfrentou uma renovação completa. As paredes foram pintadas de branco, divisórias de vidro foram instaladas, as escrivaninhas comidas por cupins foram trocadas por mesas Le Corbusier em aço, os carpetes velhos foram arrancados e substituídos por pisos de madeira clara — para combinar com o estilo da nova chefe.[15] Na verdade, este era o plano geral de Wintour: modernizar e americanizar. Acabaram-se as fotografias em castelos. Bye-bye para o *tweed*. As notas inglesas excêntricas foram eliminadas. Os toques de humor sarcástico desapareceram. Nada de devaneios sentimentais. Agora havia repetição e regularidade. Fotografias profissionais *clean* de amazonas musculosas[16] encarnavam a mulher trabalhadora da Grã-Bretanha de Thatcher.

Em seguida houve cortes de colaboradores. Em seu número de estreia, no expediente deixaram de constar dois editores de moda, um editor de casa, um editor associado para matérias principais, um editor de nutrição e o crítico de restaurantes. Pouco depois veio a eliminação de Milton Shulman, crítico de teatro, e de sua esposa, Drusilla Beyfus, editora de reportagens especiais. O crítico de cinema Alex Walker também foi cortado. Eles eram todos amigos da família Wintour e colegas de longa data de Charles Wintour, o pai de Anna, no *Evening Standard*. Ainda que demitir jornalistas que a conheciam desde a infância pareça rude, uma editora que se livre da folha de pagamento do seu antecessor e que traga o próprio time não o é. Wintour seguiu o protocolo consagrado pelo tempo, embora, compreensivelmente, os demitidos tenham ficado furiosos.

Mesmo os que permaneceram não estavam satisfeitos e, para evitar rixas, acabaram se demitindo educadamente. Grace Coddington foi uma dessas pessoas, deixando seu posto em 1987 para ir trabalhar como diretora de estilo na Calvin Klein. Liz Tilberis, outra funcionária sênior, também foi embora. Ela havia sido uma das primeiras vencedoras do Concurso de Talentos *Vogue* de Beatrix Miller e deixara todos tão encantados que foi ficando, tornando-se editora de moda em 1974 e editora de moda executiva em 1984. Inesperadamente, Wintour a havia promovido e aumentado o seu salário, mas a hostilidade do departamento editorial atingiu Tilberis, que não conseguiu lidar com aquilo. Ela contou que, apesar dos benefícios financeiros do regime de Wintour, o seu comportamento era tão desagradável que ela começou a ter ataques de asma nas reuniões da equipe.[17] O

WINTOUR VEM AÍ

modo americano de Wintour trabalhar — mais duro, menos divertido — irritava. Ela implementou sistemas de trabalho inquestionavelmente lógicos do ponto de vista operacional, mas que alienavam a todos. Teria ajudado se ela fosse charmosa e tolerante, mas não era o caso.

No final, Tilberis, que era adorada na *Vogue*, recebeu uma oferta de Ralph Lauren e decidiu aceitá-la. Wintour, por sua vez, estava cada vez mais inquieta, buscando um cargo em Nova York. As ligações para Liberman e Newhouse foram ficando mais frequentes e mais urgentes. Para piorar as coisas, nem a circulação nem a publicidade deram sinais óbvios de melhora, o que fez aumentar o ressentimento, já que a equipe via que o novo sistema punitivo não compensara. Ao mesmo tempo, a imprensa britânica se divertia crucificando Wintour. Esse período da *Vogue* britânica ganhou o apelido de "Wintour do Descontentamento" e "Wintour Nuclear".* A *Private Eye* recebia vazamentos constantes da Casa Vogue e informava alegremente detalhes da folha de pagamento dela e do controle absoluto que queria deter sobre o conteúdo.[18] O designer de joias Tom Binns desenhou um broche que dizia "VAGUE VOGUE VOMIT" [Vago Vômito Vogue] e, segundo boatos, Thom O'Dwyer, editor de estilo da *Fashion Weekly*, usava um. Até o jornal do pai dela, o *Evening Standard*, comentou o seu "hábito de invadir as editorias como se fossem paredes de tijolos, deixando para trás um buraco infernal e um rastro de Chanel".

Wintour estava causando problemas na *Vogue* britânica com uma velocidade tal que Liberman e Newhouse entenderam que precisavam agir rapidamente para não perder sua favorita. Em 1987, decidiram dar a ela a *House & Garden*, depois de dispensar o editor-chefe Louis Gropp em um golpe precipitado. Por ser uma revista de interiores, a escolha foi um tanto obscura, mas ao menos era nos Estados Unidos. Wintour estava farta do exílio em Londres e de lidar com um casamento a distância, o que estava sendo especialmente difícil, já que acabara de dar à luz uma segunda criança. Ainda assim, o seu período na *House & Garden* foi outra edição especial Wintour, pois ela repetiu os mesmos métodos impopulares, com

---

* Uma brincadeira com o nome de Anna Wintour e as expressões "winter of discontent" ("inverno do descontentamento", período de crise econômica no Reino Unido no final da década de 1970) e "nuclear winter" ("inverno nuclear", um efeito hipotético de uma guerra nuclear em larga escala). (*N. do E.*)

demissões em massa, reformulação das práticas de trabalho e a destruição de matérias por encomenda que valiam milhões de dólares.

Ela encurtou o título para um estiloso *H&G*, ajustou o formato e transformou as matérias em cenários de moda extravagantes. Em vez de instalações de residências, as páginas de repente ficaram cheias de modelos de longas pernas. Os críticos desdenhosamente apelidaram o resultado de "House & Garment" [Casa & Vestuário] e "Vanity Chair" [Cadeira da Vaidade]. Os assinantes e anunciantes tradicionais sentiram-se incompreendidos, o que fez as vendas caírem. Mais uma vez o *New York Times* se pronunciou, ridicularizando Wintour por pretender traçar paralelos entre a moda, o design e a decoração.[19] Hoje, isso soa tremendamente avançado, considerando-se o número de marcas de vestuário no lucrativo espaço dos interiores (Missoni, Versace, Ralph Lauren etc.), mas à época não foi bem recebido. O que o artigo nos conta é que o desejo de Anna Wintour de estar na *Vogue* era mais do que sabido, e o autor descreve o seu posto na *H&G* como apenas mais um obstáculo na "cruzada" para se tornar editora-chefe na *Vogue*.

Depois de apenas oito meses, quando Wintour saiu, a *H&G* estava tão depenada que teve de fechar as portas. Não importa. Em junho de 1988, ela foi anunciada como a nova editora-chefe da *Vogue* americana. Para Mirabella, que estava apegada ao posto, o momento foi especialmente amargo. A atmosfera de desconfiança e as punhaladas pelas costas no QG da Condé Nast chegaram ao limite quando um dia, ao voltar para casa, ela encontrou o marido com uma expressão sombria. Ele acabara de assistir na televisão ao anúncio de que Anna Wintour a substituiria. Achando que devia se tratar de um equívoco, Mirabella ligou para os donos da *Vogue*, os quais confirmaram que, de fato, ela havia sido demitida, como a TV anunciara.

Esse tipo de demissão súbita foi a marca registrada de Si Newhouse. Nas décadas seguintes, ele granjeou a reputação de demitir de modo brutal e, às vezes, aparentemente aleatório. Mirabella havia sido editora-chefe por dezessete anos e, no total, trabalhara o dobro desse tempo na *Vogue*, mas agora a sua atuação tinha acabado, e a Condé Nast Publications nunca voltaria a mencioná-la. Para Anna Wintour, a ascensão não fora fácil, mas finalmente ela havia chegado lá.

Capítulo 12

MORRER POR UM VESTIDO
A política na moda e a política fora de moda

Fotógrafos em Paris: arte e erotismo

O trabalho do editor de revista está cercado de prestígio e glória pessoal. Alguns gostam de ver seu nome se tornar célebre em virtude da associação com a *Vogue*. Outros preferem agir como gurus e guias, oferecendo uma plataforma para projetos e pessoas criativas, atuam nos bastidores e nunca ocupam o centro do palco. Francine Crescent, que dirigiu a *Vogue* francesa entre 1968 e 1987, estava na segunda categoria.

Tão discreta que quase nunca dava entrevistas e tão simples que nunca foi matéria da *Vogue* americana, Crescent tinha força de caráter para manter um equilíbrio entre seus empregadores americanos e os anunciantes franceses. Contudo, sua discrição não se aplicava ao modo como se vestia: ela gostava de chocar e compensava seu cabelo loiro conservador com tailleurs amarelo-canário.[1] Mais tarde, ela se casou com Massimo Gargia, um playboy italiano obeso e ex-gigolô. Porém, Crescent é lembrada principalmente como patrocinadora da fotografia de moda.

Sempre houve uma pugna entre a fotografia clássica do produto, que mostrava claramente as roupas para os compradores em potencial, e o editorial atmosférico, que criava um clima e atraía as leitoras para mundos desejados. Cada editor tinha uma opinião sobre o que vendia mais roupas. Um grupo pensava que as fotos dos produtos eram honestas, uma maneira de mostrar às leitoras o que realmente podiam comprar; o outro

178 NOS BASTIDORES DA *VOGUE*

acreditava que as mulheres não compravam pelas roupas em si, mas pelas suas conotações — beleza, classe ou certo estilo de vida.

A força de Francine Crescent estava em escolher os fotógrafos mais talentosos e dar-lhes um nível de liberdade sem precedentes. Com o apoio dela, lendas como Helmut Newton e Guy Bourdin levaram o seu ofício ao nível pleno da arte. Foi uma época em que o poder esteve com os criadores de imagens: Crescent raramente dava orientações; ela se limitava a dizer ao fotógrafo quantas páginas lhe cabiam e o deixava criar o conceito e contratar a equipe. A rédea solta permitiu a Newton explorar os lados mais obscuros da sexualidade e produzir obras com subtons de BDSM, ou *bondage*, submissão, sadismo e masoquismo, com jaquetas jogadas nos ombros, vestidos amassados, arrancados ou ocultos em montagens psicossexuais complexas. Em 1975, por exemplo, ele fez um dos seus editoriais mais famosos, com uma modelo com o cabelo esticado para trás vestindo um terno Yves Saint Laurent de corte masculino.[2] Em uma foto provocativa, outra modelo totalmente nua e de aspecto vulnerável está de pé ao lado da primeira na rua. Geralmente feita em preto e branco sobre couché brilhante, a sua obra estampou melancolicamente *drag kings*, ambiguidade de gênero, *bondage* e fetichismo, e lhe rendeu o apelido de King of Kink, o Rei do Fetiche.[3] Helmut Newton admitiu ter sido influenciado pela chamada idade de ouro do pornô, do final das décadas de 1960 e 1970, mas as modelos odiavam o trabalho e saíam das sessões sentindo-se deprimidas e esgotadas.

A segunda superestrela da *Vogue* francesa da época, Guy Bourdin, se inspirou no surrealismo. O seu modo sugestivo de fotografar sapatos femininos em paisagens ermas, ferrovias ou piscinas vazias criava uma tensão e um suspense estranhos que remetiam a um drama cinematográfico ou à cena de um crime. Mais tarde, Bourdin descartou o corpo feminino e focou em sugestões de violência. Em uma imagem famosa, ele dispôs um par de sapatos cor-de-rosa no chão, junto ao contorno em giz de um corpo e manchas de sangue;[4] em outra, uma sandália de plataforma vermelha está junto a uma tomada que vaza sangue.[5] Essas imagens impressionantes são anúncios de moda perspicazes: os nossos olhos vão diretamente para o produto.

Newton e Bourdin respondiam ao panorama à volta deles, transformando motivos contemporâneos em expressões artísticas. A pornografia

MORRER POR UM VESTIDO 179

estava virando tendência de um modo inaudito e os cineastas haviam percebido o atrativo do uso de material sexualmente explícito para aumentar a bilheteria. De igual modo, o horror e o abuso começavam a surgir nas telas, fascinando as massas em busca de emoções baratas.

Embora Francine Crescent fosse venerada pelo seu apoio ousado à fotografia, alguns editores a menosprezavam. Joan Juliet Buck (que foi editora-chefe da *Vogue* francesa em 1994) fez comentários particularmente desdenhosos em suas memórias, diversas vezes classificando Crescent e a sua revista como banais, frouxas, vazias e sem graça.[6] Buck faz questão de declará-la impopular, alegando que os designers e a equipe detestavam trabalhar lá.[7] Vale ressaltar que Crescent havia dispensado Joan Juliet Buck em uma entrevista de emprego.

De qualquer modo, o ambiente era acolhedor e grande parte da equipe havia crescido junta. Todo descendente de algum aristocrata proeminente, toda ex-musa de artista que se aventurava na alta-costura acabava lá, da neta de Winston Churchill a várias supermodelos iniciantes. Esses grupos tendiam a ser conservadores e inequivocamente franceses, principalmente na esteira do temor nacional da americanização, na década de 1970. As sessões fotográficas ocorriam em hotéis grandiosos e os escritórios ficavam repletos de labradores, cocker spaniels e dachshunds, que dormiam em cestos debaixo das mesas. Em uma França cada vez mais politizada, eles evitavam tomar partido. Quando apareceu uma editora politicamente antenada, ela tirou o foco das preocupações francesas e apostou em uma revista de moda verdadeiramente mundial.

Agitando em Paris: racismo e espiritualidade

Quando há uma oportunidade de esclarecer um erro, Colombe Pringle, autora e ex-editora-chefe da *Vogue* francesa, acha que devemos tentar. Um incidente ocorrido algumas décadas antes envolvendo uma colega escritora e editora não lhe saía da cabeça. "Houve uma espécie de escândalo na França... uma coisa muito chocante", conta.[8] Ela se referia à saída abrupta de Edmonde Charles-Roux da Condé Nast, que se dizia ter sido precipitada porque ela tentava colocar uma modelo negra na capa da revista. Isso tinha

180 NOS BASTIDORES DA *VOGUE*

sido em 1966. "A *Vogue* americana tampouco poria uma mulher negra na capa, nem a *Vogue* inglesa. Naquele tempo a sociedade era assim. Então, no meu primeiro número, pensei em chamar uma mulher negra!"[9] Ela pontua a frase com uma risada estridente e rouca. "Eu ocupava o escritório de Edmonde Charles-Roux, sabe", acrescenta saudosa, "que era um escritoriozinho muito simpático."[10]

Era 1987, mas a atitude de Pringle ainda teria sido considerada radical. Mesmo que quisesse contratá-las, havia uma escassez de modelos negras. Do ponto de vista de quem contrata, fazia sentido comercial ignorar candidatas das minorias, já que a *Vogue* francesa até então não havia exibido uma estrela negra na capa, e provavelmente nunca o faria. Os padrões de beleza só reconheciam a branquitude e a magreza. Com isso em mente, Pringle traçou um plano. Para driblar questionamentos incômodos dos seus superiores e garantir que a mensagem tivesse maior impacto, ela adiou a ideia para o Natal. Desde a década de 1970, a *Vogue* francesa tinha a tradição de chamar um editor convidado para colaborar na criação do número especial de dezembro. Todos os colaboradores da lista eram lendas absolutas: em 1971, foi Salvador Dalí; em 1972, Federico Fellini; em 1973, Marlene Dietrich; em 1974, Alfred Hitchcock. É preciso continuar? As capas trocavam a fórmula de sempre da garota bonita que vende roupas pela *cause célèbre* em questão, o que imprimia ao número de inverno um tom evidentemente culto. Nenhuma outra revista tinha acesso a luminares daquele calibre.

Ciente de que a edição de Natal era a mais importante — tanto em termos publicitários quanto das contribuições icônicas — Pringle imaginou que uma personalidade negra bem-sucedida e poderosa abriria uma espécie de brecha na proibição não explícita de pôr estrelas negras na capa. Como a dama principal, ela escolheu Barbara Hendricks, soprano afro-americana formada na escola Juilliard, que Pringle já conhecia, o que facilitou o contato. "Ela ficou *extremamente* contente, surpresa e honrada", recorda Pringle.[11] A edição foi uma vitória contra o racismo na moda; o fechamento de uma causa bem próxima ao coração de Edmonde Charles-Roux e fonte de uma enorme satisfação para Pringle. Na capa, Hendricks é exaltada na figura de uma deusa imponente, trajando uma roupa ondulante

MORRER POR UM VESTIDO 181

em vermelho e púrpura real.[12] A postura dela é forte, o seu rosto está sério. Ela usa batom vermelho e um toucado cintilante. As letras da *Vogue* atrás dela estão impressas em dourado. Hendricks está majestosa; o seu poder não foi diminuído com sorrisos sem sentido ou roupas da última moda.

Não que Pringle se iludisse pensando que essa edição seria suficiente para normalizar rostos negros nas revistas ilustradas. Para manter a bola rolando, ela e a editora de moda Irène Silvagni (sua cúmplice e amiga, que também viera da *Elle* para a *Vogue* francesa) contrataram Naomi Campbell, de 18 anos, para a capa da edição de agosto de 1988.[13] Os patrões na Condé Nast só deixaram a edição circular quando um grande estilista ameaçou retirar seus anúncios caso Campbell fosse censurada. A moda foi usada como ferramenta política diversas vezes: em solidariedade, nas manifestações, para se aliar a certos grupos. No entanto, o modo como usamos as roupas não está necessariamente ligado aos objetivos da mídia de moda. Esta indústria é mais conhecida por edulcorar as verdades inconvenientes da vida. A moda é uma ilusão para onde gostamos de escapar, mas, e se fosse catalisadora de movimentos sociais, e não apenas um subproduto? O debate sobre se a moda é — ou deveria ser — política continua. Mas devemos recordar as editoras pioneiras na *Vogue* que questionaram o que uma revista de luxo deveria fazer e, às vezes, pagaram caro por isso.

Quando questionei Pringle sobre como conseguiu garantir a participação dos dignitários notáveis que honraram a *Vogue* no Natal, ano após ano, ela parou para pensar. "Eu era muito teimosa", disse por fim, "você precisa ser assim."[14] A edição especial seguinte, depois de Barbara Hendricks em 1987, foi editada pelo cineasta japonês Akira Kurosawa, e para tal ela passou várias semanas "loucas" no Japão.[15] Depois disso, ela chamou Mstislav Rostropovich, o violoncelista virtuoso. Martin Scorcese fez a edição de 1990, e foi mais fácil convencê-lo depois que ele viu o esforço do seu *confrère* cinemático Kurosawa. Pringle considerou "uma sorte" conseguir o pintor e teórico da arte espanhol Antoni Tàpies — ela entrou em contato com ele por meio do filho de Picasso e de uma coincidência envolvendo um ateliê de cerâmica.[16] "Eu simplesmente entrei", explicou, "uma vez que você pega uma ponta, é só ir puxando."[17] É uma lição sobre como usar a teoria dos seis graus de separação em proveito próprio. Em 1992,

182 NOS BASTIDORES DA *VOGUE*

Pringle se superou ao conseguir que Sua Santidade o 14º Dalai Lama fosse o editor convidado.

"O Dalai Lama foi incrível", comentou ela.[18] Curiosamente, a porta para o Dalai Lama foi aberta por uma rede intricada de conexões na elite da indústria da moda. Nicholas Vreeland, neto da deslumbrante ex-editora da *Vogue* americana Diana Vreeland, era amigo íntimo de Pringle e um monge budista tibetano ordenado. Desde que ele se converteu, em meados da década de 1980, e se internou em um monastério, Pringle, o marido e Nicholas cultivavam o hábito de discutir espiritualidade, e o marido dela chegou a passar um tempo na Índia seguindo os ensinamentos do guru de Nicholas. O resultado foi a exposição às práticas da ioga e da meditação antes que estas se popularizassem no mundo ocidental. Com um sinal de Nicholas Vreeland, Pringle e o seu editor, o príncipe Jean Poniatowski, foram encontrar o Dalai Lama durante uma visita deste a Estrasburgo.

Os representantes da *Vogue* francesa se viram em um salão, cercados de monges vestidos de branco e seguidores budistas entoando o "Om". Sentados em duas cadeiras douradas minúsculas, viram o Dalai Lama circular pelo local. Pringle estava no terceiro mês de gravidez e sofreu com o calor e o peso de exemplares de todos os números de Natal editados por convidados nos quais havia trabalhado. Depois de mostrar-lhe esses exemplares, ela fitou Sua Santidade nos olhos e perguntou se aceitaria ser o editor convidado no próximo inverno. A resposta dele foi: "Venham a Dharamshala com cem perguntas."[19] A data que ele marcou era setembro. O primeiro pensamento de Pringle foi: "*Merda*. Em setembro estarei no sétimo mês da gravidez."[20] No final, isso não a deteve. Ela voou de volta ao escritório e anunciou alegremente: "*Conseguimos!*" Em seguida começou um curso relâmpago sobre tudo o que se referia ao budismo tibetano, conversando com monges e inquirindo pessoas sobre o que perguntariam a ele se pudessem. Como uma precaução extra, Pringle convocou a ajuda de Alexandre Adler, um renomado jornalista político na França. "Venha comigo", pediu, "e traga cinquenta perguntas sobre a China!"[21]

Após o longo voo, eles tomaram um trem, deixaram a metrópole fervilhante e foram para as montanhas do vale Kangra. Acompanhando a grávida estavam o editor de arte, o fotógrafo, o amigo Adler e outros colegas,

MORRER POR UM VESTIDO   183

perfazendo um grupo de seis. Eles foram hospedados na casa do irmão do
14º Dalai Lama, uma antiga propriedade colonial denominada Kashmir
Cottage, que Pringle descreve como: "Exatamente igual a Beatrix Potter.
Havia animaizinhos por todo lado e rosas inglesas. Era tão estranho."[22]
Todas as manhãs, eles caminhavam para conversar com o Dalai Lama e seu
círculo de monges. Durante seis dias, o pequeno posto avançado da *Vogue
Paris* fez perguntas sobre liberdade, medo, inimigos, ego, ódio, aborto, mulheres, direitos humanos, política, política, política. Depois, começaram
a entrevistar. Conversaram com o médico dele, tomaram nota dos debates
entre os monges, tiraram fotografias. Pringle encontrou um cartão-postal
em uma loja de suvenires com um retrato kitsch do 14º Dalai Lama sorrindo diante dos picos nevados do Himalaia, com um arco-íris acima da
cabeça. Aquela imagem improvável, que evocava um "Paz e amor" louco,
seria estampada na capa da *Vogue Paris*, bastião tradicional da elegância
imponente e do glamour contido.[23] A última pergunta de Pringle, no último
dia, foi: "Sua Santidade, por que cem perguntas?" Surpreso, ele se virou
para ela e respondeu: "Ah, mas aquilo foi uma brincadeira!"[24]

Pringle não se furta a declarar que usou a *Vogue* como um meio para
explorar temas que lhe interessavam. Quando indago se tinha em mente
os leitores e suas necessidades durante a visita ao Dalai Lama, ela bufa,
zombando: "Não pensei neles *de jeito nenhum*! Não dá para pensar na
audiência da *Vogue* quando se está falando com uma figura espiritual.[25]
Dá para falar sobre beleza — e nós o fizemos — mas é mais profundo que
isso, tem de ser."[26] Embora afirme ter incluído algum conteúdo de moda,
as matérias às quais se refere ainda são reflexivas e meditativas demais
quando comparadas com a mentalidade *Compre! Compre! Compre!* da
maioria das revistas para consumidores. Em um artigo, o seu amigo
Nicky Vreeland tirou a roupa, peça por peça, para ser fotografado pelo
marido de Pringle, que também foi na viagem para o caso de ela entrar
em trabalho de parto.[27] As fotos levaram um título jocoso que pode ser
traduzido por "As regras de beleza de um monge". Ainda que soe imper-
tinente, o texto traz uma visão rica dos hábitos de vestimenta e cuidados
pessoais budistas.

184 NOS BASTIDORES DA *VOGUE*

De maneira geral, as matérias de moda eram mais sobre aprender a estar em paz com o que você possui. Para qualquer seguidor da *Vogue Paris*, aquilo estava flagrantemente fora de lugar em meio à atmosfera reinante de consumo displicente. Nos EUA, o mercado de ações em crescimento produzia os *yuppies*. Uma ligeira retração econômica na Europa não fez nada para amainar a cobiça que fervia a fogo lento naquele momento. As pessoas ainda não estavam largando empregos que detestavam e se tornando instrutoras de pilates; elas clamavam por se tornar agentes de investimentos e acumular bônus. Ninguém havia aprendido a valorizar o estilo de vida em detrimento da renda. Para os que abriram a publicação naquele dezembro com a intenção de ver vestidos de estilistas chiques para o réveillon, as lições do líder espiritual do Tibete devem ter beirado o incompreensível. Contudo, ao descartar o mundo da *Vogue*, Pringle estava brincando com fogo. Ela não era a dona da revista, era uma representante indicada. A sua predileção por tratar de temas extraordinários, acolher as artes e enfrentar sistemas opressivos deve ter deixado os executivos da *Vogue Paris* engolindo em seco.

A gota d'água: Mandela na *Vogue* francesa

Depois do Dalai Lama, virou um problema saber que rumo tomar. "Em determinado momento pensei em Madonna... Michael Jackson teria sido divertido", recorda ela.[28] Qualquer dos dois soa mais provável do que Nelson Mandela, o primeiro presidente negro da África do Sul, a encarnação do antiapartheid, cujo ativismo da vida toda e quase trinta anos de encarceramento culminaram com o Prêmio Nobel da Paz, em 1993. "Era meio doido", diverte-se Pringle. Porém, doido ou não, ela conseguiu o feito sobre-humano e garantiu a colaboração com o próprio Nelson Mandela.

Ela insiste que nunca se considerou política nem pretendeu ser controversa, mas, ao conhecer melhor a história de Mandela, descobriu uma história nacional tão devastada pela exploração que pôs a caneta de lado e voou para a África do Sul.

"Ninguém me ajudou daquela vez, posso lhe garantir", foi o seu resumo. Sobre a reação dos colegas na *Vogue*, ela conta: "Eles tinham certeza de que não ia acontecer. Ficaram com medo."[29] Na África do Sul, Pringle precisou

MORRER POR UM VESTIDO

de muita energia. Era uma tarefa intrépida em um país tenso e em pugna. Aquilo estava a um milhão de quilômetros das coleções nas passarelas e da hora do almoço parisiense. "Eram como campos de concentração, uma coisa aterrorizante. Fiquei muito chocada", recorda.[30] Ela tinha ido visitar as *townships* e viu de perto as terríveis condições habitacionais fruto da angustiante segregação racial. Quando por fim se encontrou com Mandela em Johannesburgo, ela lhe deu um exemplar do número sobre o Dalai Lama e disse: "Eu quero ajudá-lo."[31]

Mandela concordou e Pringle voltou ao hotel para enviar um fax ao QG da *Vogue* francesa, em que descreveu radiante a sua última tacada. Desafiadora, acrescentou uma instrução encrespada: "E eu vi as *townships*, então digam sim ou não AGORA." A alta cúpula francesa concordou, e durante uma semana um minúsculo posto avançado da *Vogue* andou à sombra de Mandela, escrevendo e fotografando pelo caminho. Eles caminharam no mato, visitaram a casa de Mandela, foram a comícios. Na Cidade do Cabo fizeram a edição junto com ele, trabalhando quando ele regressava da sua corrida das 5 horas da manhã. Pringle ficou particularmente tocada com os comícios e comentou sobre a experiência de estar cercada por 50 mil pessoas negras em um grupo de apenas dez brancos: "*Então* você compreende algumas coisas sobre o que é ser uma minoria."[32]

O resultado não é cor-de-rosa. Ele dá destaque a uma matéria sobre Desmond Tutu, o clérigo anglicano ativista, e à pintura de Willie Bester, artista sul-africano cuja obra trata de legado, dignidade humana e responsabilidade governamental. As histórias fotojornalísticas incluem uma matéria intitulada "Violência", em que duas mulheres fogem correndo de um carro que explode.[33] Outra, intitulada "Mandela está livre! Alegria!", exibe um sul-africano saltando no ar com um trompete na mão. Tristeza e comemoração. Dor e vitória. Uma reportagem de 360 graus. Pringle chega ao ponto de apresentar as regras do apartheid em blocos contrastantes de texto em preto e branco. Aquelas leis proibiam que o leite da vaca de um branco fosse misturado ao leite da vaca de um negro. Havia leis proibindo os negros de caminhar à sombra dos brancos pelas ruas. Toda essa crueldade e insanidade chegou à *Vogue*. Para a capa, Pringle contratou o artista Tommy Motswai, nativo de Johannesburgo. Nascido surdo-mudo

186   NOS BASTIDORES DA *VOGUE*

e fervoroso apoiador de Mandela, Motswai chorou de emoção. A sua ilustração tem tons de azul, em uma representação pop art do líder com um sorriso cálido, as mãos unidas em prece.[34] "Não era uma capa para a *Vogue*", admite Pringle.

Quando a equipe regressou a Paris, no meio da Semana de Moda, ela aproveitou a oportunidade e pôs Peter Lindbergh para fotografar as supermodelos *du jour* — entre elas Naomi Campbell, Claudia Schiffer e Yasmeen Ghauri — sorrindo, muitas com dois dedos no alto formando o símbolo da paz. Elas usam camisetas brancas, cada uma com uma letra em preto, e juntas escrevem "NELSON MANDELA".[35] A imagem marcante foi inserida como um encarte dobrável de três páginas no final da edição, que chegou a mais de 250 páginas.

A resposta dos colegas da *Vogue* foi um tanto fria, mas não foi nada comparada à hostilidade gélida das marcas de design. "Um negro comunista *révolutionnaire*?! Na capa da *Vogue*?! Eles queriam suspender seus anúncios", conta Pringle.[36] Como iriam promover gastos extravagantes em presentes de Natal em uma revista repleta de referências à igualdade e com foco em histórias de homens brancos que abusavam do poder? Mais uma vez, Pringle provou ser teimosa. Reuniu-se com a De Beers, os magnatas da joalheria fina, especialistas em diamantes lavrados na África, e lhes disse à queima-roupa: "Ouçam, eu sei que vocês têm usado o povo negro para entrar nas suas minas e buscar os diamantes... mas Mandela *será* eleito."[37] Ela foi direto na jugular. "Naquela época não havia luta contra o racismo. Era *tão* louco. Mas não me arrependo, tenho muito orgulho. Se tivesse de escolher algo de que me orgulho, seria isso."[38]

Na época em que a revista saiu, Mandela foi nomeado para o Prêmio Nobel da Paz. Isso deu aprovação institucional ao tema polarizador da *Vogue* francesa. Em seguida, o *Sunday Times* fez uma matéria sobre o número com Mandela de Pringle, retratando-o como um passo surpreendente, mas recomendável, para uma revista de moda.[39] Em vez de reforçar convicções sobre a capacidade de Pringle, os diretores da Condé Nast começaram a se perguntar se desta vez ela não teria ido longe demais.

Ao ser chamada para uma conversa, Pringle imediatamente reconheceu as vantagens de viver no planeta *Vogue*. O nome *Vogue* era como uma

MORRER POR UM VESTIDO

senha secreta que abria as portas mais impenetráveis. A disposição de chefes de Estado e *prima donnas* a trabalhar com a revista mostra o quão sólida se tornara a sua reputação, mesmo fora da alçada da moda. O artigo do *Sunday Times* sobre o número com Mandela afirma que ele e seus conselheiros políticos haviam concordado em unir forças com Pringle não por acreditarem no luxo, mas devido à apresentação dos fatos pela *Vogue*. A revista era capaz de mostrar um lado diferente da política por meio de imagens bonitas.

Há outra explicação possível para o envolvimento voluntário do Congresso Nacional Africano. A maioria dos jornais tinha agendas claramente de esquerda ou de direita, ao passo que uma revista de moda pode ser mais neutra. Por sua vez, Pringle estava ciente de que talvez nunca mais tivesse a chance de expor a audiência feminina a assuntos correntes que fugissem da bolha parisiense. Como uma ativista subitamente jogada no palco, ela aproveitou o momento. Capitalizou os recursos da Condé Nast sabendo que mais adiante seria pega, que tudo iria acabar. "Talvez eles tenham pensado 'ela não foi feita para essa revista'", diz Pringle, "e eu concordo com eles."[40]

Alguns comentaristas deixam implícito que as fotos editoriais de Pringle eram repetitivas, contudo, os números editados por convidados logo se tornaram itens de colecionador e dobraram a circulação sempre que chegavam às bancas, tendo alcançado 100 mil exemplares.[41] Porém, os que compravam a publicação de dezembro não necessariamente faziam parte da audiência desejada pela *Vogue*, principalmente se a compravam apenas uma vez por ano. Além dos números natalinos, Pringle havia tentado reformular a revista durante sua editoria de sete anos, mudando o tom, dando bastante cobertura à arte contemporânea, aos estúdios de artistas e aos musicistas clássicos. Ela apoiou o trabalho de fotógrafos emergentes de ponta, como Peter Lindbergh, cujo estilo intimista em preto e branco ainda não estava em voga. Mesmo que a história da *Vogue* demonstre que os editores podem ser crucificados por focarem demais na cultura, Pringle continua acreditando que trilhou o caminho certo. "Hoje todos trabalham com artistas, chamam artistas para desenhar bolsas etc. A moda não basta se for apenas moda. Você não pode comprar o tempo todo, você também precisa sonhar."[42]

A editora de moda de Pringle, Irène Silvagni, não trabalhou nos números sobre o Dalai Lama e Mandela. Para os chefões da Condé Nast, as suas fotografias não mostravam claramente as roupas e eles temiam a reação dos anunciantes. Ela foi demitida, embora tivesse sido responsável pela contratação de fotógrafos de alta qualidade, como Paolo Roversi. A abordagem de Pringle não agradava os assinantes, que eram "muito convencionais".[43] No final das contas, especula ela, "acho que alguns leitores devem ter dito algo, porque eu não fiquei na *Vogue*".[44] Em seguida, ela tem um acesso de riso. Não se arrepende de ter sido demitida e, à diferença de outros editores, saiu incólume. Houve um cheque indenizatório suficientemente alto para mantê-la durante um ano, o que lhe permitiu ficar em casa, escrever um livro e passar um tempo com o filho pequeno. Retornou ao jornalismo como editora-chefe do *L'Express*, famoso semanário francês que trata de política. Em sua opinião, a companhia Condé Nast foi "muito elegante" ao tratar a sua demissão.[45] E ela não tem saudade das firulas do mundo da moda.

Capítulo 13

Os "*CONDÉ NASTIES*"
A ascensão dos editores celebridades

"Wintour Nuclear" x "Liz de um milhão de dólares"

O calendário social de Nova York está repleto de vernissages, apresentações teatrais, lançamentos de filmes e eventos beneficentes, mas nada é mais cobiçado do que um convite para o Met Gala. A cada mês de maio, cortinas de um azul crepuscular cobrem a fachada clássica do Museu Metropolitano de Arte (Met) e um tapete vermelho cobre as escadarias. Celebridades vencedoras do Oscar, magnatas, bilionários nerds da tecnologia e supermodelos com olhos de gazela deslizam escada acima lentamente e seus sorrisos ensaiados são imortalizados pelos flashes de centenas de câmeras. Até a imprensa credenciada é obrigada a usar smoking. Essencialmente, a festa noturna de abertura da exibição anual do Instituto de Vestuário, cujo tema é também o das roupas dos convidados, dá a celebridades e estilistas a oportunidade de atrair a atenção de espectadores de toda parte do mundo enquanto tentam superar uns aos outros com suas roupas. As galerias onde ocorre o banquete são decoradas com extravagância. Em 2006, para o tema "AngloMania", o hall de entrada foi transformado em um jardim inglês, com cercas vivas de macieiras, 35 mil narcisos, 12 mil jacintos e um tapete de grama cobrindo o piso.[1] Na gala de 2007, "Poiret: rei da moda", dois pavões vivos em gaiolas de 5,5 metros de altura ladearam a entrada.[2] Em 2015, para "China: através do espelho", uma floresta de 6 mil caules de bambu foi trazida de Porto Rico e do Havaí para forrar as paredes e corredores.[3]

O Instituto de Vestuário é o único departamento curatorial do museu que precisa se financiar e, com ingressos a 30 mil dólares por pessoa, a contribuição do Met Gala é fundamental. Segundo o *New York Times*, o evento beneficente anual já angariou mais de 145 milhões de dólares desde que Anna Wintour embarcou nele permanentemente, no final da década de 1990.[4] A festa surgiu na década de 1940, como um apelo black-tie discreto ao patrocínio. Mas foi Diana Vreeland quem, na década de 1970, tirou a festa dos salões mofados dos hotéis e a levou para o coração do museu, transformando a noite em um acontecimento exclusivo que incluía gente como Andy Warhol, Diana Ross e Cher. A explosão de histórias de sucesso em Wall Street fez o dinheiro sobrante fluir na direção da filantropia, e as instituições culturais eram a última moda. O Met lucrou com a associação com Vreeland e viu chover doações. Anna Wintour capitalizou no terreno aberto por sua antecessora e, sob sua direção, a noite beneficente evoluiu e se tornou um desfile de estilos extravagantes frequentado pela ultraelite. Contudo, até eles têm de ser sancionados por Wintour com antecedência. Presidir o Baile do Met é apenas mais uma maneira de Wintour monitorar e dirigir toda a indústria da moda. As marcas favoritas são promovidas, ao passo que outras podem ser barradas; a cobertura da mídia é supervisionada e jornalistas são vetados. Alguns serão aprovados, outros serão rejeitados. Frequentemente Wintour tem a última palavra sobre quais estilistas vestirão quais convidados. A festa é proveitosa para o Met, mas para a *Vogue* ela vale ainda mais.

Antes de Wintour se tornar a anfitriã de fato, ela era simplesmente uma editora-chefe abordada pelo museu. Eles buscaram o seu apoio para o baile de 1995. Com a morte de Vreeland, em 1989, o Instituto de Vestuário estava tentando sobreviver sem ela, e Wintour agarrou a oportunidade. Contudo, no ano seguinte, em 1996, eles chamaram Liz Tilberis. Assim como Wintour, Tilberis era editora-chefe de uma revista ilustrada famosa, a *Harper's Bazaar*, e havia trabalhado na *Vogue*. Ambas eram britânicas. Ambas eram ambiciosas. Mas, enquanto Wintour só tinha amigos homens, Tilberis ficava amiga de todos. No ano em que foi a anfitriã, ela trouxe a Dior como patrocinadora. O homem que acabara de comprar a marca, o magnata francês Bernard Arnault (que depois criou o conglomerado de

OS "*CONDÉ NASTIES*"

luxo LVMH), pouco antes havia indicado John Galliano como diretor artístico da Dior, em uma jogada proeminente. O *enfant terrible* da alta-costura debutou a sua coleção picante no Met Gala de Tilberis com um vestido em seda no estilo camisola de um azul profundo, debruado de renda preta, que foi usado pela convidada de honra: Sua Alteza Real, Diana, princesa de Gales. Quase todas as fotos que chegaram nos tabloides mostram Diana ao lado de Liz Tilberis, suas cabeças inclinadas como conspiradoras, sorrindo travessamente de alguma piada interna. Aquele par improvável era formado por grandes amigas, e não há nada como trazer uma princesa à sua festa para torná-la memorável. Os elogios que Tilberis recebeu eclipsaram a festa de Wintour do ano anterior, e a antiga relações-públicas de Tilberis comentou que as duas se observavam de perto e tratavam o Met Gala como uma plataforma pessoal.[5]

Poucos recordam a rivalidade entre Anna Wintour, editora-chefe da *Vogue* americana, e Liz Tilberis, então editora-chefe da *Harper's Bazaar*. Elas haviam trabalhado juntas na *Vogue* londrina, dando cabeçadas ou colaborando a contragosto. Porém, quando se mudou para Nova York, Tilberis representou a primeira ameaça real para a crescente influência de Wintour. Como principais editoras das duas revistas, elas eram constantemente comparadas — e a mídia americana fez tudo o que pôde para incitar a disputa, chegando a publicar informações sensacionalistas de brigas imaginárias. Wintour era considerada distante e desagradável. Tilberis era a queridinha de todos. Porém, embora tivessem personalidades totalmente opostas, elas eram suficientemente hábeis para entender que a curadoria das suas imagens aumentava o seu valor. Um perfil público lhes daria maior poder de barganha e possivelmente as protegeria do tratamento desdenhoso recebido por outros no setor da moda. Foi o começo das editoras como celebridades.

Quando saiu de Londres, Anna Wintour havia indicado Tilberis para substituí-la na edição britânica, e esta aproveitou a oportunidade de ser editora-chefe. O seu objetivo era polir o título e deixá-lo em um estado de calma relativa, baseando-se estilisticamente em um ponto entre Beatrix Miller, cuja editoria considerava uma espécie de magia,[6] e a pegada agressi-

192 NOS BASTIDORES DA *VOGUE*

va, hiperamericana de Wintour. Contudo, após alguns anos, o seu trabalho começou a atrair a atenção da *Harper's Bazaar* em Nova York. Eles estavam em uma situação terrível: em meados dos anos 1980, as páginas de anúncios haviam se estagnado e em 1988 haviam caído dramáticos 11%.[7] Por sua vez, na *Vogue* editada por Mirabella, os anúncios ocupavam mais páginas do que em qualquer outra revista mensal nos Estados Unidos.[8] Era uma discrepância enorme entre duas publicações que alguma vez haviam estado quase par a par. Depois, a circulação da *Harper's* caiu tanto que começou a ser superada por novos lançamentos; por isso, a administração precisava agir rapidamente, antes que a revista sumisse totalmente do mercado.

Tilberis foi abordada pela primeira vez em 1991 e, em uma série de reuniões sigilosas, altamente secretas, em que foi arrastada para dentro e para fora de aviões como uma clandestina para evitar que a mídia os flagrasse, ela fechou um acordo com a Hearst, a companhia-mãe da *Harper's Bazaar*. Tilberis queria a mudança e queria um desafio. Como editora-chefe da revista estaria de volta à mesma cidade que Wintour, mas em outra equipe. Talvez sabendo que isso causaria alvoroço, talvez jogando para a plateia, Tilberis resolveu debutar em Nova York na maior festa que Anna Wintour já deu: a comemoração do 100° aniversário da *Vogue*, em 1992.

Wintour estava presidindo o evento black-tie na Biblioteca Pública de Nova York, usando um vestido marfim sem mangas, desta vez sem os óculos escuros. Para ela, aquele era um momento de clímax, a sequência de péssimas editorias da *Vogue* britânica e da *House & Garden* havia terminado e ela assumira o seu lugar de direito na *Vogue* americana. Já há alguns anos na editoria, era claro que estava a caminho do sucesso. O icônico número Especial do 100° Aniversário pôs dez modelos na capa,[9] todas catapultadas para a fama com a ajuda de Wintour, inclusive Christy Turlington, Naomi Campbell, Cindy Crawford, Claudia Schiffer e Linda Evangelista. Fotografadas por Patrick Demarchelier, elas vestiam jeans e camisas sociais brancas. Dizem que é o número da revista que mais vendeu até hoje.

Contudo, quando a festa chegou às manchetes, ela teve de compartilhar os holofotes com Liz Tilberis, que usou o evento para anunciar a sua entrada súbita no salão VIP da moda. O mundo esperou que as garras surgissem

OS "CONDÉ NASTIES"

e as reportagens rapidamente foram tomadas por um frenesi. Por um lado, isso se devia à antiga inimizade entre a *Vogue* e a *Harper's Bazaar*. Por outro, estava ancorado no fato de Tilberis e Wintour serem oponentes perfeitas. Tilberis estava prematuramente grisalha e usava um corte pixie, batido na nuca e assimétrico, Wintour tingiu o cabelo de castanho chocolate e usava o corte bob. Tilberis era cheinha, Wintour era angulosa. Tilberis era sorridente e acessível, Wintour era emburrada e distante. Uma matéria dizia: "Uma é comparada à nobreza, a outra às babás. Uma compra coleções de alta-costura, a outra vai à GAP. Uma usa o correto tamanho 4, a outra um 14 de livre pensadora. Uma é fria, a outra é conversadeira. Uma é invejada, a outra é querida. Uma é conhecida como a rainha. E a outra está atrás da sua coroa."[10]

Uma foto das duas editoras na festa de aniversário da *Vogue* mostra Tilberis de preto com o cabelo branco, Wintour de branco com o cabelo preto. A legenda diz:

> Conheça as oponentes. À esquerda, em um terno Chanel, está Elizabeth Tilberis. Recém-chegada da Inglaterra, em breve ela comandará a *Harper's Bazaar*. Ao lado, em um vestido Geoffrey Beene, está Anna Wintour, imperatriz da *Vogue*. Suas armas: sorrisos forçados. O campo de batalha: as páginas ilustradas. E, claro, o espólio: a coroa do mundo da moda. Tilberis é a grande esperança da Hearst. Wintour, respaldada pela Condé Nast, nunca teve uma forte competidora. A rivalidade entre elas acaba de começar.[11]

Certamente é verdade que, no terreno das lembranças, muitos colegas gostavam de Tilberis tanto quanto detestavam Wintour. Grace Coddington contou que era "bem divertido trabalhar com ela, era uma daquelas garotas inglesas alegres que gostam de uma brincadeira".[12] Scott Baldinger, membro da equipe da *Harper's Bazaar*, a via como a versão sonhada da mãe protetora,[13] e para o fotógrafo Bruce Weber o seu encanto era tão contagiante que "podia fazer você pular de alegria".[14]

No entanto, no final dos anos 1980 e princípio da década de 1990, Wintour representava o que estava na moda. Garotas carreiristas elegantes, com corpos bem magros e atléticos. A mensagem de Mirabella "vista-se para o sucesso" da década de 1970 fora substituída por um novo erotismo sob o lema da saúde e da consciência corporal. A primeira capa de Wintour foi inovadora.[15] O número de novembro de 1988 trazia uma foto em plano médio da modelo Michaela Bercu andando despreocupadamente pela rua, os olhos franzidos em um grande sorriso natural, os cachos loiros balançando ao vento. Uma nesga da sua barriga aparece entre o jeans desbotado de 50 dólares e o suéter de 10 mil dólares de Christian Lacroix, encrustado com joias.[16] Foi um desvio tão grande dos closes de estúdio com os cabelos perfeitamente arrumados que a gráfica ligou para saber se havia algum erro. O número causou sensação ao chegar às bancas; até então, ninguém havia misturado roupas caras e baratas em um "look". Era descolado, sexy, o mais "da rua" que a *Vogue* viria a mostrar.

Wintour seguiu rompendo padrões ao estampar na capa celebridades no lugar das modelos — a começar por Madonna.[17] Foi o prenúncio do desenvolvimento do culto à celebridade. As "personalidades da moda" estavam se tornando um conceito conhecido, da "turma do poder" de Nancy Reagan aos atores adolescentes de Hollywood. Os recém-famosos eram acessíveis em programas de TV como *Lifestyles of the Rich and the Famous* [Estilos de vida dos ricos e famosos] e tabloides como *People*. Eles expunham suas vidas, abrindo um novo canal de vendas para as marcas. Se Kate Moss usava Calvin Klein, então, na mente da consumidora, era possível ser como ela usando Calvin Klein também. Wintour sabia tirar proveito desse desejo e guiá-lo para o êxito comercial.

A primeira capa de Liz Tilberis para a *Harper's Bazaar* foi o exato oposto da estética de Wintour — uma foto de Linda Evangelista com o cotovelo sobre um olho em um body preto bordado. Há um amplo espaço branco e a manchete solitária: "Entre na era da elegância".[18] Era tão distinto da abordagem da *Vogue* que a mídia pôde manter acesa a narrativa da rivalidade. Imediatamente a revista teve um aumento de venda impressionante. A jogada de Tilberis reestabeleceu o caráter artístico da *Harper's Bazaar*, uma publicação repleta de produtores de imagens notáveis. Um modo óbvio de criar a identidade de uma revista é manter consistência nas capas, então Tilberis garantiu a continuidade do sentido da elegância pura.

OS "*CONDÉ NASTIES*"

Porém, para preencher sua nova propriedade, ela precisava de talento, e os melhores dentre os melhores pertenciam à *Vogue*.

Quando ela começou a sondar fotógrafos e modelos da *Vogue*, a Condé Nast Publications rapidamente emitiu instruções. Quem trabalhasse com a *Harper's Bazaar* nunca mais receberia outra proposta de qualquer *Vogue* em qualquer país. Certa ocasião, Tilberis voou a Paris, ansiosa por pressionar o fotógrafo Peter Lindbergh para assinar um contrato. No aeroporto encontrou Si Newhouse, que tivera a mesma ideia. Ela conseguiu Lindbergh e Patrick Demarchelier, mas não conseguiu assinar com Steven Meisel, que recebeu 2 milhões de dólares para permanecer na *Vogue*.[19] Tilberis havia trabalhado com Wintour e sabia como usar as suas fraquezas contra ela: Wintour queria o controle, ao passo que os fotógrafos queriam liberdade criativa. Eles eram atraídos com a promessa de que poderiam se expressar. Aquelas guerras de apostas, em que cada editora consistentemente cobria a aposta anterior, tiveram um preço que espantou os proprietários. Diz-se que as duas estouraram seus orçamentos na casa dos milhões.[20] Por mais que fossem distintas, elas tinham semelhanças. Ambas eram editoras--chefes ambiciosas de revistas lendárias.

Cada número da *Vogue* tinha de ser perfeitamente arquitetado. A cada mês havia uma espécie de declaração, sempre resultando em drama. Graças a Wintour, agora as produções adquiriram uma escala épica. "Tudo aqui é uma grande história", disse o britânico Nicholas Coleridge, diretor administrativo da Condé Nast, ao *New Statesman*. O artigo descreve causticamente a lista da Condé Nast como publicações que exploram "o estilo de vida dos insanamente ricos".[21] Na mídia, nenhuma publicação mainstream tinha algo positivo a dizer. Uma coluna que cobriu a festa do 100° aniversário da *Vogue* americana descreve debochadamente os convidados como "viciados em citações"[22] — e "*Condé Nasties*"* se tornou uma expressão popular para designar qualquer um que trabalhasse na corporação. Era irritante que desperdiçassem tanta energia e dinheiro em algo tão irrisório enquanto o país vivia a recessão do início da década de 1990.

---

* Um trocadilho com o nome da empresa (Condé Nast) e o adjetivo *nasties* ("detestáveis"). (*N. do E.*)

196 NOS BASTIDORES DA *VOGUE*

Em entrevista durante a New York Fashion Week de 1992, Tilberis expressou surpresa com a publicidade recebida.[23] Em Londres ninguém sabia o seu nome; nos Estados Unidos ela era parada nas ruas. À medida que a moda adquiria importância nos anos 1980 e com as celebridades convertidas em um fenômeno na década de 1990, os editores de revistas inesperadamente foram parar sob os holofotes. Tilberis estava vivendo o começo daquilo. Devido aos seus esforços hercúleos, em 1993 a *Harper's Bazaar* recebeu dois Prêmios Nacionais de Revistas; no entanto, no final do seu primeiro ano, ela foi diagnosticada com câncer de ovário. Tilberis seguiu insuflando vida na publicação, embora a sua vida estivesse se encaminhando para o fim. Ela passou por sessões intermináveis de quimioterapia com layouts e provas fotográficas no colo. Tilberis faleceu em abril de 1999.

Quando o seu cargo na *Harper's Bazaar* estava sendo anunciado, ela disse aos repórteres que a *Vogue* era uma competidora forte.[24] A ideia de competição revela o desejo de ganhar de todos até o fim do jogo. Em um obituário surpreendentemente comovente na *Vogue*, Wintour também fala da competição e a exalta como o fogo que havia levado ambas a darem o melhor de si. É o que ela mais lamenta com a morte de Tilberis, chegando a mencionar repetidamente que "Liz era uma forte concorrente e, mesmo estando terrivelmente doente, lançou um número que nos surpreendeu" e "eu... sentirei falta da sua formidável competição".[25]

Competição na mídia ilustrada

No panorama da mídia havia outras complicações. Na verdade, no mundo altamente competitivo das revistas ilustradas americanas havia quatro, e não duas, revistas de moda, e todas tentavam se ajustar. A oferta maior do que a demanda e concorrentes que pareciam ter surgido da noite para o dia deixavam o pessoal da Condé Nast insone. Em 1985, a francesa *Elle* entrara no mercado causando furor. A sua abordagem leve e informal da moda lhe granjeou uma circulação de 800 mil em questão de meses, superando a *Harper's Bazaar*, que ainda não tinha sido renovada por Tilberis.[26] Em 1992, esse número subiu para 935 mil, atrás apenas da *Vogue*

OS *"CONDÉ NASTIES"*

(que continuava sendo a mais vendida, com uma impressionante circulação de 1,2 milhão).[27] Ainda assim, a ascensão da *Elle* incomodava. Aquilo tinha sido rápido demais. Quando a *Harper's Bazaar* começou a ganhar de ambas, a Condé Nast entrou em estado de alerta. Então houve o problema da *Mirabella*.

Quando Grace Mirabella, a editora-chefe antecessora de Wintour, foi despedida, ela, apesar da rejeição da *Vogue*, não deixou de ser uma especialista no setor e era dona de uma lista de contatos quentíssima. Rupert Murdoch a procurou para lançar uma revista concorrente, intitulada *Mirabella*. Dirigida a mulheres ligeiramente mais velhas e com um tom sofisticado e sério, ela surgiu nas bancas em 1989. Embora tivesse a menor fração de mercado, com uma circulação de apenas 400 mil,[28] *Mirabella* era a publicação mais respeitada, tanto pela mídia quanto pelos leitores. Nem Grace Mirabella, nem a sua revista enfrentaram as censuras, zombarias e críticas que todos os demais enfrentaram. O outro problema com *Mirabella* foi que ela absorveu uma quantidade enorme de profissionais treinados na *Vogue* nas áreas editorial, de arte e redação, já que muitos da equipe haviam saído para seguir a líder em sua nova aventura. A briga pelos orçamentos publicitários se acirrou em 1992, ano que ficou marcado como o da grande "arrumação".[29] As predições sobre quem cairia fora da corrida eram quentes e rápidas. Muitos pensavam que seria a *Mirabella*, por ser a menor jogadora, mas ela era a favorita e ninguém queria apostar no seu fim. Alguns diziam que a *Harper's Bazaar* estaria morta em um ano se Tilberis não se empenhasse. Os perdedores seriam eliminados daquela competição encarniçada e os vencedores seriam coroados.

Como líder de mercado, tecnicamente a *Vogue* não tinha muito a temer. Isso não impediu que ondas de choque abalassem a administração. Alexander Liberman agora havia se tornado um tsar cultural.[30] Ao alimentar a personalidade esquisita de Si Newhouse, o bilionário dono da Condé Nast Publications, ele acumulou um poder imenso na corporação. Em 1962, havia convencido o patrão e pupilo a descartar o estilo Newhouse usual de administração. Em vez de dar o controle criativo aos editores-chefes de cada revista, todos passariam a responder a um diretor editorial. Liberman se autodesignou para o papel de controlar e homogeneizar todas as publicações da Condé Nast. No início da década de 1990, ele tinha 80 anos e era soberbo, seguro de si, rápido, difícil e ardiloso. Ele ainda mandava, lado a lado com Si Newhouse, o qual reconhecia que a estrutura da companhia era "descomplicada".[31] Ela consistia em Newhouse, o dono, Liberman, o diretor editorial, e Bernard Leser, o presidente. Uma trindade de homens velhos produzia anualmente milhares de revistas dirigidas a mulheres jovens.

Newhouse foi um líder inseguro que só evoluiu ladeado por Liberman como seu *consigliere* e que dependeu de pesquisas de mercado, estatísticas e enquetes para se informar sobre os seus leitores. Porém, à medida que foi ficando à vontade na cadeira de diretor, ele passou a desenvolver o que o escritor Thomas Maier designou "O Conceito Newhouse".[32] Este defendia os resultados financeiros em cada elemento da produção das revistas, o que significava que *tudo* tinha de aumentar seus lucros. Então, na superfície a Condé Nast publicava belos livros de arte repletos de fantasia. Porém, sob tudo aquilo a mensagem aos leitores não era o estilo, mas: "COMPRE". Hoje chamamos isso de "publicidade nativa".

Não tardou muito para os anúncios se converterem em *advertorials* e a colocação de produto se tornar algo normal nos editoriais, apagando o limite entre campanhas de RP e matérias genuínas. Hoje vemos isso em toda parte, mas nas décadas de 1980 e 1990 foi recebido como uma manipulação indecorosa dos consumidores que diminuía a credibilidade da *Vogue* em prol de lucros financeiros. Durante anos, a Sociedade de Jornalistas Profissionais dos Estados Unidos rejeitou essa abordagem "híbrida";[33] contudo, para Newhouse, Liberman, Wintour e outros chefes da Condé Nast, a ética tinha ficado tão datada quanto os espartilhos. Até aqui a competição havia sido fora da *Vogue*. A competição interna era muito mais acirrada e insidiosa.

A família Newhouse, que ainda é dona da Condé Nast Publications e, portanto, da *Vogue*, é um enigma. Si Newhouse herdou o brilhante conglomerado do pai e entrou nas publicações de luxo na meia-idade. Ele tinha uma inclinação inata pelo sigilo. Contratava parentes, recusava-se a responder perguntas sobre a sua vida, aparentemente pagava o salário de editores famosos com diversas contas bancárias de diferentes subsidiárias da holding Newhouse.[34] A sua necessidade de extrema privacidade era tal que

OS "CONDÉ NASTIES"

ele chegava ao escritório antes do amanhecer e andava de meias para que não o ouvissem. Mais de uma pessoa — dos biógrafos à ex-discípula Tina Brown — o chamava de "imperador Augusto".[35] Ele era o soberano, o benfeitor, a palavra final. A Condé Nast era a sua Roma Clássica.

Estima-se que na década de 1990 a fortuna pessoal da família Newhouse era de 12 bilhões de dólares. Nessa era dourada da vida sob o teto dos Newhouse, os editores podiam esperar salários de seis dígitos, além de carros, motoristas e mordomias, como tratamentos de beleza e jantares diários em restaurantes. Quando Wintour trabalhou na *Vogue* britânica, a companhia cobriu todas as visitas que ela fez ao marido em Nova York, viajando de Concorde. A ajuda de custo para roupas oscilava entre 25 mil e 50 mil dólares anuais. Segundo um boato, quando um editor não gostava do arranjo do seu escritório, Newhouse contratava um mestre em feng shui para rearranjá-lo.[36] As viagens ao estrangeiro subsidiadas incluíam estadia em hotéis cinco estrelas. Como um incentivo para que se tornassem proprietários, os funcionários recebiam ofertas de hipotecas sem juros. Para quem estava de fora, os *"Condé Nasties"* eram criaturas ridículas e mimadas. Ícones do excesso. Porém, o dinheiro gasto com eles não era um total desperdício: para o círculo de representantes se enturmar com a elite social, esse tipo de investimento saía mais em conta. Em Nova York, você tinha Donna Karan e Donald Trump, os Rockfeller e os Rothschild. Para os editores fazerem as amizades necessárias naquele meio, era preciso mais do que ser convidado para uma festa. Mais tarde, muitos lamentariam não ter percebido como aquilo era bom; o estilo de vida era como um empréstimo. Assim como podia estender a sua generosidade, Si Newhouse podia cortá-la, e a câmara de execução da Condé Nast era tão movimentada quanto a contabilidade dos gastos.

Si Newhouse tinha um estilo para demitir que se tornou uma lenda. Ele atacava de repente e sem contemporização. Em um perfil de 1990, a revista *Time* chegou a apresentar uma lista fotográfica das cabeças de editores cortadas por Newhouse.[37] A revista *New York* também publicou uma linha do tempo de funcionários descartados com o título "O solstício da demissão".[38] Uma dessas demissões, com consequências trágicas, foi a de Margaret Case, editora de sociedade desde a época de Edna Woolman

Chase. Após mais de quarenta anos no posto, um dia ela entrou no seu escritório e encontrou homens retirando os seus pertences. Foi um insulto do qual nunca se recuperou. Ela se suicidou atirando-se da janela do seu apartamento na Park Avenue... uma saída geralmente considerada mais digna do que a que fora forçada a fazer pela porta de Si Newhouse.

O medo da guilhotina contribuiu para criar uma atmosfera incômoda em meio à chuva de dólares e aos cartões de presente da Barneys. Isso fazia os chefes de departamento se perguntarem com frequência: "Estamos tendo resultados suficientes? A administração ficará satisfeita?" Embora claramente motivado pelos lucros, Si Newhouse tinha seus favoritos, cujos crimes fiscais eram perdoados. Wintour, por exemplo, não parece ter sofrido sanções por afundar a *House & Garden*. Muitos afirmam que ele se preocupava profundamente com o status e amava o luxo. Mas Grace Mirabella havia triunfado na *Vogue* tornando-a acessível. Quais eram as regras exatamente? Para manter-se na dianteira, era preciso identificar e assumir algumas estratégias de Liberman-Newhouse. Segundo Tina Brown, outra superestrela da Condé Nast, a "competição controlada" era a pedra angular.[39] Isso significava que as brigas internas eram constantes nos bastidores, alimentadas e insufladas quando necessário; acreditava-se que isso fazia a equipe trabalhar com mais afinco. Anna Wintour tinha Liz Tilberis como adversária fora da Condé Nast. No seio da companhia, sua rival era Tina Brown, que havia ressuscitado a *Vanity Fair* em 1983.

Outra queridinha de Newhouse, à primeira vista Brown era assustadoramente parecida com Wintour. Ambas eram do Reino Unido, de famílias privilegiadas, estavam na casa dos 30 anos, casadas com homens respeitáveis de mais idade. Tina Brown, uma loira autoritária, havia causado sensação na Inglaterra como editora da *Tatler*. A sua marca era mesclar conteúdos de cultura geral e cultura letrada, podendo uma coluna de fofocas sobre Goldie Hawn figurar ao lado de um ensaio político investigativo sobre Gorbachev. Não era totalmente diferente da mistura de moda cara e barata de Wintour — ambos os tratamentos foram considerados radicais. Assim como Wintour, Brown podia ser "fria" e "cortante".[40] A diferença principal parece ser que Wintour tinha uma presença silenciosa e quieta, ao passo que Brown era escandalosa e presunçosa.

OS "CONDÉ NASTIES" 201

A imprensa gostava de opor Wintour a Brown, como fazia com Wintour e Tilberis. Manchetes do *New York Times*, do *Chicago Tribune* e do *Washington Post* tratam desses dois símbolos[41] da fortuna das revistas de Newhouse. A mídia discutia a "invasão britânica" das publicações americanas, usando Wintour, Tilberis e Brown como exemplos. Um perfil na revista *Spy* trazia a manchete: "Como as publicações americanas foram tomadas por gente com sotaques charmosos e dentes ruins."[42] Ao agirem como inimigas, Wintour e Brown atendiam aos patrões, à mídia e às massas curiosas. Diariamente elas almoçavam no mesmo lugar, em mesas diferentes.

Tanta atenção dada à personalidade das editoras teve seus efeitos colaterais. Elas granjearam fama como representantes das revistas que chefiavam, porém, devido às suas personalidades enérgicas, terminaram por eclipsar as próprias publicações com suas auras. As revistas se tornaram personificações de Brown e de Wintour. A *Vogue* foi modernizada em uma versão elegante, esportiva, sexy e inteligente de si mesma; a *Vanity Fair* era fofoca e alta cultura, corajosa, cerebral, forte. Porém, embora parecesse ser claramente a favorita na Condé Nast, surfando no enorme êxito da *Vanity Fair*, Brown não era tão hábil em bajular Newhouse e Liberman quanto Wintour. À medida que o tempo passava, o sorriso de Brown foi adquirindo um aspecto maníaco no seu panteão de amigos célebres, enquanto, nos bastidores, Wintour ia deixando a sua marca. Quando Liberman chegou aos 80 e poucos anos, a especulação sobre quem o sucederia alcançou níveis ensurdecedores.

Em janeiro de 1994, a companhia nomeou o britânico James Truman, um garoto prodígio de 35 anos, como substituto de Alexander Liberman no cobiçado posto de diretor editorial. Os jornais permaneceram estranhamente calados diante disso. Ninguém se interessou em expor o fato de que um homem recém-chegado e relativamente inexperiente tivesse sido promovido em detrimento de duas mulheres, cada uma com quase duas décadas a mais de experiência do que ele. Wintour aguardaria a próxima oportunidade, mas Brown, que tinha ido para a *New Yorker* em 1992, perdeu prestígio e acabou como mais uma baixa da Condé Nast.

Capítulo 14

Viciada na *Vogue*
Uma lenda admonitória da Condé Nast

Uma americana na *Vogue Paris*

Era preciso restaurar a ordem na *Vogue* francesa. Mais uma vez, uma edição importante havia saído dos trilhos: Colombe Pringle havia produzido edições natalinas demagógicas e deixado as páginas de moda definharem, sem cuidado e sem amor. Aquilo era inaceitável na capital da *haute couture*; a editora da *Vogue* francesa tinha de acalmar, persuadir, encantar e convencer as grandes casas de alta-costura, seguir o jogo dos egos da moda. Pringle não estava interessada no circuito bajulador, que envolvia um frenesi interminável com o envio de flores para o escritório por RPs espertos, nem nos presentes das marcas importantes ou mesmo menores, para animar *gentilmente* a revista a apresentá-las sob uma luz favorável, tampouco nos tratos amigáveis fechados em tons melosos nos restaurantes mais estilosos. O trabalho da Condé Nast era encontrar alguém mais disposto a ser receptivo na cidade dos fashionistas.

Seria sensato encontrar alguém que já estivesse no rol de pagamentos, e Joan Juliet Buck fazia parte do reino de privilégios inimagináveis da *Vogue*. Ela nascera rica o bastante para ser contratada com um salário tipicamente baixo pela *Vogue* britânica e trabalhava para a companhia há tempo suficiente para estar familiarizada com os executivos. Oferecer-lhe a editoria da *Vogue* francesa era mais seguro do que apostar em um recém-chegado, cuja lealdade poderia estar em outra parte.

204   NOS BASTIDORES DA *VOGUE*

Filha de um produtor de cinema de Hollywood e sua esposa supermodelo, Buck era uma garota americana criada em um palácio rosado nos arredores de Paris. Durante a infância, grandes como Lauren Bacall e Peter O'Toole eram convidados para jantares e sua primeira grande amiga foi Anjelica Huston. Aos 17 anos ela conheceu Tom Wolfe, que fez dela o tema de um ensaio intitulado "A vida e os tempos difíceis de uma adolescente da sociedade londrina". Ela se mudou para Nova York para ficar perto dele e largou a faculdade para se tornar colunista da *Glamour* com apenas 20 anos. Dali em diante a sua carreira deslanchou.

Buck trabalhava muito, prolífica e internacionalmente, muitas vezes com gigantes do jornalismo. Ela se tornou editora dos artigos principais na *Vogue* britânica aos 23 anos, depois foi correspondente da revista *Interview* de Andy Warhol, correspondente da *Women's Wear Daily* em Londres e em Roma, editora associada da *London Observer* e editora colaboradora da *Vogue* americana, da *New Yorker* e da *Vanity Fair*. Aqueles anos inebriantes de alvoroço e encantamento foram repletos de viagens aéreas, festas delirantes, casos amorosos experimentais. Ela teve um romance com Donald Sutherland. Leonard Cohen lhe propôs fugir com ele. Amigos da vida toda incluíam Jackie Kennedy, Yves Saint Laurent, Hélène Rochas, Karl Lagerfeld. Basta dizer que as páginas das suas memórias são generosamente apimentadas com histórias sobre gente proeminente das elites social, da moda, da política e do entretenimento em vários continentes; elas estão tão coalhadas de nomes que parágrafos inteiros correm o risco de parecer uma lista. Apesar de ter nascido em um círculo rarefeito, o seu êxito se deve tanto ao talento quanto à sorte. Buck era — e ainda é — uma escritora de sucesso, versátil e divertida. A *Vogue Paris* deu-lhe a oportunidade de explorar mais amplamente a criatividade e o seu estilo excêntrico.

Em 1994, Joan Juliet Buck assinou contrato e se comprometeu com uma nova rotina como editora-chefe da *Vogue* francesa. Ela teria de agradar à família Newhouse, focada nos lucros. Também teria de lidar com uma equipe indomável e nada receptiva, e aprender a demitir e contratar. Buck tinha certa implicância com Francine Crescent, a editora-chefe anterior que havia se recusado a contratá-la, e com frequência fazia comentários sobre o seu comportamento insosso e descompromissado. Agora, como

VICIADA NA *VOGUE* 205

um mal necessário, Buck precisaria cultivar um sorriso com cara de pôquer, o único escudo ante uma avalanche de RPs, novas e antigas marcas, agências de modelos, fotógrafos emergentes ou fotógrafos famosos, redatores, estilistas e qualquer um que a reconhecesse como editora-chefe da *Vogue* e a acossasse por isso.

Buck já havia recebido uma oferta para esse cargo. O editor da *Vogue* francesa, o príncipe Jean Poniatowski, a convidara para almoçar no Maxim's em uma época em que aquilo não era elegante. Ela estava vivendo em uma boemia cuidadosamente construída, aceitando encomendas freelance e trabalhando em romances. À noite, participava de jantares intimistas com intelectuais sofisticados. Ela podia usar alta-costura emprestada quando quisesse graças às suas conexões e estava satisfeita escrevendo artigos regulares sobre a cultura francesa para a *Vogue* americana e a *Vanity Fair*. Ela declinou a oferta do príncipe.

Anos depois, de volta a Nova York, uma série de acontecimentos difíceis na vida pessoal e a desilusão contínua com a ostentação desmedida do seu mundo começaram a incomodar. "Eu vivia de um prazo de entrega recheado de adrenalina que durava a noite toda a outro, igual",[1] escreveu. "Rezei para que acontecesse algo para me livrar do ciclo infernal de redigir perfis para comprar vestidos novos e usá-los em festas velhas."[2] Quando Liz Tilberis deixou a *Vogue* britânica, Buck ligou para Si Newhouse pedindo o posto. Ele já estava ocupado. Newhouse se mostrou surpreso com o seu interesse pela edição, ao que ela respondeu que estava desesperada para sair de Nova York.[3] A mensagem deve ter acertado o alvo, já que pouco depois Anna Wintour entrou em contato para lhe dizer que receberia uma ligação de Jonathan Newhouse, presidente da Condé Nast International.[4] Marcaram uma reunião, e Buck pediu que lhe enviassem o equivalente a um ano da *Vogue Paris*. Ela passou a noite no quarto do hotel lendo por alto, criticando e cobrindo as páginas de anotações.[5] Quando encontrou Jonathan Newhouse, ela insistiu em que uma das maiores fraquezas da revista era o estilo pornô suave de Helmut Newton, com suas fotos impregnadas de sexo. Em sua opinião, as mulheres deveriam ser tratadas com mais respeito.[6] Seguiram-se seis meses de silêncio até que Newhouse ligou oferecendo-lhe a posição de editora-chefe.

206 NOS BASTIDORES DA *VOGUE*

Assim como outros subitamente jogados sob os holofotes de uma editoria da *Vogue*, Buck ficou chocada com a realidade do trabalho. Havia obstáculos por toda parte. Para começar, ela teve de afastar a antiga equipe e formar outra, problema para o qual Jonathan Newhouse recomendou uma solução curiosa: pescar em outras publicações da Condé Nast.[7] Assim, o diretor de arte Donald Schneider veio da *Vogue* alemã, ao passo que as editorias de moda incluíram as queridinhas de Paris — Carine Roitfeld e Delphine Treanton, que estavam na *Glamour*. Aquelas alianças cambiantes provocaram efeitos colaterais. A equipe francesa desconfiava dela e trazia à tona furtivamente o fato de que era americana, insinuando que não tinha o direito de ensinar nada às francesas. Eles suspeitavam que ela fosse uma espiã de Anna Wintour. Dirigiam-se a ela em inglês, embora ela fosse fluente em francês.

Deram-lhe uma sala entulhada e de segunda classe, e por dias ninguém conseguia achar uma cadeira para ela, forçando-a a pairar desconfortável sobre a escrivaninha. Essas esnobadas se somaram à tarefa gigantesca de reorganizar uma publicação e, como era de se esperar, Buck cometeu erros. Um diretor de arte que ela planejava demitir passou dias desaparecido e, no final, ela teve de mandá-lo embora sem cerimônia, cercados de gente em um lance de escadas — um *faux pas* terrível, dizia a fofoca, que deixou patente a má-educação dos americanos.[8] Outro incidente seria cômico se não tivesse sido agressivamente usado contra ela. Buck queimava palitos de incenso de cedro no escritório, na intenção de limpar o espaço das energias ruins, quando apareceu um executivo de recursos humanos que sentiu o odor no ambiente e deu indiretas de que alguém andava fumando baseado no prédio.[9] Constrangida, Buck não admitiu ter acendido o incenso; achou que estavam reunindo motivos para se livrar dela antes mesmo de começar.

Enquanto isso, como sempre, o talento era autocentrado e egos tinham de ser massageados. Buck relata incidentes cansativos com Mario Testino, que precisava ser constantemente confortado e tinha a tendência frustrante de sentar-se à sua mesa, não importa o quão ocupada ela estivesse, insistindo em dizer que ele era o epítome da *Vogue*.[10] Como o orçamento da *Vogue* francesa era pequeno, nem os fotógrafos estrelas podiam esperar grandes honorários, e em vez disso as pessoas eram persuadidas, bajula-

VICIADA NA *VOGUE*

das e tratadas como deuses, já que de certo modo faziam um favor a Buck. Depois, havia a constante campanha de presentes e propinas das *maisons* de Paris, que soltavam beijos no ar, seguravam as mãos dela e a elogiavam, mas por trás espalhavam boatos. O riacho borbulhante de más vibrações que fluía nos corredores envenenou as relações e alimentou uma atmosfera tóxica. Em meio a tudo isso, Buck tinha de produzir uma revista a cada mês. A sua vida privada se desmanchou. Como tantos outros editores, ela só se lembra do ciclo de trabalho constante, dos dias de dezoito horas. Ela se recorda que durante anos desmaiava semimorta no final do dia, despertava poucas horas depois e começava tudo de novo.[11]

Escândalos que abalaram o mundo da moda

Parte do motivo para a editoria de Buck ter tido um começo tão complicado era a sua nacionalidade. Dos cerca de 27 países que editam a *Vogue*, só em Paris a revista levava o nome da cidade, e não o do país.* Paris se considera não só a capital da França, mas a capital da moda, e sempre protegeu o seu status como a casa da alta-costura.

O país também é reconhecido por sua rica culinária e os vinhos excelentes, a bela língua e a literatura clássica. Há outras particularidades culturais, dentre elas outra instituição parisiense: *la conversation*. No século XVIII, discussões eloquentes floresciam nos cafés, salões e residências privadas. A inteligência rápida, as frases elegantes e um amplo conhecimento geral demonstravam a educação do falante e podiam significar inteligência. Isso não é tão irrelevante hoje em dia como poderia parecer. A filosofia é uma disciplina obrigatória no currículo francês e ensina os estudantes a cultivarem o pensamento desde cedo. A postura da França é — e sempre foi — que a capacidade de envolvimento crítico é uma marca de civilidade. O resultado é a imagem autoconsciente de Paris como centro da cultura erudita e dos parisienses como produtores inatos de refinamento. De modo similar à própria *Vogue*, em teoria Paris representa o melhor do melhor. Na prática, as restrições dessa câmara de ressonância há muito tempo ha-

---

* Em 2021, isso foi modificado. Hoje, a *Vogue* francesa se chama *Vogue France*. (*N. do E.*)

208 NOS BASTIDORES DA *VOGUE*

viam enrijecido qualquer originalidade, deixando os parisienses isolados em seu esnobismo.

Paradoxalmente, foi Buck quem restaurou a personalidade da revista, imprimindo-lhe um semblante muito mais autêntico da identidade francesa. A essência da expressiva beleza natural e da despreocupação que definiam o chique parisiense estava ameaçada. O país vivia um período de polarização política, em que a fidelidade a partidos de direita ou esquerda dividia as pessoas. Buck percebeu que, antes da sua chegada, a *Vogue Paris* tinha tentado pairar acima das rivalidades, concentrando-se na lingerie como algo politicamente neutro. Os blazers e as saias lápis eram constrangedoramente conservadores; os jeans de grife e os surrados casacos Burberry eram marcas dos socialistas chiques.[12] Qualquer tipo de roupa parecia carregado de conotações; então, as páginas de moda simplesmente desvestiram as modelos. Observando os números anteriores a ela, Buck achou que aquela era uma *Vogue* mais densa, ilustrada e volumosa que qualquer outra; brilhante e elegante, mas praticamente vazia.[13] Ela resolveu que sua missão seria transformar a sua *Vogue Paris* na encarnação da França, um reflexo das grandes realizações do país.[14]

O primeiro número produzido por ela, em setembro de 1994, foi uma ode às francesas, "La femme française".[15] A capa era uma declaração de simplicidade. Com um terno de alfaiataria preto, a modelo escultural tem os cabelos pretos em uma nuvem espessa e sorri para o leitor. Não mais o rosto fechado, o S&M. A atriz Kristin Scott Thomas é tema de uma reportagem, há horóscopos engraçados, peças de vestuário fazem par com o "tipo" de mulher francesa ao qual são associadas. Os turbantes eram para Simone de Beauvoir, os tênis eram Jane Birkin, os colares de pérolas eram Chanel, os sutiãs *push-up* eram Brigitte Bardot etc. Cartazes da capa de setembro foram dependurados nas laterais das bancas por toda a cidade e, segundo Buck, o número superou as vendas anteriores, embora com certa frequência alguém fizesse um comentário malicioso ou risse inexplicavelmente ao ver o tema.[16] Só muito mais tarde disseram a Buck que o título "La Femme Française" havia sido interpretado como um chamado à extrema direita e que a capa lembrava uma propaganda do partido Frente Nacional.[17] Terminou ali a sua tentativa de neutralidade política.

VICIADA NA *VOGUE* 209

Com dezembro chegando, Buck precisava começar a pensar no importantíssimo editor convidado. Contudo, depois de Nelson Mandela escolher alguém era praticamente impossível. No final, ela decidiu abolir os números natalinos com editores convidados. Em vez disso, fariam o número na casa, com vários colaboradores, planejando-o lado a lado com os fotógrafos, quando possível.

O tema ambicioso escolhido para dezembro de 1994 foi "Cinema".[18] No miolo, eles traçaram a história do filme, desde os irmãos Lumière, e transformaram obras-primas campeãs de bilheteria em histórias de moda. Buck conseguiu criar um frenesi animado na equipe. Thierry Mugler concordou em enviar a fantasia de um robô metálico que havia usado certa vez em um desfile, mas ela foi apreendida pela alfândega dos Estados Unidos. O fotógrafo Enrique Badulescu e um editor conseguiram tirar fotos ilegalmente na estação Grand Central. Depois, descobriram que o filme da máquina havia velado, por ter sido acidentalmente exposto ao sol. A equipe recriou as Bond Girls em peles brancas e parodiou filmes, indo do thriller de ficção científica *Blade Runner* ao drama opulento de Jean Renoir *A regra do jogo*, com Isabella Rossellini fotografada por Mario Testino. Buck afirma que quando mostrou o resultado a Si Newhouse em Nova York ele ficou impressionado.[19] São palavras dela.

As edições a cargo de Joan Juliet Buck pulsam com um tom divertido. Como os melhores editores, ela tinha um jeito instintivo de pensar fora da caixa, reformular ideias antigas e fazê-las faiscar novamente. Porém, parece que era constantemente prejudicada pela má sorte e complicações desconcertantes. O número do Natal de 1995 comemorou os 75 anos da *Vogue Paris* com material nostálgico dos arquivos;[20] no entanto, enquanto celebravam o passado, Buck e a editora americana Gardner Bellanger mantinham reuniões secretas com advogados a respeito do futuro de cada uma.[21] Havia uma grave crise econômica na França e as revistas estavam desaparecendo. A *Vogue* tentava pôr as mãos nos recém-desempregados com boa reputação. Eles também discutiam quais dos seus podiam estimular a sair, sem demitir diretamente.

Circularam rumores de que a *Vogue Paris* seria uma das muitas baixas da crise. Não foi, mas outras quatro publicações da Condé Nast na França

210 NOS BASTIDORES DA *VOGUE*

desapareceram, inclusive a *Glamour*. Buck, Bellanger e outros funcionários seniores tentavam parecer contentes, para que os anunciantes não se sobressaltassem e suspendessem os anúncios.[22] Quando uma tempestade era amainada, vinham ventos frios de outra direção e nuvens escuras voltavam a se formar no alto. A rotatividade incessante de funcionários tornava mais difícil manter o sistema em funcionamento. Depois, havia o problema de que a *Vogue* americana sempre tinha prioridade. Se de repente decidissem que queriam um vestido, uma entrevista com uma celebridade ou um fotógrafo que a *Vogue Paris* já estivesse usando, a equipe francesa era obrigada a abrir mão dos seus planos e recomeçar do zero.[23]

Em dezembro de 1996, Buck tratou do tema música, tentando imprimir à *Vogue Paris* um pouco da inovação da cultura *rave* dos anos 1990, mas falhou.[24] Em setembro de 1997, ela encomendou uma entrevista com Madame Claude, uma notória cafetina, naquela época com 70 e poucos anos, que havia inventado o termo *"call-girl"*, porque costumava enviar as moças diretamente aos clientes, em vez de manter um bordel.[25] Atendendo apenas os altos escalões, suas garotas eram treinadas na fala e nos modos, aprendiam a jamais usar perfume, para que não aderisse às roupas dos homens, e levavam uma peruca para o caso de não terem tempo de ir ao cabeleireiro antes de um encontro. Depois daquele número atrevido, Buck ouviu várias propostas sussurradas ao seu ouvido por conhecidos que subitamente se perguntavam se ela estaria interessada em orgias ou em clubes de sexo.

Na virada do milênio, Buck estava reunindo ideias para o número de dezembro de 1999-janeiro de 2000. O tema escolhido foi física quântica.[26] O resultado é um experimento fascinante. Um vestido Paco Rabanne de escamas plásticas é usado para emular as primeiras vértebras; a fotografia de uma jaqueta de crocodilo Ralph Lauren simboliza o primeiro réptil; e um vestido de deusa da primavera assinala a chegada do *Homo sapiens*. Eles fotografaram o jardim quântico do paisagista Charles Jencks, brincaram com temas de clonagem e ilusões ópticas. Contudo, mais uma vez, aquele foi um caso de um passo adiante, dois passos atrás. Em entrevista ao *Wall Street Journal* sobre o número com a ciência como tema — oficialmente intitulado "Arquivos do futuro" —, perguntaram-lhe se tinha amigos es-

VICIADA NA *VOGUE* 211

tilistas em Paris. Distraída, Buck fez um comentário desdenhoso que não caiu bem e Paris falou mal dela pelas costas mais uma vez.[27]

Naquela altura, a circulação paga havia dobrado, de 60 mil para 120 mil, desde que ela assumira o cargo, em 1994.[28] As vendas de publicidade entre 1998 e 1999 aumentaram 16%.[29] Ainda assim, o trabalho de Buck não estava ficando mais fácil. Mario Testino foi embora e outras pessoas da equipe se demitiram. As páginas de moda ficaram insossas e depois azedaram, porque a estilista estrela Carine Roitfeld também havia ido embora. Buck tinha bossa para questões cerebrais e divertidas, escolhendo temas vastos, do teatro à ciência. O perigo era que depois de um tempo isso pudesse parecer um artifício e frustrar os anunciantes, que só queriam ver suas roupas exibidas de um modo normal. Os problemas de Buck se agravaram quando ela entrou em conflito com a editora Gardner Bellanger.

Quando assumiu como editora-chefe, Buck trouxe com ela outra nativa americana residente em Paris, Gardner Bellanger. Esta era editora associada na Europa da *Vogue* americana; ela era competente, pragmática e sabia se virar na Condé Nast. No início, as duas se uniram, nadando contra a corrente e se apoiando diante dos muitos tropeços no caminho. Sobre esse período, Buck escreveu: "Havia dias em que parecia que Gardner e eu estávamos de pé, as costas unidas, lutando contra os inimigos com espadas de lâminas largas."[30] Contudo, com o passar dos anos, tal proximidade começou a se esvair. Elas apontaram as espadas uma contra a outra.

Em 1999, Bellanger foi promovida a presidente da Condé Nast França, e parecia que o poder lhe subira à cabeça. Buck tinha começado a sair com um banqueiro intransigente, o melhor amigo de Jonathan Newhouse. O novo relacionamento lhe deu a falsa sensação de segurança de que a lealdade da companhia estaria com ela. Infelizmente, essa autoconfiança fez os atritos com Bellanger se acirrarem. Houve portas batidas com violência, xingamentos em altos brados e até chantagens e ameaças. Aquilo era insustentável.

Quando encontrou Jonathan Newhouse antes da próxima coleção de Milão, Buck estava novamente sozinha. Ela devia saber, como sempre sabemos nessas situações, que o ex contaria aos amigos detalhes do seu romance fracassado — o que não é fácil quando um dos confidentes mais

212 NOS BASTIDORES DA *VOGUE*

próximos dele é o seu patrão. O encontro entre Newhouse e Buck foi breve: Newhouse disse a ela que tirasse um período sabático. Dois meses. Buck se recusou. Newhouse insistiu. Queria que ela passasse um tempo no Arizona, supostamente em terapia, antes que o posto de editora-chefe fosse oficialmente entregue a outra pessoa. Surpresa e confusa, ela perguntou o motivo, ao que Newhouse replicou que não queria que ela terminasse como uma das suas editoras londrinas, morta em 1995 de uma overdose de cocaína após uma orgia. Buck ficou estarrecida. Ela não usava drogas — ela nem bebia — e Newhouse sabia. A temporada de reabilitação forçada supostamente seria uma transição para tirá-la do trabalho e, talvez, seria usada para decidir o que fazer com a *Vogue Paris* enquanto ela estivesse longe e fora de contato. Newhouse alertou que recusar seria o equivalente a uma demissão, e ela perderia a indenização. Buck precisava do dinheiro, principalmente porque era responsável pelo pai idoso e maníaco-depressivo.

Em Cottonwood, um centro de tratamento nos arredores de Tucson, o desodorante Guerlain de Buck foi confiscado devido ao seu conteúdo alcoólico, e ela fez exames de urina e sangue.[31] No dia seguinte lhe disseram que precisava ir embora, pois os exames haviam dado negativo, mas ela insistiu em que tinha ordens de ficar. Mesmo escondida em meio a viciados e suicidas que gritavam em público dia e noite, Buck soube de fofocas desagradáveis do seu antigo mundo.[32] Circulavam rumores em Paris de que ela havia esmurrado Bellanger nos desfiles de Milão — aquilo começou como uma piada, porque Bellanger havia injetado demasiado preenchimento nos lábios, mas fofoqueiros que não a tinham visto acreditaram na história. Outro rumor dizia que ela havia sido flagrada com seringas em cima da mesa — eram frascos de água marinha que recebera de um spa na Itália para equilibrar seus eletrólitos após as refeições. Houve até o boato de que ela e Bellanger eram amantes, o que Buck atribuiu ao seu corte de cabelo curto.[33] Enquanto isso, Newhouse continuava sem explicar por que ela tinha de passar um período em reabilitação, e o seu próprio advogado duvidava de tudo o que ela dizia.[34]

Enquanto frequentava grupos de apoio onde não tinha razão para estar, Buck teve a epifania de que era viciada na *Vogue* assim como seus colegas internos eram viciados em cocaína.[35] De repente, a vida glamourosa com

VICIADA NA *VOGUE*

seus belos benefícios não passava de uma droga para a sua mente.[36] Ainda que possa haver espaço para uma discussão filosófica sobre a moda como "droga", a ideia de uma profissional cosmopolita balbuciando aquilo para uma sala repleta de gente com problemas de dependência de substâncias pesadas não parece algo muito sincero, embora ela tivesse passado por um verdadeiro suplício. A Condé Nast e seus representantes haviam sido cruéis, manipuladores, desdenhosos. Uma carta de Jonathan Newhouse enviada quando ela estava na reabilitação tem um tom paternalista e acusatório: "Escrevo-lhe como seu empregador e como um amigo que se importa muito com você... Espero que você tenha um estilo de vida saudável e não se comporte de modo a colocar em risco a sua saúde física e mental. (Sei que você fuma e aceito isso.)"[37]

No entanto, o tempo passava. Um novo editor assumiu em Paris. Bellanger foi flagrada conspirando nos bastidores, sendo despedida em 2002. O moinho da fofoca seguia. No final — o mais inacreditável de tudo — Buck voltou a escrever para a *Vogue* americana. Reconciliação? Necessidade financeira? Carência de orgulho próprio? Ou talvez exista algo verdadeiro na teoria sobre a droga. A revelação de Buck de que "o luxo é uma droga" tem certo mérito, e sua história é como uma lenda admonitória para aqueles obcecados com a riqueza e o glamour. A sua vida acolchoada no coração da *Vogue*, cheia de suítes de hotéis cinco estrelas e alta-costura, precisava ser paga. O trabalho era difícil, debilitante e exaustivo, mas terminar em uma instituição de reabilitação porque você queimou incenso de cedro e brigou com uma colega é loucura. Talvez a história dela deva ser lida como uma fábula moderna e resumida no antigo ditado "nem tudo o que reluz é ouro". Ainda assim, Buck não havia aprendido a lição.

De volta aos Estados Unidos, ela jurou que usaria a sua polpuda indenização para permanecer longe da ação, mas após um período tranquilo no Novo México ela voltou para Nova York. Aos poucos começou a aceitar ofertas de trabalho de Anna Wintour, primeiro um tanto culpada e depois, quando a recessão apertou, com gratidão. Em dezembro de 2010, ela recebeu uma incumbência bastante incomum: entrevistar a primeira-dama da Síria, Asma al-Assad. Sem ver relação entre a ditadura do Oriente Médio e a moda, Buck questionou o editor responsável pela encomenda,

214 NOS BASTIDORES DA *VOGUE*

que supostamente vendeu a matéria como uma oportunidade instigante de conversar sobre cultura e museus com a elegante primeira-dama nascida na Inglaterra.[38] Curiosa para conhecer as ruínas de Palmira e achando que seria uma oportunidade única, ela aceitou o trabalho.

O resultado da viagem foi uma matéria melosamente elogiosa intitulada "Uma rosa no deserto", que descreve, em tons de reverência deslumbrada, a beleza, o charme, a juventude, o magnetismo e a energia da esposa do ditador.[39] A Síria é pintada como o lugar mais seguro no Oriente Médio e Asma al-Assad é descrita como uma ex-executiva de um banco de investimentos cuja nova missão era salvar as crianças sírias.[40] Em fevereiro de 2011, a matéria apareceu na página on-line Vogue.com; em março, ela saiu impressa na *Vogue* americana, em um número intitulado "Poder". Naquele mês tiveram início revoltas na Síria, como parte da Primavera Árabe, trazendo à tona a verdade sobre um regime repressivo, conhecido principalmente por corrupção extrema, massacres e tortura de crianças... um regime liderado pela família que a *Vogue* acabara de apontar como "tremendamente democrática".[41]

O público ficou chocado e atônito com a estranha entrevista com a esposa do assassino, e a Condé Nast foi alvo de uma enxurrada de críticas inéditas. Em maio a matéria havia desaparecido do portal web e pouco depois foi emitida uma desculpa oficial. É bem complicado encontrar cópias da entrevista, já que a *Vogue* trabalha com afinco para remover rastros da gafe, embora diversos blogs continuem a republicá-la. Porém, a repercussão mais forte atingiu Buck, e não a corporação. Instada a comentar o escândalo quando este veio à tona, ela estava no escuro, pois as decisões haviam sido tomadas em reuniões nos altos escalões, às quais não tinha acesso.[42] Ela aguentou uma torrente de ódio on-line e, no final do ano, o seu contrato com a companhia foi rescindido.[43] A associação com a *Vogue*, que durara cerca de quarenta anos, teve um final constrangedor.

Em um longo artigo para a *Newsweek* com o título original de "A sra. Assad me tapeou", Buck tenta contar o seu lado da história.[44] Ela admite ter sido crédula e ingênua, ter tido o desejo de visitar a Síria e não ter percebido quanta pesquisa precisaria ter feito para se preparar.[45] Infelizmente, isso ainda deixou perguntas sem resposta. Buck alega ter sido seguida durante a

VICIADA NA *VOGUE*

viagem, mas não explica por que nunca questionou isso; tampouco parece ter se perguntado por que a sua entrevistada nascida na Grã-Bretanha se casaria em uma família responsável pela morte de milhares. O artigo da *Newsweek* expõe uma escritora acostumada a dar um tratamento edulcorado aos seus entrevistados sem maiores considerações. Buck passa a imagem de alguém fora do ar e se apresenta claramente como vítima do gerenciamento cruel da Condé Nast. Ela admite que não devia ter aceitado o trabalho e obviamente sente-se traída pelos patrões, que, em vez de assumirem a culpa, a demitiram. Buck pagou um preço enorme pelas décadas deslumbrantes que passou na *Vogue* — pois nada na vida é de graça.

Capítulo 15

A SURPRESA DIGITAL
Alvoroço, reestruturação, franquia

A mídia ilustrada e a internet

Muita coisa aconteceu desde 2000, quando contemplávamos a aurora do novo milênio. Uns poucos adivinharam o que vinha pela frente. Todos sabemos sobre Bill Gates e a Microsoft, Jeff Bezos e a Amazon, Steve Jobs e a Apple, mas, para a pessoa comum, o mundo on-line era território desconhecido. A internet nasceu na década de 1990; então, no início do ano 2000 a web ainda estava na primeira infância. A rapidez com que se desenvolveu desde então nos mostrou que fomos testemunhas de um momento único na história. A internet vem provocando efeitos infinitos e de longo alcance no modo como vivemos, muito mais do que imaginávamos ser possível, e um dos seus pilares é a interconectividade.

O Facebook surgiu em 2004, o Twitter em 2006, o Instagram em 2010. O modo como nos comunicamos tornou-se complexo com as tecnologias *smart* e com o lançamento do iPhone em 2007 e do iPad em 2010. Hoje em dia todos levamos computadores no bolso. Na produção de moda, o progresso na manufatura significa que as roupas podem ser feitas mais rapidamente e com um planejamento mais curto. Com a internet, elas também podem ser vendidas e enviadas à velocidade da luz. Isso fica mais evidente com o surgimento do varejo eletrônico. A Net-a-Porter foi criada por Natalie Massenet em 2000 como uma loja on-line que vendia indumentária de ponta. A ASOS, que produz barato para o mercado de massas, surgiu no mesmo ano. Ninguém pôs muita fé no modelo — por que compraríamos roupas sem poder vê-las nem experimentá-las? —, no entanto, em fevereiro de 2014 a Net-a-Porter teve um faturamento de 500 milhões de libras, com 6 milhões de usuários mensais.[1] A ASOS faturou pouco abaixo de 770 milhões de libras em 2013, com 9,1 milhões de consumidores ativos no final de 2014.[2] A maneira como os consumidores compram roupas, vasculham as liquidações e descobrem novas marcas mudou para sempre. E se as marcas conseguem formar seguidores on-line e vendê-las por meio das mídias sociais, como ficam as revistas ilustradas? Hoje, os ciclos de impressão já estão defasados quando a tinta seca na página e, por isso, cada vez mais, os anunciantes estão desviando orçamento da mídia tradicional para investir nos influenciadores.

Em consequência, a sigilosa indústria da moda foi obrigada a se abrir e, pela primeira vez, permitir o acesso dos consumidores aos bastidores. O fotógrafo de moda Nick Knight teve um papel importante nisso ao fundar SHOWstudio, em 2000. Ele percebeu o potencial do meio digital e quis desafiar a comunicação da moda ampliando o círculo da acessibilidade. O SHOWstudio apresentou alguns dos primeiros vislumbres sobre as operações cotidianas, como dirigir um estúdio, fazer uma coleção e os detalhes práticos das sessões fotográficas; tudo para ajudar a acelerar um intenso período de desmistificação da moda.

Dentre os seus experimentos no SHOWstudio, alguns dos favoritos são "Moving Fashion",[3] uma série que reexamina as roupas em filmes de curta duração ao invés das imagens fixas, e "The Sound of Clothes",[4] que foca nos ruídos produzidos pelas roupas. São videoclipes estranhamente simples e hipnóticos. SHOWstudio.com teve uma abordagem inovadora das possibilidades criativas da tecnologia, embora mais tarde tenha incorporado publicidade — decisão que costuma assinalar as prioridades comerciais sobre as artísticas. A plataforma continua oferecendo imagens experimentais de moda e painéis de discussão, indicando que Knight pretende seguir na cruzada para democratizar a indústria. A sua invenção do "filme de moda" foi depois adotada como algo básico pelas revistas e marcas. O resultado é que agora qualquer um, em qualquer lugar, pode se sentir parte do mundo da moda de uma maneira até então impossível.

A SURPRESA DIGITAL 219

Se existia competição entre as mídias sociais e os métodos alternativos de falar da moda, isso foi só o começo. Outra maré vinda do nada para eclipsar a mídia ilustrada foram os blogs. A primeira guinada ocorreu em meados da década de 2000, e a mídia tradicional não lhe deu a menor bola. Em 2004, Bryan Yambao, um desenvolvedor da web filipino, lançou Bryanboy; em 2005, Kevin Ma debutou com Hypebeast; em 2006, Susie Lau entrou na esfera com Style Bubble. Por um tempo, ninguém reparou naquelas vozes periféricas que inspiravam empatia e entusiasmo, que se fotografavam posando pelas ruas, babavam com coleções que só podiam ver em fotos e sonhavam em vestir. Em 2008, o *New York Times* afirmou que a *Vogue* ainda detinha o monopólio dos orçamentos publicitários do luxo. Porém, em pouco tempo alguém teve uma ideia: os blogueiros adoravam moda, tinham milhares e até milhões de fãs fiéis e queriam desesperadamente fazer parte da indústria. As marcas podiam descartar as revistas e ter acesso à audiência pretendida por intermédio desses novos indivíduos... estratégia que viria a abalar o lugar das revistas como árbitros finais do estilo.

A virada veio na forma de uma nativa de Chicago com rosto de fada. Alguns recordarão o alvoroço quando a blogueira Tavi Gevinson, de 13 anos, foi levada de avião a Paris para assistir ao desfile da Dior e irritou editores experientes e entendidos em moda ao bloquear a sua visão da passarela ostentando um arco com um laço enorme no alto da sua figura diminuta. Gevinson começara a expor suas ideias on-line aos 11 anos e é amplamente considerada a porta-bandeira da geração blogueira. Muitos jornalistas se decepcionaram com esse exercício de RP arriscado, temendo que a sua longa experiência fosse descartada em troca de algumas linhas escritas na internet por uma criança. Ainda assim, Gevinson continuou aparecendo nas primeiras filas dos desfiles, ladeada por realezas da moda, e em 2010 chegou a ser convidada pelo Conselho de Designers de Moda da América (CFDA) para ser jurada de um prêmio.

Apelidada de "sabem-de-nada",[5] essa geração entrou de boa vontade na cena, levada por publicitários famintos determinados a promover suas marcas a qualquer custo. Junto com os prodígios pubescentes, surgiu um novo vocabulário. O que contava agora era: visibilidade, conversão de consumidores, engajamento, número de seguidores, cliques diários, anúncios associados. Hoje, os blogueiros são recrutados por representantes da indústria e sentados ao lado de gente como Anna Wintour nas semanas internacionais de moda. Antes crianças folheando revistas em seus quartos com um entusiasmo desbragado e compartilhando suas ideias em fóruns, os blogueiros se tornaram empresários em miniatura e embolsam pagamentos vultosos por postagens patrocinadas em parceria com varejistas médios e de luxo. Em meados dos anos 2010, a animosidade crescente dos porta-vozes da mídia profissional contra os blogueiros explodiu nos confins dos escritórios e vazou à vista do público. Em uma campanha raivosa, diversos funcionários seniores da *Vogue* atacaram o fenômeno blogger durante a Semana de Moda de Milão, em 2016. A tensão vinha aumentando havia um bom tempo, e o conventículo da Condé Nast atacou.

A diretora de criação digital Sally Singer escreveu: "Aviso aos blogueiros que são pagos para trocar de roupa, a cada hora, da cabeça aos pés: por favor, parem. Busquem outro negócio. Vocês estão prenunciando a morte do estilo."[6] Sarah Mower, principal crítica da Vogue.com, acrescentou que eram "patéticas essas meninas, quando você vê quantas vezes as desesperadas andam de cá para lá fora dos desfiles, no trânsito, arriscando-se até a um acidente, na esperança de serem fotografadas".[7] Isso continua. Segundo Nicole Phelps, diretora da Vogue Runway, não era apenas "triste para as mulheres que se arrumam para as câmeras em roupas emprestadas, mas era angustiante também ver tantas marcas participando".[8] As garras mais afiadas tinham de ser as de Alessandra Codinha, editora de notícias de moda na Vogue.com, que classificou as aparições pagas como "constrangedoras", acrescentando: "Mais do que a celebração de algum estilo verdadeiro, parece que se trata de chegar, parecer ridícula, posar, sacudir-se no assento verificando as respostas na mídia social, correr para fora, mudar de roupa, recomeçar."[9] Ela chegou a dizer que procurar estilo entre as blogueiras de moda era "como ir a um clube de strip-tease em busca de romance. Certamente tudo está no mesmo campo, mas não chega nem perto da coisa verdadeira."[10]

Palavras fortes por todo lado, mas quem pode condená-las? É irritante ver que você trabalhou durante anos aprimorando o seu ofício e, de re-

A SURPRESA DIGITAL 221

pente, é substituído sem cerimônia por gente que você considera diletante e que espera fazer dinheiro fácil, e é desagradável principalmente porque os blogueiros não são mais "outsiders", eles foram sugados pelo sistema. Originalmente eles atraíam audiências como "pessoas de verdade". Mas o seu lugar como a "voz da verdade" está comprometido. Os blogueiros evoluíram como canais de venda com diversas vertentes, como influenciadores e *vloggers*, todos sempre comerciando, moralmente indistinguíveis das revistas que publicam artigos patrocinados por marcas comerciais. Para a *Vogue*, as plataformas baseadas na internet significam uma diluição do foco.

Por volta da primeira década do século XXI soou o alarme de que a mídia impressa estava morta. As revistas ilustradas não tinham lugar nesse admirável mundo novo. Em pânico com o encurtamento do limiar de atenção, muitas publicações adotaram uma abordagem editorial *drive-thru*, na tentativa de competir com o digital. Com seu volumoso portfólio de publicações de luxo, a Condé Nast já tinha visto o suficiente para se preocupar, e em 2009 contratou a McKinsey & Company para pesquisar suas holdings uma por uma e encontrar os culpados pela hemorragia da fortuna dos Newhouse. Apareceram artigos sarcásticos com títulos arrogantes como "Condé Nast, McKinsey e a morte dos sonhos sem fim"[11] e "Condé Nast contrata a McKinsey, funcionários em choque".[12] Obviamente, os observadores — particularmente de outros meios — queriam ver a corporação sofrer. Infelizmente, a McKinsey alimentou isso ao produzir um relatório que à época foi amplamente recebido como um dos mais mal-educados que se pudesse imaginar, zombando dos consultores da administração para demonstrar que não entendiam nada de mídia. *The Atlantic* conseguiu pôr as mãos em um rascunho do primeiro relatório e o reproduziu satisfeita, o que causou ruído entre jornalistas e leitores:

No interesse da interconectividade vertical e do máximo impacto, gostaríamos de compartilhar algumas observações/questões iniciais com vocês. Esperamos que não pareçam óbvias demais:

O papel dos redatores no processo de produção da revista parece merecer um escrutínio. O que eles fazem? Por que há tantos deles?

(...)

4. A companhia já considerou empregar a World Wide Web como uma plataforma para as suas revistas?[13]

Contudo, por mais hilária que possa parecer a sugestão de que redatores são desnecessários em uma revista, isso está se tornando cada vez mais realidade. Lentamente, a palavra escrita está dando lugar ao videoclipe, ao GIF e aos memes virais. Os blogueiros, antes insultados, vêm sendo contratados como parte permanente das equipes ou para produzir colunas regulares. Se a McKinsey não conseguia entender por que as revistas precisavam de redatores, tampouco tentou entender por que empresas editoriais precisavam de revistas. Naquele ano, ela propôs aos Newhouse cortar quatro títulos, para reduzir despesas. Desde então houve diversas outras baixas nos impressos, da *House & Garden* a *Portfolio*, *Glamour* e *Teen Vogue*. A política de expansão constante da Condé Nast de repente deu marcha a ré.

Entre 1975 e 2010 foram lançadas outras doze edições da *Vogue*: *Vogue Brasil* em 1975, *Vogue Alemanha* em 1979, *Vogue Espanha* em 1988, *Vogue Coreia* e *Vogue Taiwan* em 1996, *Vogue Rússia* em 1998, *Vogue Japão* e *Vogue México* em 1999, *Vogue Portugal* em 2002, *Vogue China* em 2005, *Vogue Índia* em 2007, *Vogue Turquia* em 2010. Em pouco tempo, o lançamento da *Vogue* em uma economia emergente se tornou uma espécie de barômetro do estado financeiro do país: quanto mais rica se tornava a nação, mais provável era que a *Vogue* entrasse no mercado. Tão logo uma classe média em ascensão era identificada na Rússia, após o colapso da União Soviética, ou na Turquia, com o crescimento econômico, a *Vogue* entrava para atrair a riqueza recém-acumulada. Embora desde então o ritmo dos novos lançamentos tenha diminuído, novas edições continuaram a surgir, como: *Vogue Países Baixos* em 2012, *Vogue Tailândia* e *Vogue Ucrânia* em 2013, *Vogue Arábia* em 2016, *Vogue Polônia* e *Vogue Checoslováquia* em 2018, *Vogue Hong Kong* em 2019 e *Vogue Singapura* em 2020.

A Condé Nast não replicou essa escala de crescimento em nenhum dos seus outros títulos. A *Vogue* é o puro-sangue premiado, a publicação sobre a qual se ergueu a reputação da companhia. Era hora de tosquiar os companheiros de estábulo de menor importância e se empenhar em obter deles o melhor rendimento.

A SURPRESA DIGITAL

A *Vogue* amplia o seu perfil e entra na política

Quando *O diabo veste Prada* chegou aos cinemas, em 2006, a atuação de Meryl Streep como a aterrorizante editora de moda Miranda Priestly causou furor na audiência. Com seu cabelo curto loiro-acinzentado, o olhar duro por cima dos óculos de armação preta e os comentários sarcásticos, Streep consagrou a personagem da editora de moda. O filme fez do funcionamento interno de uma revista de moda uma comédia romântica suculenta. O enredo acompanha uma jovem inexperiente, interpretada por Anne Hathaway, que precisa vencer provas intermináveis apresentadas pela chefe gélida e que se descobre ao longo do caminho. Em resumo, uma narrativa simples sobre encontrar a própria vocação e atingir a idade adulta; vista tudo isso de Prada e se obtém um estouro de bilheteria. Classificado pelo IMDB como o segundo filme de maior bilheteria de Meryl Streep, ele conquistou grande popularidade.[14] Por se basear em um *roman-à-clef* de Lauren Weisberger — ex-assistente da *Vogue* — dirigido às mulheres e centrado nas tribulações de uma jovem moderna, o filme cimentou para sempre a celebridade de Anna Wintour. *Todo mundo* disse que ela era o diabo.

Wintour identificou a mudança no ânimo do público, e talvez tenha até identificado uma oportunidade para RP. Depois de *O diabo veste Prada* veio *The September Issue* [O número de setembro], documentário que acompanha Wintour e equipe enquanto montam a edição de setembro de 2007 da *Vogue* americana. Lançado em 2009 e centrado na relação entre a contida Wintour e a vibrante Grace Coddington, o filme abre mais portas da moda. A diretora criativa Coddington brilha, seja enquanto avança irritada pelos corredores soltando palavrões por causa de fotos que Wintour se recusa a incluir, seja sentada com ar soturno, a boca apertada em um silêncio crítico. Mais uma vez, o velho motivo: personalidades em atrito. A audiência voltou aos cinemas com a deliciosa sensação do voyeurismo para assistir a outra apresentação burlesca de uma revista de moda. Wintour, que nunca foi boa em entrevistas, estava ficando mais acessível. Em sua autobiografia, Coddington insiste em que o atrito entre as duas havia sido exageradamente enfatizado e editado para obter um efeito dramático.[15] Como ela e Wintour se sentiram tendo suas vidas cotidianas projetadas

224   NOS BASTIDORES DA *VOGUE*

para diversão das massas é outra história. De qualquer modo, entre *O diabo veste Prada* e *The September Issue*, as fashionistas foram submetidas a outro nível de celebridade na corrente dominante, em que os funcionários da *Vogue* em geral, e Anna Wintour em particular, ocupam um grande espaço na mente das pessoas.

Frequentemente fotografada, raramente revelada, diz-se que Anna Wintour parte a multidão como se fosse o Mar Vermelho.[16] O corte de cabelo pajem, a silhueta esguia, os óculos escuros impenetráveis; o ruído dos *stilettos*, o gole em um copo da Starbucks. A sua reputação foi construída em camadas pelas suas matérias inconfundíveis, o falatório que vai de Manhattan a Mayfair, as vendetas de colegas atuais e passados, e uma avalanche de artigos desfavoráveis na imprensa. De ártica[17] a gelada,[18] de infernal a satânica,[19] não há nada que não lhe tenha sido impingido. Ela não pode ser tão unidimensional quanto o retrato de Meryl Streep. Wintour foi muito criticada ao longo da carreira. Em 1995, jantando em um restaurante, um ativista contra o uso de peles gritou-lhe "Bruxa peluda!" e atirou um guaxinim morto no prato dela. Em 2005, ela levou uma torta de tofu no rosto quando se dirigia a um desfile (a sua resposta seca foi: "Acho que era orgânica").[20] Em um período de dez anos, houve incontáveis incidentes com sangue falso, pacotes com entranhas de animais infestadas de vermes enviados à sua mesa,[21] assédio, quase ataques. Dez anos é um tempo longo para suportar comportamentos desumanos.

Wintour nunca cedeu, nunca rebateu, nunca consumiu remédios tarja preta e fez isso chegar ao site de entretenimento TMZ, nunca foi flagrada saindo da reabilitação, nunca foi vista com lágrimas nos olhos, nunca desabou. Dito isso, Wintour foi erodida. Foi cinzelada em uma figura caricata de si própria. Ela é a vilã cômica que todos gostamos de odiar, com um estilo *sui generis* tão reconhecível que você poderia colocar uma peruca e óculos escuros em qualquer pessoa e mandá-la sentar-se no lugar dela na primeira fila. Amamos tanto odiá-la que o ódio evaporou e o amor se tornou uma adulação cega. Ela é uma celebridade, tanto quanto Beyoncé e Kim Kardashian. Elvis e Marilyn. Michael Jackson e a rainha Elizabeth. Mostre-me alguém que não reconheça Anna Wintour.

A SURPRESA DIGITAL   225

Em sua quarta década como editora-chefe da *Vogue* americana, Wintour é a segunda editora mais longeva no posto na história da revista (Edna Woolman Chase continua no topo da categoria). No final da década de 1980, Si Newhouse e Alexander Liberman gostaram dela porque parecia personificar a *Vogue*. Eles não viveram para ver até que ponto ela se tornaria a manifestação ambulante e falante do seu periódico ilustrado. Hoje, parte do *zeitgeist* é acrescentar constantemente camadas formadoras de mito em torno dela. Em parte, sua popularidade mantém a *Vogue* relevante. Isso é particularmente valioso quando a cultura troca o foco da confiança nas grandes marcas pela confiança nos indivíduos, tais como celebridades e personalidades da TV. Apesar de toda a montagem da sua imagem, Wintour provavelmente não chega nem à metade da criatura farsesca que fazem dela. Sua editoria publicou de tudo, de artigos políticos de Donna Tartt[22] a longos ensaios sobre a tendência "heroína chique" em um tom admiravelmente responsável e uma admoestação gentil pelo "estilo" esquelético fatal.[23] Muito já foi dito sobre a sua homogeneização da revista em um molde identificável, que se diz ter sido imposto por ela também a outras *Vogue*s e, desde sua indicação como diretora artística, em 2013, a outras revistas da Condé Nast. Ao mesmo tempo, o reconhecimento da marca é uma tática de negócios muito empregada e muito enaltecida. Ela dá continuidade ao legado de Alexander Liberman e Si Newhouse, os quais foram ciosos em buscar consistência na agenda e no tom. Isso foi uma estratégia estupenda no auge da década de 1980. Hoje é um pouco menos *au courant*, quando as pessoas aos poucos se inclinam para publicações de nicho e para um toque mais pessoal e menos corporativo.

Uma das características mais fortes de Anna Wintour sempre foi a habilidade nos negócios: da popularização do uso de celebridades nas capas à manutenção do colosso Condé Nast à tona em tempos de crise. Contudo, o conglomerado ainda teve de enfrentar a Grande Recessão — aquela época de declínio econômico do final dos anos 2000 e início dos anos 2010. As assinaturas ficaram instáveis, as vendas nas bancas ainda mais, e o digital começava a dominar, mas os executivos ainda coçavam a cabeça tentando ver como monetizá-lo.

A Condé Nast International criou um braço de restaurantes e hotelaria e — mediante diversas parcerias proeminentes — licenciou os nomes das suas publicações mais importantes. Em Moscou, o Vogue Café foi inaugurado em 2003, oferecendo aos socialmente perceptivos um lugar onde beliscar saladas ao estilo europeu e exibir os seus Rolexes. Em 2013, em um shopping de Dubai, surgiu um Vogue Café, naquela que foi considerada a maior loja de calçados do mundo. Há Vogue Cafés na Ucrânia, Arábia Saudita e Portugal. Há um Vogue Restaurante na Turquia e um Vogue Lounge na Malásia. Isso realmente parece uma diluição da marca *Vogue*, e todos se localizam em mercados emergentes, de novos-ricos. A Condé Nast pode temer que o conceito dos cafés Vogue seja considerado cafona nos Estados Unidos e em grande parte da Europa, embora tenha experimentado em Londres, com uma pop-up, no 100º aniversário da *Vogue* britânica. A sua receita global inchou e inclui um ramo publicitário, agências criativas em Nova York e Londres, conferências, eventos e um departamento de licenciamento para alavancar seus próprios ativos. A ênfase está firmemente voltada para os negócios e a condução do legado da revista, de forma a manter o bastião da sua influência cultural. É genial que a Condé Nast seja paga para criar a campanha de marketing de uma marca e depois cobre da marca para publicar a campanha nas suas revistas.

Criar múltiplas fontes de receita não é tarefa de Anna Wintour, mas há pistas tangíveis que revelam o envolvimento dela. Em 2011, a *Women's Wear Daily* (WWD) informou que, graças à capa com Lady Gaga (então no auge da fama após o álbum *Born This Way*), as vendas da *Vogue* nos EUA haviam crescido em 100 mil exemplares.[24] De fato, a circulação da revista subiu quase 13% em um momento em que a indústria de modo geral tinha caído 9,2%.[25] A *Vogue* era praticamente a única revista de moda com algum lucro. Embora, para muitos críticos, Lady Gaga não fosse suficientemente *Vogue*, eles podem não ter entendido a intenção. Ela era comercial.

As épocas difíceis são boas para consolidar o poder — os fracos abandonam a corrida. Assim como a *Vogue* tinha meios para pôr na capa celebridades altamente vendáveis, como Jennifer Aniston, também teve de ir além tanto dos orçamentos dos competidores quanto das próprias páginas. Enquanto as revistas se debatiam, Wintour lançou "Noitada da Moda". Citando Nova York como parceira após uma reunião exitosa com o prefeito, o evento de compras patrocinado pela *Vogue* incluiu drinques

A SURPRESA DIGITAL

227

grátis, aparição de celebridades, festas e descontos nos preços de roupas de estilistas. A ideia era ser um estímulo ante a recessão. As vendas eram pífias, as pessoas não estavam gastando. Wintour interveio para injetar um pouco de brilho no acontecimento. Apoiar a indústria da moda como um todo é algo que a *Vogue* sempre fez; serve para estimular o mundo sobre o qual eles escrevem e é uma boa maneira de construir relações sólidas com estilistas e outros talentos.

Wintour fez ainda mais para afirmar o poder da *Vogue*. Estilistas como John Galliano, Michael Kors e Marc Jacobs poderiam não ter feito fortuna sem o incentivo editorial dela. Segundo informes, Wintour chegou a instruir os senadores sobre o comércio internacional de tecidos e o efeito das tarifas.[26] Ela pôs Hillary Clinton na capa — a primeira vez que uma primeira-dama saiu na capa da *Vogue*. Na verdade, Wintour é uma agente importante na política. Na campanha de reeleição de Obama, ela angariou mais de 500 mil dólares (o que a colocou na lista dos principais patrocinadores), produziu um vídeo promocional e foi anfitriã, em sua própria casa, de eventos para arrecadar fundos. Michelle Obama teve três capas na *Vogue* e dizem que Wintour se ocupou do seu estilo para as aparições públicas. A sua relação com a Casa Branca chegou ao ponto de discutirem uma parceria para uma oficina de moda[27] e houve rumores de que ela seria agraciada com uma embaixada.

Com Wintour, a *Vogue* não se esquivou de declarar a sua inclinação política pelo Partido Democrata. Em 2016, eles apoiaram Hillary Clinton como sua candidata favorita, contra Donald Trump; foi a primeira vez que a *Vogue* tomou partido oficialmente em uma eleição.[28] Wintour pode ser muitas coisas, mas acima de tudo ela mostra exatamente quanto poder existe na indústria da moda, cujo valor em 2017 foi estimado em 2,4 trilhões de dólares.[29] A moda tem influência a ponto de a mulher que dirige a *Vogue* impactar as campanhas presidenciais nos Estados Unidos, uma potência econômica e militar mundial. Pense nisso.

Capítulo 16

Do "pornô chique" ao "chique parisiense"
Vendendo estereótipos

Anos 2000: desafiando os padrões de beleza

A década de 1990 e o início dos anos 2000 ainda estavam preocupados em promover o ideal da magreza, o corpo desnutrido e o rosto macilento e anguloso.[1] Porém, apesar das costelas saltadas, as jovens sorriam nas capas, alternadamente contentes ou sensuais. O subtexto tóxico frequentemente presente nas revistas femininas é que as mulheres estão ali apenas para agradar aos homens. Colunas sobre como seduzir eram tremendamente populares, o que resultou em toda uma geração de moças orientadas pelas revistas ilustradas. As mulheres deviam ser tentadoras, mas não prontamente disponíveis; de espírito livre, mas não desenfreadas; confiantes sem ser agressivas. Independentemente das mudanças que ocorram nas leis, a pressão social pode ser percebida como a verdadeira luta.

Indicada para ser a editora-chefe da *Vogue* francesa no milênio, Carine Roitfeld fez a revista como quem arma um coquetel molotov, gaiata, abertamente sexual, às vezes ofensiva, um ataque aos sentidos. Novos modos de ser mulher finalmente se configuravam nas guerras entre os sexos travadas pela liberação sexual.[2] A abordagem de Roitfeld ante a alta-costura com um pé no sexual foi muito bem-sucedida e extremamente polarizadora. Certamente foi experimental e pareceu mostrar todas as versões possíveis das mulheres. A "moça" da mídia antiga não tinha desaparecido, mas novas versões da feminilidade brilhavam nas páginas, chamando-nos para o futuro.

230 NOS BASTIDORES DA *VOGUE*

Emmanuelle Alt, a sucessora de Roitfeld desde 2011 que ainda é a editora-chefe, encontrou um terreno extremamente distinto. Se antes precisaram se exibir como seres sexuais e reivindicar a sua sexualidade no início dos anos 2000, as mulheres haviam assumido a autossuficiência nos anos 2010. Se antes queriam adquirir bens materiais, agora cada vez mais consumiam itens digitais efêmeros e valorizavam o conhecimento. Diversidade, empoderamento, positividade corporal e inclusão são os lemas desta era.

Portanto, o produto que Alt oferece precisa trazer um sentido do eu, uma identidade e uma atitude. Quando a tecnologia manipula as nossas percepções e tem acesso às nossas inseguranças, precisamos estar mais firmes do que nunca. A abordagem de Alt de volta ao básico, com ênfase na maternidade, na confiança, na indumentária simples, no processo natural de envelhecimento, no acesso e na educação fez da *Vogue Paris* um reflexo da vida real. Precisamos ser estimuladas e animadas, enquanto as verdades da biologia humana, como dar à luz ou envelhecer, precisam ser aceitas e normalizadas de uma vez por todas.

Contudo, até mesmo as imagens e identidades saudáveis se cristalizam em novos estereótipos. Como um espelho da sociedade e suas ambições, as publicações de moda respondem a uma necessidade. Alguns críticos começam a sugerir que os funcionários das revistas ilustradas já não seriam jornalistas, mas agentes de venda. E, além de serem embaixadores da marca *Vogue*, teriam de se converter em marcas também. Roitfeld e Alt tiveram longas carreiras como estilistas antes de se tornarem editoras, e ambas são muito versadas nos códigos visuais e sabem retratar valores sociais. O modo como a *Vogue* responde ao mundo ao seu redor sempre foi a chave do seu sucesso.

Quando Joan Juliet Buck se preparava para ser editora-chefe da *Vogue Paris*, aconselharam-na a contratar Carine Roitfeld, a estilista sensual, com sardas e sobrancelhas grossas, que trabalhava há quinze anos na *Elle* francesa. Ao entrevistá-la, Buck sentiu instintivamente que um dia Roitfeld a substituiria como editora-chefe... e estava certa.[3] Formalmente entronizada à frente da *Vogue* francesa em 2001, Roitfeld se tornou mais uma das figuras míticas

DO "PORNÔ CHIQUE" AO "CHIQUE PARISIENSE"   231

da indústria. Para o *Observer*, ela é uma "vamp parisiense... mais conhecida pelos conjuntos pretos, saias lápis com fendas profundas e *stilettos* altíssimos."[4] Em outras partes ela é "Sensual. Decadente. Sombria."[5] Ela é importante a ponto de ter sido apontada pelo *Business of Fashion* como uma das quinhentas figuras no mundo que configuram o setor, sendo o seu estilo descrito pela publicação como "invariavelmente envolvendo saltos altíssimos" e com "o cabelo e a maquiagem de uma coruja".[6] Para o *Financial Times*, ela é uma "editora com um quê de *dominatrix*",[7] embora em todos esses esboços falte a alusão ao seu saudável senso de humor. Nas entrevistas, ela dispensa os elogios bombásticos e prefere se vangloriar de ter o seu estilo comparado ao de Iggy Pop, a indomável lenda do punk.[8]

A sua imagem se baseia na *femme fatale* rock 'n' roll porque ela personifica essa estética fielmente em seu trabalho editorial e nas suas escolhas de indumentária. Um memorando da companhia que dava as boas-vindas a Carine Roitfeld a nomeou diretora criativa do grupo Condé Nast francês. Sob a sua direção, a *Vogue Paris* alegou que o seu foco era fazer a revista voltar a ser realmente francesa — embora isso significasse algo bem distinto das edições elegantemente cerebrais de Buck. Os princípios centrais de Buck para a *Vogue Paris* incluíam a promoção incessante da cultura francesa e o desejo de estimular as mulheres intelectualmente. Ela era contrária a exibir páginas e páginas de rendas inadequadas e temia que esse fosse o tipo de "identidade francesa" que Roitfeld representava: o clichê sexy.[9] Ela pensava que, sem a sua influência, a *Vogue* francesa voltaria à velha fórmula de mamilos e cigarros.[10] Isso acabou acontecendo, embora do modo mais inesperado possível. Durante os dez anos em que Roitfeld esteve na *Vogue*, ela estampou imagens escandalosas na revista, muitas das quais provocaram a indignação internacional.

O motivo cigarros reapareceu imediatamente, como Buck temera. O verão de 2003 produziu uma capa best-seller: o close da atriz Sophie Marceau com os olhos apertados e um cigarro enrolado pendurado em seus grossos lábios.[11] O editorial de abril de 2009, intitulado "Proibido fumar", girou em torno da modelo Lily Donaldson fazendo caretas e brincando com uma boneca.[12] A modelo é retratada como uma futura mamãe, com uma falsa barriga, vestida de um modo que a infantiliza e sexualiza ao

232 NOS BASTIDORES DA *VOGUE*

mesmo tempo. Uma foto mostra a sua barriga de grávida semicoberta por um avental franzido rosa e branco que chega perto da linha da calcinha. A maioria das fotos é de corpo inteiro e chama a atenção para suas longas pernas desnudas. Os comentaristas centraram as críticas desse retrato não muito gentil da maternidade principalmente na fotografia do título, que mostra a futura mãe fumando um cigarro.

Os seios nus regressaram como um tema geral, às vezes em cenários surpreendentes, como a foto de moda de uma mulher de quatro sobre uma mesa enfiando uma tesoura grande no aquário onde há um peixinho dourado.[13] Em 2007, Roitfeld publicou a modelo Karen Elson com um olhar lânguido, as pernas brancas como alabastro amarradas por cordas pretas espiraladas em nós complicados.[14] A palidez da sua pele é ressaltada contra o fundo sombreado, e o fogo dos seus cachos vermelhos dá o único toque de cor. Apesar da languidez, a posição do seu corpo remete às práticas BDSM: os pulsos amarrados para trás, os braços unidos acima da cabeça, as mãos amarradas diante da virilha. Fotografada por Daniel Sims e originalmente parte do calendário de dezembro/janeiro da *Vogue Paris*, a repercussão foi particularmente ruim, não só entre as feministas como entre os assinantes. Os telefones do escritório não pararam de tocar com reclamações. Em resposta, Roitfeld deu de ombros. Chamou a sessão de fotos de "*bondage* glamouroso".[15]

Outro ensaio, dedicado aos ícones da sensualidade francesa e ex-amantes Serge Gainsbourg e Jane Birkin, traz sexo e cigarros. Lançado em maio de 2010 e fotografado por Mario Testino, "La Decadanse"* traz a modelo Daria Werbowy e o artista Francesco Vezzoli se acariciando mutuamente em dez páginas quentes.[16] Ambientado em um escritório indefinido com móveis tubulares da década de 1970, ele veste um terno cinza-ardósia, ela usa um vestido cinza-metálico que despe em seguida, revelando a lingerie cinza-pombo e meias do mais absoluto cinza. Na falta de cores, o efeito das texturas — seda, acrílico, couro, nylon — é dramaticamente realçado. O puxão de cabelo, as costas arqueadas, as roupas rasgadas (dela, não dele) conseguem parecer ao mesmo tempo autênticos e extremamente encenados.

---

* Jogo de palavras com as expressões "dança" (*danse*) e "decadência" (*décadence*). (*N. do E.*)

DO "PORNÔ CHIQUE" AO "CHIQUE PARISIENSE"   233

Outubro de 2010 trouxe a matéria "Festine" (em tradução livre, "Festim") fotografada por Terry Richardson.[17] Claramente uma brincadeira com a ideia do apetite, a série é uma dicotomia. A bela glamourosa ornada com joias impactantes se converte em uma selvagem diante de pratos de comida. Ela morde raivosamente um pedaço de carne crua. Enfia as mãos no espaguete com molho de tomate. Engole uma lula inteira. A modelo contratada foi Crystal Renn, ex-anoréxica que se tornou modelo plus size. Até o nome de sua autobiografia é *Hungry* [Faminta]. Parece muito constrangedor, mas supõe-se que Crystal Renn não teria aceitado o trabalho caso tivesse se sentido ofendida.

Junto aos números mais controversos está o "Especial Top Models", de 2009.[18] Concebido como uma homenagem às melhores no ramo, nenhuma das estrelas convidadas era negra. Isso parece uma mancada surpreendente. O pior é que o número traz uma matéria de catorze páginas com a modelo holandesa Lara Stone com a pele totalmente escurecida... Aparentemente, ninguém se questionou ao pintar o corpo dela de marrom. Historicamente, a edição francesa mantém uma relação tensa com a representação de minorias étnicas; esse episódio não deve ter ajudado.

A *Vogue* francesa alegou desconhecer as controvérsias em torno do *blackface*. Se pensaram que isso passaria despercebido em virtude da circulação relativamente pequena, devem ter esquecido que vivemos na era da internet. Uma explosão de protestos se acendeu contra a insensibilidade racial da *Vogue Paris* e cruzou os continentes via blogs e mídias sociais, e até canais de TV e jornais formais. Em uma matéria na CNN, um especialista identificou o *blackface* como algo predominantemente ligado à história dos EUA, mas apontou, corretamente, que isso não era justificativa.[19] É ridículo sugerir que os europeus seriam tão ignorantes a respeito da desumanidade colonial. Além disso, se a equipe editorial francesa fosse realmente tão ingênua, o americano Steven Klein, que fotografou a matéria, poderia tê-la alertado sobre o quão ofensivo aquilo era. Roitfeld foi a responsável pelo estilo de toda essa sessão de fotos.

A supermodelo com *blackface* não é necessariamente a composição mais escandalosa de Roitfeld. Em dezembro 2010-janeiro 2011, a *Vogue Paris* fez um editorial de quarenta páginas exibindo um tesouro de presentes

234 NOS BASTIDORES DA *VOGUE*

de grife, uma espécie de guia preliminar de compras natalinas para os leitores e seus entes queridos.[20] Havia esmeraldas de Harry Winston, dentre outras joalherias famosas, como Cartier e Boucheron; mules com estampa de leopardo e saltos em cristal de Christian Louboutin; vestidos de baile de estilistas como Lanvin e Valentino, e um vestido justo de lamê dourado da Balmain que se destaca particularmente. São as peças de sempre em uma revista de moda com marketing de itens de luxo e foram fotografadas em grupo, com as modelos em poses clássicas, amuadas e fazendo caras e bocas, com penteados modernos, maquiadas e de unhas vermelhas. A particularidade é que as modelos são todas crianças, algumas com 6 anos.

Ainda mais incômodo que a visão de meninas pequenas com seus rostos delicados besuntados de sombras esfumaçadas, batom e blush é o subtexto da matéria. Intitulada "Cadeaux" [Presentes], o leitor fica com a impressão constrangedora de que as crianças são, elas próprias, presentes para a audiência adulta. As suas posturas não ajudam. Elas estão deitadas em sofás, reclinadas em peles de tigre, esparramadas sob uma árvore em meio a caixas de presentes e fitam a câmera com uma expressão funesta, sem sorrir.

A avalanche de condenações on-line foi imediata e as críticas foram explícitas. Um exemplo do tom usado foi a blogueira Xeni Jardin, sob o título de "Pedocouture", ter escrito que a *Vogue* "traz uma ampla matéria com modelos infantis apresentadas mais ou menos como prostitutas".[21] O post de um usuário em Frockwriter diz: "NÃO se trata de crianças brincando de se vestir! É marketing de roupas de luxo com mennininhas vestidas como prostitutas posando em situações pornográficas convidativas".[22] Outro comentário em Frockwriter: "Se algum destes looks, junto com aquelas roupas/maquiagem, fosse o de uma mulher adulta numa discoteca, a mensagem seria bastante clara. Não se pode separar esse tipo de linguagem corporal do seu significado usual só porque o corpo que a expressa é o de uma criança."[23]

Uma leitura mais analítica de "Presentes" pode fornecer mais contexto. Um blogueiro do Reino Unido observa que na sociedade de consumo, em que as mulheres precisam parecer pré-adolescentes para vender roupas de adultos, talvez seja "culpa" nossa que agora as crianças estejam sendo

DO "PORNÔ CHIQUE" AO "CHIQUE PARISIENSE"

envolvidas nisso.[24] Uma ex-modelo que escrevia no blog feminista Jezebel achou que aquilo era "uma paródia e uma crítica do interesse insano da indústria da moda nas garotas novas, e não a aprovação ou a glamourização disso".[25] Talvez Roitfeld realmente tenha desejado ressaltar a hipocrisia de um mundo que alegremente tira vantagem das adolescentes e que, no entanto, sente uma profunda indignação moral quando os sujeitos são alguns anos mais jovens.

Uma teoria apresentada pelos acadêmicos culturais Reimer, Tosenberger e Wodtke sugere que aquele número da revista pretendia desafiar e satirizar os estreitos ideais da beleza na moda.[26] Eles chegaram a tal conclusão depois de examinar as três principais matérias como partes de um todo coeso. Primeiro vem "Presentes", que levanta questões complicadas sobre a exploração da juventude. No meio da publicação está "Forever Love" [Amor para sempre], série com um casal idoso — os cabelos grisalhos e rugas proeminentes — apalpando-se mutuamente em espasmos de êxtase, beijando-se na boca com paixão, cobertos com uma variedade de joias finas.[27] Isso confronta a invisibilidade de homens e mulheres mais velhos nas principais publicações de moda, cujo objetivo costuma ser glorificar os jovens.

O último editorial provocativo parodia as cirurgias plásticas. "La Panthère Ose"* [A pantera ousa] encena a narrativa poderosamente perturbadora de uma mulher de meia-idade, trajada com *animal print* para indicar o seu status de puma, em recuperação após um misto de procedimentos cosméticos e sendo servida, e até banhada com esponja, por uma variedade de rapazes-brinquedos.[28] Rosto e corpo costurados e enfaixados, ainda assim ela está cuidadosamente arrumada em cada fotografia e exibe uma abundância de itens de design. Afundada em uma cadeira de rodas, calça sandálias verde-selva de Gianvito Rossi e um casaco com padronagem de zebra de Azzedine Alaïa. Dolorosamente reclinada na cama, o torso engessado, o rosto coberto e os lábios com uma crosta de sangue, um pretende a perfuma com Chanel nº 5, e a bolsa Hermès está ali ao lado. Pedras preciosas enormes e caras cintilam nas partes do corpo que não estão enfaixadas. Os dedos estão cheios de anéis. Há braceletes grossos

---

* Um jogo de palavras com *A pantera cor-de-rosa*, em francês *La Panthère Rose*. (N. do E.)

nos pulsos enfraquecidos. Pode ser um construto anônimo, mas é também um estereótipo reconhecível na sociedade moderna: inúmeras mulheres estão dispostas a se arriscar em cirurgias, desesperadas para se encaixar em padrões de beleza impossíveis.

A história nas fotos chama a atenção para a complicada relação entre riqueza e sex appeal, estilo e sofrimento. Pode levar-nos a perguntar como aprendemos a valorizar a beleza em Chanel, Gucci, Bulgari e, ao mesmo tempo, rejeitar e desvalorizar a nossa própria beleza natural? Os nossos corpos de carne e osso nunca poderão ser substituídos por pedras e metais, cashmere macio ou produtos de couro. No nível mais profundo, "La Panthère Ose" pode ser interpretada como uma lenda admonitória para as vítimas da moda.

Mais ou menos na metade do seu reinado memorável, Roitfeld deu uma entrevista em que o repórter diz, em um tom bajulatório: "Você na verdade está redefinindo Paris, não é mesmo?"[29]

De fato, na década de 1990 e início dos anos 2000, a capital estava recuperando o seu peso cultural. Projetos de restauração remodelaram os bulevares e a reforma do Grand Palais avançava. Além dessa injeção de energia, houve a recuperação de algumas das mais célebres casas de alta-costura. Givenchy, Balenciaga, Lanvin e Dior contrataram diretores criativos jovens com a missão de transformar a herança do velho mundo em design contemporâneo. Uma parceria proeminente com Tom Ford levou Roitfeld a ajudar a definir a nova Gucci hipersexualizada e criar o estilo "puta poderosa" de Los Angeles da década de 1990. Foi nessa época que o estilo de Roitfeld foi chamado de "pornô chique". Essas experiências lhe renderam o selo de aprovação dos líderes da moda e de prodígios em formação à beira do estrelato, dando a Roitfeld certo prestígio, que ela, por sua vez, transmitiu à *Vogue Paris*.

O termo "pornô chique" surgiu à medida que a sociedade foi se sexualizando, a partir da década de 1960, com o relaxamento da legislação e das regulações da mídia quanto à nudez. Ele se refere ao atravessamento da cultura pela pornografia. Com o limite entre a nudez da moda e a pornografia cada vez mais esgarçado, decidir onde separá-las nem sempre

DO "PORNÔ CHIQUE" AO "CHIQUE PARISIENSE"   237

é simples. Roitfeld prefere pensar o seu trabalho como "erótico chique", embora reconheça que "pornô chique" seja mais eloquente.[30] A diferença é sutil: ela explica que o pornô não deixa nada à imaginação, ao passo que o erótico conserva certo mistério e sedução. Essas definições fazem sentido, embora seja difícil vê-la empregando o pincel mais suave do erotismo quando publica um nu frontal dos pelos pubianos da modelo Crystal Renn.[31]

Não é difícil apontar exemplos extremos do trabalho de Roitfeld, mas também há mérito nisso, o que não deve ser desconsiderado. Quando o seu entrevistador discute o "redefinir Paris", o que realmente quer apontar é a inclusão que Roitfeld proporciona. Os ideais da beleza parisiense costumavam ser muito rígidos, mas em sua versão da *Vogue Paris* ela os explora e abarca. Ela não teme imprimir fotografias de pessoas de gênero ambíguo, velhas, novas ou acima do peso. Ela certamente não deixa de explorar tabus, sejam eles relacionados com o gênero, ligados à orientação sexual ou simplesmente eróticos. Alguns dos seus editoriais, publicados em uma época em que eram considerados escandalosos, hoje seriam recebidos com aplausos. Uma foto de capa de 2007 mostra o promotor de festas Andre J em um minivestido turquesa e botas curtas de salto.[32] Era ousado e inimaginável exibir um modelo negro barbado, sorridente e saltitante em uma pose feminina. Ainda que isso não tenha sido há muito tempo, foi antes de programas de TV como *RuPaul's Drag Race* normalizarem as *drag queens*, quando Andre J ainda era chamado de traveco e *crossdresser*.

É fácil dizer que Roitfeld joga com o valor do choque, e ela já admitiu que gosta do papel de *provocateur*.[33] A *Vogue Paris* era considerada uma revista "esnobe"; Roitfeld a tornou sexy. Ela se safa com muitos dos seus temas mais provocativos em virtude da genuína beleza e apelo estético das imagens que cria. Há também o seu culto à personalidade. Todas as palavras clichês que usamos para tentar resumir um tipo particular de carisma se aplicam a Roitfeld. "*It girl*", "fantástica", "poderosa". E não é coincidência que o seu perfil tenha sido publicado diversas vezes na *Vogue* americana. Pode-se argumentar que ela foi um item fetichizado nas colunas de 1999 e 2001, onde foi saudada como a "estilista das estilistas",[34] "uma beleza luminosa",[35] "uma das visões que mais atrai olhares"[36] e "uma influência decisiva nas roupas que milhões de mulheres correram para comprar na última década".[37]

238 NOS BASTIDORES DA *VOGUE*

A relação de Roitfeld com os fotógrafos e sua popularidade entre as celebridades vão além. Sob o seu comando, os editores convidados voltaram à *Vogue Paris*, dentre eles celebridades e supermodelos pescados em sua agenda aparentemente interminável de amigos deslumbrantes. Entre eles estavam Penélope Cruz, Kate Moss, Sofia Coppola, Charlotte Gainsbourg e, claro, o seu amigo íntimo Tom Ford. As edições dos convidados têm um ar de álbum de fotografias, com layouts que lembram os cadernos de recortes das adolescentes, o que converte detalhes mundanos da vida em alimento para o voyeurismo. Roitfeld é capaz de transferir a essência humana para um produto. A foto de capa com Sofia Coppola, por exemplo, é só elegância, tão onírica e solitária como os filmes dela.

O sistema Roitfeld era lucrativo. Subitamente as páginas da revista se encheram de anúncios e a circulação subiu em até 40% entre 2001 e 2005, o que levou Jonathan Newhouse a se vangloriar, satisfeito.[38] Ainda assim, Roitfeld alega que a virada comercial levou pelo menos dois anos para acontecer; e três anos para sentir-se confortável com o ritmo dos anúncios que chegavam. Vender espaço é difícil, mesmo que você seja a *Vogue*. O que funciona em mercados menores como a França não funciona nos Estados Unidos. É positivo que a Condé Nast tenha reconhecido isso, apesar de ser um conglomerado, e tenha dado certa margem de liberdade criativa a construtores de imagem como Carine Roitfeld.

Embora fosse venerada nos EUA, teria sido inútil tentar transplantar alguém tão firmemente parisiense como ela. A sua *Vogue Paris* fala para uma audiência onívora cuja autoestima não foi eviscerada pelo consumismo e que não se sente insegura a ponto de comprar qualquer coisa indicada pela revista. Não há muita reverência às tendências. Em seu lugar, há o compromisso de transformar tudo em alta-costura. Claramente, é uma revista editada por uma ex-estilista.

Obviamente, as circunstâncias em que Carine Roitfeld saiu da *Vogue Paris* são sigilosas. Segundo a declaração oficial, ela teria se demitido, embora com frequência isso seja o que afirmam as grandes companhias que negociam o pagamento de indenizações.[39] Diversos comentaristas estão convencidos de que ela foi demitida (ou pressionada a se demitir) após a publicação da matéria "Presentes", e circularam rumores de que os princi-

DO "PORNÔ CHIQUE" AO "CHIQUE PARISIENSE" 239

pais anunciantes, em repulsa, tinham ameaçado retirar sua publicidade.[40] Roitfeld disse que vinha pensando em sair, depois de completar uma década como editora-chefe.[41] Outros disseram que a Condé Nast estava farta de vê-la trabalhar em paralelo como consultora de grandes casas de alta--costura, o que ela nega firmemente.[42] Se for verdade, isso teria sido como receber propina, já que ela poderia estimular as marcas a produzirem as roupas que ela apresentaria. É difícil distinguir o que é fofoca maledicente e o que é abuso de poder (se houve) por parte de Roitfeld, embora entrar para a lista de inimizades de Balenciaga tenha sido certamente um dos maiores constrangimentos enfrentados pela Condé Nast durante a editoria dela. De qualquer modo, a *Vogue Paris* frequentemente foi criticada por ser exclusivista demais e promover seus favoritos, sem se preocupar em apresentar novos talentos.[43] Em geral, um minúsculo grupo de fotógrafos famosos consegue as boas propostas; é mais fácil encontrar uma agulha no palheiro do que novos nomes no expediente da *Vogue*.

Em uma entrevista após a saída, Roitfeld declarou que cada vez tinha menos liberdade. Havia também a pressão crescente do politicamente correto.[44] Seja qual for o motivo, parece que Carine Roitfeld e a *Vogue* iam por caminhos distintos. Desde então, ela fez de tudo, de lançar livros até ser tema de um documentário. Ela mantém a lista de amigos célebres e chegou a lançar a própria revista com grande fanfarra. Como qualquer um que faz um nome na moda, ela sabe se promover e, mesmo alegando ser ignorante no que se refere às marcas,[45] continua comerciando a própria popularidade, chegando a dizer que havia sido a primeira pessoa a quebrar tabus na *Vogue*.[46]

Anos 2010: definindo padrões saudáveis

O quartel-general da *Vogue* francesa se localiza no número 56A da Rue du Faubourg Saint-Honoré, a rua da 8ª região administrativa de Paris com a maior densidade de casas de alta-costura e butiques da cidade. Perambule por ali e você verá a loja principal da Hermès. Logo atrás está o cintilante esplendor neoclássico do Hôtel de Crillon. A *Vogue* está realmente no seu habitat natural.

240 NOS BASTIDORES DA *VOGUE*

Em meados de 2011 houve um movimento no sexto andar. Uma editora famosa e dinâmica havia saído e uma diretora de moda relativamente discreta ocupava o lugar dela. Assim como Carine Roitfeld, Emmanuelle Alt trabalhara na *Elle*. E, assim como Carine Roitfeld, ela entrou na *Vogue Paris* em 2000. Por mais de uma década ela havia transposto as visões de Roitfeld para as páginas, galgando os departamentos de moda como assistente, estilista, editora, diretora. Ela conduziu incontáveis reuniões e uma infinidade de retiros de gravação e briefings; esteve disponível para colaborar com as sessões de fotografia hedonistas publicadas durante os dias de glória do "pornô chique". Ela conhecia a rotina e agora estava no comando.

Enquanto Carine Roitfeld ocupou o escritório, ele permaneceu imaculadamente branco, com estantes brancas vazias. Uma foto enorme de um close do seu rosto e uma caveira em diamante eram os poucos adornos.[47] Coincidentemente, Alt também levou uma caveira decorativa e manteve o espaço supersimples, escassamente decorado com livros de arte, velas aromáticas e uma fotografia sua, aos 19 anos, com a melhor amiga, Carla Bruni Sarkozy. Alt se relaciona com gente influente e quer que as visitas saibam disso. Ela foi considerada a escolha mais segura como editora--chefe; funcionária de longa data, poderia dar continuidade após a partida de Roitfeld. As duas já não se falam.

A formação de Alt era em estilo, novamente como Roitfeld. Aqui acabam as semelhanças, pois as suas estéticas são diametralmente opostas (apesar dos escritórios quase idênticos). Alt defende a abordagem *"au naturel"*; a discreta simplicidade moleca dos jeans, blazers, camisetas lisas; a praticidade dos sapatos confortáveis. Nas entrevistas, ela assume a postura de que a confiança e o conforto fazem a mulher atraente, e que não é legal cambalear em saltos altíssimos nem se contorcer em roupas apertadas.

Ainda bem, porque a cena da moda ficou tumultuada na década que transcorreu desde a estreia dessas duas editoras. Os antevidentes ameaçam constantemente com uma queda das vendas. As revistas ficaram atônitas quando a geração da internet começou a engolir a sua audiência. A indústria como um todo enfrentou ainda mais mudanças. Em 2012 a moda era uma indústria global no valor de mais de 1 trilhão de dólares.[48] Em termos

DO "PORNÔ CHIQUE" AO "CHIQUE PARISIENSE" 241

da intensidade do comércio, isso fazia dela a segunda maior atividade econômica mundial. O varejo on-line estava crescendo, criando um mercado mundial descentralizado, tendência que se refletiu nas bancas de jornal, quando os editores correram para criar canais digitais de modo a combater a queda na circulação dos impressos. Marcas globais como a *Vogue* tiveram de reconfigurar suas operações para consolidar a sua liderança — agindo rapidamente contra a crescente autoridade dos blogueiros. Em uma entrevista em 2019 à *Vogue Business*, Alt faz um comentário revelador: "Eu trabalhava para uma revista, agora trabalho para uma marca."[49]

Definir a *Vogue Paris* pode ser um problema, assim como viver à altura das expectativas. Tente encontrar um artigo, um post em um blog, um comentário ou até uma legenda on-line que não salive sobre Alt como uma representação ambulante e falante do seu país. "Daria para ser mais francesa?" grita *The Telegraph*; "quintessencialmente parisiense", diz StyleCaster; ela "personifica a parisiense chique", comenta *The Business of Fashion*.

É importante negociar a percepção da identidade francesa, já que isso atrai uma significativa audiência on-line para a Vogue.fr e mantém em crescimento a conta dos seguidores do seu perfil no Twitter (em 2020 eles eram 2,4 milhões, um total extremamente alto para uma revista cuja circulação impressa não chega a 200 mil).[50] Forçosamente, a página do Twitter é escrita em inglês; eles miram menos nos locais e mais nos leitores internacionais ansiosos por fazer parte do sonho da *Vogue Paris*. A internet pode ter desvinculado centenas de indústrias das suas âncoras geográficas, porém, ao mesmo tempo cimentou ainda mais a obsessão mundial com a capital francesa e sua ligação histórica com a alta-costura. Embora Alt declare se orgulhar de encontrar gente de Nova York a Madri entusiasticamente sintonizada com a *Vogue Paris*, deve haver momentos em que manter o estereótipo se torna maçante. Em uma entrevista, indagada sobre "Que tanto você precisa se preocupar com a identidade francesa da *Vogue*?", a resposta de Alt foi honesta:

> É engraçado. Não sei se as mulheres francesas se veem como o restante do mundo as vê: aqueles livros sobre por que as francesas nunca engordam, como se tivéssemos um metabolismo milagroso.

242 NOS BASTIDORES DA *VOGUE*

Isso é uma fantasia! O que é particular nesta *Vogue* é que... somos o nome de uma cidade. *Vogue Paris*. Todos têm uma concepção clara de *La Parisienne*.[51]

A busca de padrões cada vez mais internacionais teve um efeito de certo modo neutralizante na *Vogue* de Alt. A correção política tornou-se uma força grande demais para confrontar; então, está fora de questão qualquer tratamento do corpo da mulher como objeto sexual, ao estilo Roitfeld. Essas mudanças também poderiam ser fruto de mudanças na política da companhia: a edição francesa já não pode exibir bebidas e cigarros, embora ainda tenha permissão para o topless. Alt foi elogiada pelo diretor criativo da *Vogue Paris* por ser mais comercial[52] e foi exaltada na mídia por apresentar um retrato mais consensual do corpo sexual. Ainda assim, alguns comentaristas atacaram-na por se apoiar demais no convencional. Um ensaio em profundidade publicado em um blog de cultura aponta o primeiro número editado por ela como uma "amarga decepção"[53] e discute acaloradamente as escolhas editoriais dela e seus significados no contexto social mais amplo:

> Nesta batalha mundial pelos corpos das mulheres, Carine Roitfeld é a minha pedra de Gibraltar, a heroína editorial da luta que vem por aí para todas as mulheres, principalmente nos EUA, onde a onda conservadora está se virando contra nós.
>
> Hoje, a *Vogue Paris* é uma publicação internacional, que poderia disseminar pelo mundo a influência e as atitudes francesas diante da emancipação das mulheres, principalmente se a Condé Nast considerasse o impensável e a publicasse on-line em diversas línguas.
>
> Não preciso que Emmanuelle Alt me mostre a realidade cotidiana das mulheres; preciso que mostre às mulheres como sair dela.[54]

Ainda que seja perspicaz, é uma opinião discutível. A França não é de modo algum líder em direitos das mulheres. Além disso, Alt dá valor a representações realistas e tem feito muito para naturalizar a imagem das mulheres, além de celebrar a feminilidade em todos os seus aspectos.

DO "PORNÔ CHIQUE" AO "CHIQUE PARISIENSE"   243

O número de novembro de 2012 traz três mulheronas famosas, fotografadas com jeans desbotados combinando e camisas brancas impecáveis. Daria Werbowy, de 20 anos, Stephanie Seymour, de 40 e poucos anos, e Lauren Hutton, na casa dos 60 anos — todas são atraentes sem muito esforço. O título diz: "Dos 20 aos 60, no apogeu da vida". A mensagem é evidente: a idade é irrelevante.

A família é incluída — e exaltada — com foco na mãe e na criança, outro motivo frequentemente considerado confuso demais para a moda. A ênfase nos rostos mais amados da França denuncia um admirável orgulho nacional. Há homenagens a pessoas, como a ícone aposentada, aristocrata e musa de Karl Lagerfeld, Inès de la Fressange (editora convidada da edição especial de 2014);[55] Vanessa Paradis, a ex-estrela infantil e porta-voz da Chanel;[56] e Marion Cotillard, atriz premiada com o Oscar.

Ao aderir à tradição de ultrapassar os limites sociais na *Vogue Paris*, Alt rompeu o molde ao pôr na capa a primeira modelo transgênero, a morena brasileira de longas pernas Valentina Sampaio.[57] Alt a saúda como um "ícone" e uma "beleza", e na carta da editora afirma que espera ver uma época de maior aceitação no horizonte.[58] Com fotografia de Mert e Marcus e lançada em março de 2017, Alt provou novamente que encara a publicação francesa como uma revista mundial. O número chegou às bancas na mesma semana em que o presidente Donald Trump reverteu disposições legais que protegiam estudantes transgênero. A sua última incursão na política de identidade foi o número unissex de fevereiro de 2019, inteiramente dedicado à celebração do estilo andrógino.

Como produtora de imagens e estilista, Alt gostaria de se envolver mais. Quando assumiu o posto de editora, prometeu a si mesma que continuaria a contribuir para a história da moda em cada número, embora às vezes isso não seja possível.[59] Hoje em dia, ela diz que no mínimo vinte pessoas trabalham durante uma sessão fotográfica — comparável a uma produção cinematográfica de pequeno porte.[60] É uma diferença gritante em relação ao início da década de 2000, quando o duo criativo Mathias Augustyniak e Michael Amzalag (M/M) fazia direção de arte. Tudo era informal, experimental. Novata, Alt certa vez cometeu a gafe de sugerir o arquivo da *Vogue* a M/M, mas a dupla esnobou a ideia de usá-lo como fonte de inspiração.

244 NOS BASTIDORES DA *VOGUE*

No entanto, o arquivo é inestimável e é um pecado negar a influência de lendas como Helmut Newton e Norman Parkinson. Esses homens atrás das câmeras desenvolveram estilos, toques artísticos e marcas visuais que continuam no cerne da fotografia de moda. No panorama da moda atual, essas habilidades no set foram esquecidas e a conversa tende a se centrar no aspecto gráfico, nos retoques e na pós-produção. Outra vez, isso é uma questão de tendência: hoje, a herança está na moda. Claro, Alt — agora a chefe, e não mais uma novata — pode transmitir a magnitude da coleção da revista a outros funcionários e estimulá-los a desenvolver um sentido artístico, e não só aprender a usar o Photoshop e outros programas. "Quero que as pessoas à minha volta compreendam que são muito sortudas... Isso é uma dádiva. Não existe outra revista que possa apresentar isso. A *Vogue* tem o sentido de algo excepcional... Você chega todos os dias, e é algo histórico."[61]

Como estudo de caso, Alt é interessante por personificar perfeitamente a funcionária da *Vogue*. Ela age segundo as regras corporativas. No entanto, é subversiva à sua maneira. A circulação da *Vogue* francesa pode ser pequena em comparação com as marés provenientes da *Vogue* americana, mas tem um status cult. Ocupando o topo da hierarquia da moda na França, o trabalho dela é personificar *la parisienne*. E quais são exatamente as qualidades da *parisienne* no século XXI? Não é a vaidade, pois Alt não gosta da atenção que recebe por estar na primeira fila. Não é a juventude eterna, já que ela se recusa a empacotá-la como uma mercadoria para ser vendida às mulheres mais velhas e prefere apresentar a maturidade como algo desejável. Não é a *politesse*, uma vez que ela denuncia a injustiça e defende a igualdade. Ela não é cobiçosa nem venera celebridades; a idolatria vazia é substituída pela inclusão. Em um mundo louco pela mídia, isso é subversivo.

O aniversário de dez anos do reinado de Emmanuelle Alt foi em 2021. Paris representa a moda e Alt precisa traduzir essa mensagem e interpretá--la para o restante do mundo. Ela é editora-chefe há tempo suficiente para que a sua definição da identidade francesa, da moda e da *Vogue Paris* seja reconhecível. Ela a expressa sendo criativamente ousada e, ao mesmo tempo, permanecendo acessível. Isso requer um equilíbrio delicado do passado

DO "PORNÔ CHIQUE" AO "CHIQUE PARISIENSE" 245

e do presente: equilibrar a importância dos arquivos e a necessidade de sangue novo; agradar aos assinantes da velha guarda e, ao mesmo tempo, atrair novos seguidores on-line. Apenas uma qualidade segue valendo para a identidade moderna da *parisienne* como o foi para a antiga. A exclusividade. Quando Jonathan Newhouse informou aos editores que aceitar trabalhos freelance além dos deveres na *Vogue* atentava contra a política da companhia,[62] Alt aparentemente respondeu que não havia problema: ela era totalmente exclusiva da *Vogue Paris*.[63]

Capítulo 17

"A *Vogue* sempre será a *Vogue*"
O agora e o que virá

De Shulman a Enninful

Uma mudança radical estava a caminho na Grã-Bretanha. A edição se distinguira historicamente por uma espécie de excentricidade inglesa que provocava espanto, mas era esteticamente agradável. Um pouco fora do comum, um pouco romântica, um pouco extravagante. Aqueles tempos haviam acabado. Embora frequentemente Anna Wintour seja acusada de ter feito uma eutanásia na personalidade da *Vogue* britânica durante a sua editoria, em meados dos anos 1980, a verdade é que tanto a revista de Wintour quanto a de Tilberis, a sua sucessora, ainda possuíam brilho e estilo, uma pitada de glamour do velho mundo e a influência visível da década dançante que foi a de 1980. Porém, quando Liz Tilberis foi pescada por Hearst para trabalhar na *Harper's Bazaar* nos Estados Unidos, os últimos resquícios do que tornara a *Vogue* britânica uma obra de arte desvairada e única foram varridos para sempre. Em 1992, Alexandra Shulman foi nomeada editora-chefe, posto que manteve até 2017. A sua editoria foi a mais longa de qualquer editor do escritório londrino, um total de 25 anos, equivalentes a um quarto da vida da publicação.

No início, os leitores receberam Shulman calorosamente; ela parecia relativamente sensata, um bastião da normalidade em uma indústria excessivamente ornamental. Preferia os cabelos desalinhados e roupas simples ao glamour de alto nível e fingia não cumprir o papel de editora de moda.

248 NOS BASTIDORES DA *VOGUE*

Com quem a entrevistava, ela falava da preferência pelo frango assado,[1] do fraco pelos croissants[2] e da quantidade de vezes em que foi demitida na juventude,[3] tudo em um tom autodepreciativo. A mídia parecia gostar de Shulman porque ela não era magra demais nem convencionalmente bonita. Uma posição longa e estável como a dela a levou a ser aceita como o esteio da indústria da moda e a representante da *Vogue* na Grã-Bretanha; por isso, quando ela pediu demissão, alegando que desejava experimentar outro tipo de vida, foi como se um raio tivesse caído do nada. Quando ela entregou a demissão, de repente os anos que passara à frente da revista foram reavaliados, e desta vez as conclusões não foram muito amigáveis. Outra era havia surgido, em que a revista foi criticada por não ser inclusiva[4] e Shulman foi acusada de "contratações nepotistas".[5]

Quando ela anunciou a sua partida iminente, em 2017, a supermodelo Naomi Campbell tuitou uma foto da equipe editorial da *Vogue* naquele ano, com umas cinquenta pessoas, nenhuma delas negra.[6] Campbell chamou Shulman às falas pela falta de diversidade e expressou a esperança de um novo futuro com outra direção. Outras avaliações revelaram que desde 2002 Shulman só havia dado destaque exclusivo nas capas a duas modelos negras, e, no entanto, Kate Moss havia sido capa da revista 37 vezes. As capas de Shulman da década de 1990 em geral trazem fotografias quase idênticas de atrizes e modelos contra um fundo neutro, os cabelos esvoaçantes por conta da antiquada máquina de vento. Elas estão mais para *Women's Health* que para a *Vogue*. No início da década de 2000 há certa animação, com alguns toques festivos, como a maquiagem de David Bowie em Kate Moss, em março de 2003,[7] e a capa de ano novo com Elton John e Elizabeth Hurley em uma chuva de confete,[8] mas logo elas voltam às fotos repetitivas que duram — com algumas exceções — até o fim da sua editoria.

A *Spectator*, de direita, e o esquerdista *The Guardian* também a condenaram por usar modelos extremamente magras. Isso poderia não ter sido tão ruim para Shulman, se em várias entrevistas ela não tivesse dito abertamente que estava "farta" de discutir suas escolhas editoriais e tivesse insistido em que os leitores não queriam ver "mulheres reais" representando a moda.[9] Ela chegou a dizer à *Radio 2* da BBC, em 2014, que as mulheres

"A *VOGUE* SEMPRE SERÁ A *VOGUE*"   249

podiam se ver no espelho gratuitamente e não queriam pagar por uma revista repleta de pessoas parecidas com elas.[10]

Nos anos 1990, ela foi criticada por propagar o estilo "heroin chic" das garotas esquálidas de olheiras escuras, a ponto de os empresários da indústria da moda — em geral indiferentes a questões ligadas ao peso — se incomodarem e retirarem seus anúncios. A *Vogue* foi responsabilizada por contribuir para o aumento de distúrbios alimentares no país e por propagar expectativas irreais entre as mulheres. Shulman permaneceu indiferente a tudo isso, alegando que poucas pessoas haviam lhe dito que pararam de comer por causa da revista.[11] Por outro lado, a *Vogue* é um alvo extremamente fácil. Como a revista de moda mais conhecida e uma das mais proeminentes, ela costuma ser apontada como a culpada por quaisquer tendências negativas que afetem as mulheres e sua imagem corporal, e é difícil encontrar evidências sólidas que respaldem as acusações.

Quanto à própria imagem, Shulman também tem sido vítima das expectativas femininas. Desde pequena ela foi criticada por seu peso e, nos vários anos em que passou sob o escrutínio público, quase todos os artigos na imprensa faziam referência a essa questão. Porém, é difícil ter simpatia por uma mulher que poderia ter tido influência da perspectiva social. Shulman tenta se defender dizendo que a sua *Vogue* nunca publicou dicas de dieta nem qualquer coisa a respeito de cirurgias cosméticas, mas uma pesquisa apressada na Vogue.co.uk revela que não era bem assim.[12] Muitas vezes as dicas de dieta vêm disfarçadas em "Dicas de Saúde das Modelos".[13] Alguns lemas nas capas, principalmente na década de 1990, são extremamente antifeministas segundo os padrões atuais. Uma capa de 1996 diz: "Não me odeie por ser magra";[14] outra, de 2000, diz: "Coma gordura, emagreça".[15] No entanto, novamente vale apontar que na década de 1990 o ideal macérrimo havia chegado ao auge. O mantra da década era quanto mais magra melhor, e proliferavam imagens de mulheres miúdas, em programas de TV, anúncios e filmes. A *Vogue* refletia as normas da época. Infelizmente para Shulman, o seu trabalho estava sendo julgado pelas lentes da década de 2010, fora do contexto histórico em que havia sido concebido.

Em 2017, quanto mais a carreira dela era examinada, mais críticas ela recebia. Em consequência, houve alguns artigos maliciosos, tais como

250   NOS BASTIDORES DA *VOGUE*

um do *Spectator*, assinado com o pseudônimo Pea Priestly, intitulado "O reinado de Alexandra Shulman na *Vogue* será definido pela mediocridade, idiotice e sandálias de dedo", que começava assim:

> A efusão de amor após a saída de Alexandra Shulman da *Vogue* foi realmente comovente: ela foi descrita como "despretensiosa" e "muito britânica" (senha para acima do peso e sofisticada), enquanto a Grã-Bretanha lamentava a perda da sua líder gentil. Embora eu tenha certeza de que ela era uma dama muito simpática, há algo muito perverso em comemorar uma editora de moda que mal encontrava tempo para pentear o cabelo e andava ocupada demais tomando vinho para se olhar no espelho antes de sair de casa. Como representante número um da moda, era sua responsabilidade estar sempre apresentável e entregar um trabalho interessante, e ela falhou em ambas as coisas.[16]

Este artigo nem de longe é o único; há centenas deles, com críticas igualmente ácidas. Milhares de comentários nas mídias sociais também se dedicaram ao assassinato da personalidade. Embora Shulman se recusasse a correr riscos, é importante recordar que ela foi responsável por um enorme aumento da circulação e da receita, graças ao período de estabilidade criado pelo seu longo reinado. De qualquer modo, os observadores estavam ansiosos por mudanças, e os rumores sobre a sua substituição eram abundantes. Foi em meio a esse burburinho internacional que Edward Enninful surgiu em cena.

O assunto mais quente da moda em 2017 foi o recém-chegado na *Vogue* britânica. Todos prenderam a respiração com o anúncio do herdeiro aparente, e Enninful foi nomeado ao som de uma torcida coletiva. Ele é a primeira pessoa não branca e abertamente gay a ocupar o posto e o primeiro homem editor-chefe na história da edição britânica. Enninful teve uma carreira longa e saudável como estilista e chegou à *Vogue* vindo da revista *W*, onde era conhecido pelos visuais inovadores. Antes de assumir o cargo, tinha sido editor colaborador da *Vogue Itália*, editor colaborador de moda da *Vogue* americana, e era bem conhecido na Condé Nast. Muitos

"A *VOGUE* SEMPRE SERÁ A *VOGUE*" 251

acharam que a promoção ocorreria no seio da companhia, com o título indo para uma das garotas de Chelsea que trabalhavam com Shulman.

Na época de Shulman, a *Vogue* fora novamente acusada de dar tratamento preferencial às filhas dos ricos. Só pouco antes de ela se tornar editora-chefe a pergunta sobre "renda passiva" foi abolida do formulário de inscrição de emprego; antes disso, todos os candidatos preenchiam fichas para o RH informando a escola que tinham frequentado e a soma exata da ajuda de custo que recebiam de algum fundo ou de um familiar querido. Isso parecia "normal" para Shulman, que era filha do crítico teatral Milton Shulman e da jornalista Drusilla Beyfus (os quais haviam sido demitidos da *Vogue* por Anna Wintour), tinha crescido em Belgravia e estudado na Escola Saint Paul para Meninas.

O nepotismo grassava na Condé Nast, e Shulman se beneficiou disso. Ela editava a *GQ* (outro título da Condé Nast) quando chegou um novo diretor editorial, Nicholas Coleridge, que a conhecia há algum tempo. Na juventude, ele tinha sido amigo da irmã dela, Nicola, e Shulman já trabalhara para ele antes. Quando Tilberis deixou vaga a cadeira na *Vogue* britânica, ele entregou o posto a Alex Shulman. Comenta-se que a atmosfera de camarilha persistia na *Vogue*, e muitos esperavam que Edward Enninful, que era franco a respeito da sua agenda de diversidade, acabaria com isso.

Como sucede tão frequentemente com as novas administrações, houve uma série de brigas e demissões nos meses seguintes à nomeação dele. Houve um êxodo em massa das moças de classe alta e um forte influxo de celebridades no expediente. Enninful pôs Naomi Campbell, Kate Moss e Steve McQueen como editores colaboradores. Emily Sheffield, que se tornou supérflua nesse processo, relembra que a briga entre a velha e a nova guarda no escritório foi tão feroz que vazou para o público.[17] Sheffield, que era subeditora de Shulman, é filha de Sir Reginald Sheffield e da irmã de Samantha Calderon, a esposa de David Cameron. Algumas dessas "superfluidades" chegaram à mídia, e o respingo maior foi orquestrado em uma entrevista pós-*Vogue* com Lucinda Chambers, que trabalhara na revista por 36 anos, na plataforma de nicho *Vestoj*.[18] A entrevista, que teve ampla circulação, é extremamente franca. Chambers admite corajosamente que tinha sido demitida (e não se tornado "supérflua") e ataca a indústria,

252 NOS BASTIDORES DA *VOGUE*

tão focada nas aparências que ela tinha sido aconselhada a mentir sobre a demissão para não ser humilhada. Ela chega a dizer que "a moda pode te mastigar e te cuspir", e afirma: "Verdade seja dita, há anos eu não leio a *Vogue*."[19] Ela refletiu sobre a mídia ilustrada que, segundo sua opinião, deixava os leitores mais ansiosos do que empoderados:

> É uma pena que as revistas tenham perdido sua antiga autoridade. Elas deixaram de ser *úteis*. Na moda, sempre tentamos fazer as pessoas comprarem coisas de que não precisam. Não *precisamos* de mais bolsas, camisas ou calçados. Então persuadimos, intimidamos e estimulamos as pessoas a comprarem continuamente. Sei que as revistas são feitas para serem ambiciosas, mas por que não ser ao mesmo tempo ambiciosa *e* útil? Este é o tipo de revista de moda que eu gostaria de ver.[20]

Aqui, os fãs de Enninful argumentariam que há ironia nessa afirmação: a *Vogue* dele, da qual Chambers já não faz parte, tenta ser exatamente esse tipo de revista.

Em sua primeira carta do editor, Enninful nos introduz à "sua nova *Vogue*" (gerando a hashtag #NewVogue), o número de dezembro de 2017, pensado como uma celebração da Grã-Bretanha, apesar do torvelinho recente do Brexit.[21] A capa traz a modelo miscigenada Adwoa Aboah, nascida na Grã-Bretanha, portando um turbante de seda em tons de rosa e laranja e brincos de diamantes cintilantes que criam um belo estilo *vintage* e remetem fortemente ao glamour da década de 1950.[22] No lugar das legendas sobre calçados ou estações, do lado esquerdo há uma lista de gente poderosa em campos que vão da política, representada pelo prefeito de Londres Sadiq Khan, à literatura, representada por Zadie Smith e Salman Rushdie, à música, com o artista negro Skepta, e a realeza da moda de sempre, com Cara Delevingne, Naomi Campbell, Kate Moss. O número está coalhado de artigos "pé no chão" assinados por nomes de peso: John Galliano toma o ônibus nº 12 em Elephant & Castle[23] e Victoria Beckham é fotografada em seu quarto de menina falando sobre gente intimidadora.[24] Alguns artigos obviamente são pensados para retratar uma *Vogue* contestatária e ousa-

"A *VOGUE* SEMPRE SERÁ A *VOGUE*"   253

da, e Zadie Smith diz que a rainha é "claramente de classe média baixa" e refere-se a ela como "sra. Windsor", e não Sua Majestade.[25] Em outra parte, Salman Rushdie escreve sobre o Natal em uma família pluriconfessional,[26] ao passo que Skepta discute a experiência negra britânica.[27] Essas conversas contundentes são diluídas com cães corgis, lady Jean Campbell fotografada vestindo Chanel[28] e Cara e Poppy Delevingne discorrendo sobre o excruciantemente banal.[29] O prefeito de Londres conversa com a "companheira do sul da cidade" (nota: não a supermodelo global) Naomi Campbell sobre as experiências infantis de ambos.[30]

O número faz um esforço enorme e admirável para trazer uma nova mensagem, com forte ênfase na inclusão e em temas que decididamente estão fora do escopo padrão da moda. Na carta do editor, Enninful escreve sobre os britânicos: "Certamente há algo com que podemos concordar: somos uma gente talentosa."[31] Ao traçar a vida e o local de nascimento de megacelebridades como Victoria Beckham e Naomi Campbell, Enninful obviamente tenta ressaltar o talento contra todas as adversidades ou o sucesso apesar do lugar de origem, uma espécie de resposta à promoção dos ricos e bonitos por parte de Shulman só por serem ricos e bonitos. No entanto, esse esforço poderia parecer mais sincero sem um resquício de nepotismo.

A estrela da capa, Adwoa Aboah, é descrita na mídia como modelo e ativista ganense, contudo, um fato que costuma ser omitido é que os pais dela pertencem ao meio da moda e são extremamente bem relacionados. A mãe é Camilla Lowther, ex-modelo e filha de um visconde, que possui uma agência de talentos. Além da linhagem aristocrática, Aboah tem a vantagem extra de ser afilhada de Ronnie Cooke Newhouse, esposa de Jonathan Newhouse, presidente do conselho da Condé Nast International. Em resumo, ela tem relações estreitas com a família proprietária da *Vogue*. É mais privilegiada que qualquer uma da equipe de Shulman, e até mesmo que as atrizes do primeiro escalão de Hollywood que já figuraram na *Vogue* britânica. Ao mesmo tempo, as supermodelos Cara Delevingne e Edie Campbell são afilhadas de Nicholas Coleridge, o atual presidente da Condé Nast International. Por mais que seja a #NewVogue, ainda é a *Vogue* e, como comentou sagazmente o jornalista Jess Cartner-Morley, "A *Vogue* está morta, vida longa à *Vogue*".[32]

254 NOS BASTIDORES DA *VOGUE*

Desde o primeiro número, Enninful tem demonstrado o seu compromisso com a diversidade, ainda que tenha tido problemas. Os observadores não se impressionaram quando sua segunda capa trouxe a celebridade branca Taylor Swift,[33] e menos ainda com a terceira capa, de fevereiro de 2018, com Margot Robbie e Nicole Kidman com a legenda "POR QUE PRECISAMOS FALAR SOBRE RAÇA".[34] Comentários sarcásticos pipocaram nas mídias sociais, expressando decepção por Enninful ter produzido uma primeira capa forte e, aparentemente, depois ter voltado à receita-padrão da *Vogue*. A crença no editor-chefe renasceu com a capa de maio de 2018, com nove modelos pioneiramente diversas: de Paloma Elsesser, a popular modelo tamanho grande, a Halima Aden com um *hijab*.[35] Ali estavam mulheres que quebravam o molde da indústria tradicional de modelos e representavam minorias. Oprah fez uma aparição espetacular em agosto de 2018;[36] a cantora otimista e defensora da positividade corporal Lizzo brilhou na capa do número de dezembro de 2019;[37] Rihanna apareceu duas vezes e sua capa de 2020 foi altamente elogiada por ser a primeira na história da *Vogue* britânica em que uma mulher usava uma bandana.[38]

Enninful parece ter criado um jogo ao experimentar o máximo possível de primeiras capas, mas isso não foi difícil, já que a revista tem sido extremamente conservadora em tantos aspectos. Talvez o maior estrondo tenha sido o número de setembro de 2019, com a editora convidada Megan Markle, recém-nobilitada duquesa de Sussex. Com o título pomposo, "Forças de mudança", o número de Markle foi tremendamente controverso. Na superfície, as crenças dela se alinhavam com a declaração da missão de Enninful na revista. Markle preferiu focar no ativismo, e a capa traz quinze personalidades com alguma ligação com o ativismo ou a caridade. Há um décimo sexto quadrado com tratamento espelhado para que o leitor da *Vogue* se veja ali refletido e participe da conversa, tornando-se outra "força de mudança".

A capa perdeu a oportunidade de apresentar alguém que não fosse célebre e de incluir mulheres de negócios ou cientistas. Vemos a lista costumeira de privilegiados, dentre eles seis atrizes e três modelos. Adwoa Aboah está lá outra vez. Não há um curinga, uma pista que abra os olhos, só outro rol de nomes famosos que já vimos cem vezes, exceto que aqui

"A *VOGUE* SEMPRE SERÁ A *VOGUE*"

aparecem fantasiados de guerreiros da justiça social. Mesmo no miolo, os colaboradores são pessoas com grande número de seguidores nas mídias sociais, como o autor Matt Haig, que participa com um poema tolo eivado de palavrões. Até o truque do espelho no décimo sexto quadrado vazio, que parece esperto, é um conceito roubado. A revista *Time* já tinha feito isso em 2006, quando a Personalidade do Ano foi "Você". Em nenhum momento temos a impressão de que Markle saiu buscando e premiando ativistas pioneiros; em vez disso, parece que ela incluiu pessoas com uma plataforma ampla para provar que era capaz de atraí-las.

Megan Markle foi duramente criticada por se envolver com a *Vogue*. Embora outros nobres tivessem sido editores convidados em publicações, o problema parece ser que ela não se manteve apolítica. Como representante do Palácio de Buckingham, isso não foi justo com os súditos, que podiam ter opiniões diferentes. O que é ainda mais complicado é que o ativismo social costuma ser patrocinado por enormes corporações que podem estar em conflito entre si ou com nossos sistemas políticos de governo. Outros disseram que a *Vogue* não é a plataforma adequada: ainda é incômodo ver o feminismo aninhado ao lado de vestidos Gucci que custam mais de 2 mil libras e são desenhados para mulheres magras que fazem dietas radicais; assim como é difícil falar de sustentabilidade quando a moda é uma das indústrias mais poluentes do planeta. Markle reconhece isso na introdução:

> Lembre-se de uma ressalva: isto é uma revista. Ela é um negócio, afinal de contas. Digo isso para lidar com as expectativas: há partes com anúncios que são um requisito em cada número; então, embora esteja certa de que você verá a minha digital na maioria das páginas, por favor, lembre-se de que há elementos que simplesmente vêm com o território.[39]

A revista de Markle se esgotou — o que fez dela um sucesso para os fins da Condé Nast — e há muito prestígio ligado a uma publicação que consegue trazer uma duquesa para trabalhar com eles. A *Vogue* britânica tem uma longa história de parcerias com a nobreza, como a capa com Kate Middleton no número do centenário da revista. Ainda assim, o número

256 NOS BASTIDORES DA *VOGUE*

de Markle não pode ser declarado um triunfo absoluto. Pode inclusive ter sido um dos últimos pregos no caixão dela aos olhos do público britânico. A campanha de marketing que o cercou não conseguiu erradicar o sentido da marca de virtude e narcisismo que envolveu a tentativa de Markle na publicação, segundo comentaristas. A legitimidade da luta por igualdade encolhe ainda mais com as descrições de Enninful entrando e saindo de reuniões clandestinas com a duquesa para um chá de menta, enquanto a própria Markle fazia uma reunião ultrassecreta com Michelle Obama, tudo transmitido em tom de sigilo, como se estivessem lidando com os prós e contras da economia mundial, e não com algumas páginas em uma revista mensal.[40] A elite discorda de temas como classismo. Mais uma vez voltamos à contradição de uma revista exclusiva que tenta ser inclusiva. Pelo menos Enninful e Markle compartilham do mesmo tom "consciente das injustiças" que se tornou comum na nova *Vogue*. Ele representa o novo convencional, um mundo em que tudo — principalmente a moda — se tornou altamente politizado.

Enninful tem de responder a um panorama contemporâneo complexo: é o mundo dos "*likes*" nas mídias sociais justificados por boas causas sem base, em que a opinião popular reprime fatos sólidos e a juventude com uma causa busca superar profissionais experientes. É também um momento em que tanto as corporações quanto as pessoas estão ansiosas por promover seus valores morais, às vezes em conflito com o modo como continuam a operar nos bastidores. Não é uma época fácil de interpretar e, como ele só está no posto desde 2017, certamente haverá problemas cruciais. Hipocrisias ocasionais no material podem ser um mal temporário enquanto Enninful arquiteta uma estratégia para converter a *Vogue* em uma operação mais transparente. Ele prega a inclusão, mas inúmeras das suas estrelas favoritas estão ligadas a diretores da Condé Nast. Frequentemente suas capas são feitas por fotógrafos veteranos, como Steven Meisel (que trabalha para a *Vogue* há cerca de três décadas), Mario Testino (duas décadas e meia) e Juergen Teller (duas décadas e meia). Dos trinta temas que ele propôs até agora, só duas capas foram fotografadas por gente com menos de 50 anos e apenas uma por um fotógrafo relativamente novato, sem experiência anterior com a revista. No que concerne à fotografia,

"A *VOGUE* SEMPRE SERÁ A *VOGUE*"

Enninful prefere o talento estabelecido ao emergente e o repetitivo ao diverso. A exceção é Nadine Ijewere, fotógrafa de ascendência jamaicana e nigeriana nascida em Londres que fotografou a cantora pop Dua Lipa para a capa de janeiro de 2019.

Ijewere ficou pasma quando uma amiga lhe contou que em nenhuma edição internacional uma capa da *Vogue* tinha sido fotografada por uma mulher negra; ela estava a ponto de assumir esse título aos 26 anos. A ligação viera do nada, embora uma olhada no seu portfólio indique que a sua visão pessoal está alinhada com a de Enninful. Desde a época da universidade, ela fotografa mulheres fora dos padrões da indústria da moda e usa as lentes para explorar a própria identidade, e ela me explicou que gostaria de representar as culturas africana e caribenha sem os estereótipos tribais que frequentemente são justapostos às fotos de moda.[41] Viver em Londres, uma das cidades mais multiculturais, também ajudou a ampliar a sua noção de beleza. Ijewere foi simpática, alegre e estimulantemente direta quando nos encontramos para discutir a sua experiência na *Vogue*. Sobre o escritório de Enninful, ela só tem coisas positivas a dizer. Fundamental para desfrutar o trabalho foi a liberdade criativa que teve: "Eles ficavam dizendo: não faça isso parecer uma imagem da *Vogue*, faça a sua imagem."

Para ela, o mais interessante que a *Vogue* britânica está fazendo hoje é atrair a geração mais jovem. "Vi a mudança, e os temas que ela trata são relevantes, não é a fantasia de moda insossa, há mais um sentido nisso."[42] Tomara que a inclusão de Ijewere entre os fotógrafos experientes seja sinal de boas coisas por vir. Trazer produtores de imagens mais jovens dará um novo estilo à revista, que pode chamar a atenção da geração Y, dos nativos digitais e adolescentes que a *Vogue* anda trabalhando duro para atrair. O trabalho de gente como Testino e Teller pode ser incrível, mas, se Enninful está fazendo a revista para as gerações futuras, é hora de dar mais espaço aos novos talentos.

Pouco depois de sair, Alexandra Shulman escreveu um artigo de opinião para o *Business of Fashion* com o título "O que torna alguém um grande editor de revistas?", que foi recebido como um ataque finamente velado ao seu sucessor na *Vogue* britânica.[43] O artigo trata da importância de uma equipe treinada e comenta que os grandes nomes raramente

258 NOS BASTIDORES DA *VOGUE*

estão dispostos a trabalhar de verdade, só gostam de estar ligados a uma publicação como a *Vogue*. Quanto aos editores, ela escreve: "Certamente não é trabalho para quem não deseja se dedicar horas a fio e pensa que o principal é ser fotografado em uma série de roupas de grife com uma lista de amigos famosos."[44]

Enninful não se furta de postar frequentemente nas mídias sociais fotos com amigos como Naomi Campbell e Kate Moss, que fazem parte do expediente como colaboradoras, mas cuja contribuição real é difícil de avaliar. Shulman também ressalta que:

> O golpe digital à imprensa é poderoso, mas não significa que as revistas não precisem de editores que realmente editem. Que elaborem os pequenos detalhes. Não tem sentido as revistas se tornarem emuladoras de experiências que podem ser encontradas em outra parte, correndo atrás de caça-cliques reproduzidos em um zilhão de websites e seguindo covardemente um pequeno grupo de celebridades de curto prazo.[45]

Essas citações sublinham o problema que as publicações enfrentam. Enninful foi acusado em numerosas ocasiões de demitir funcionários altamente qualificados para pagar sessões fotográficas maiores e colaboradores célebres com uma grande quantidade de seguidores que tragam mais do que seus nomes às páginas da revista. A *Vogue* continua sendo criticada por consolidar seu orçamento em torno da presença on-line, acomodando-se ao formato conhecido das listas e outras peças repetitivas. A revista tem evitado a abordagem do tamanho único e prefere produzir material segundo as diferentes audiências, o que é exemplificado pelo lançamento de edições independentes em cada país, em vez de tentar entrar em distintos mercados com uma edição de referência. A internet levou os poderes na *Vogue* a produzir conteúdo on-line, que não só é caro como leva tempo. Isso pode manter a visibilidade da marca, mas à custa da sua autoridade.

Edward Enninful está entre a cruz e a caldeira: como as margens se estreitaram, ele é mais ou menos forçado a sacrificar um pouco da qualidade da impressão. Apesar de todas as críticas às capas sem

"A *VOGUE* SEMPRE SERÁ A *VOGUE*"

imaginação de Shulman, ela sabe escrever. As palavras nas edições de Enninful são esparsas, são principalmente fragmentos de cópias e perguntas e respostas de celebridades. Enninful é estilista, não é jornalista profissional, e a sua *Vogue* reflete isso quando mostra o *streetwear* atual, frequentemente unissex, que tende para o atlético e não se encaixa no legado elegante da revista. Mas os tempos mudaram. A *Vogue* tem uma circulação massiva e Enninful é compelido a mostrar o que está na moda. Como Shulman assinala em seu artigo, "as revistas são negócios",[46] e evidentemente ele é o editor-chefe que a Condé Nast acha que vai trazer mais dinheiro neste momento, e provavelmente estão certos. Ele é extremamente popular e reavivou o interesse pela edição britânica ao mirar na audiência mais jovem e servir como um modelo valioso.

As consequências da perturbação digital

Um segundo acontecimento, ainda mais impactante, abalou os alicerces da *Vogue* em 2017: a morte de Si Newhouse. Louvado como um titã da mídia, ele havia presidido a revista desde o início da década de 1960, o que significa que por mais de meio século foi a figura central da *Vogue* e suas muitas irmãs. Com a competição da mídia on-line começando a esquentar, ele deixou a sua legião de revistas de luxo em um momento particularmente duro. De maneira geral, 2017 foi um ano ruim para a Condé Nast. Além da morte do patrão benevolente, houve a demissão de Graydon Carter, editor-chefe da *Vanity Fair*, que detivera o cargo por 25 anos, e, ainda mais devastador, a companhia supostamente perdeu 120 milhões de dólares.[47]

Em 2018 ainda estavam no vermelho, mas em 2019 começou a surgir uma direção clara para a companhia. Bob Sauerberg, por muitos anos o diretor-executivo, foi substituído por Roger Lynch, até então à frente da Pandora, um serviço de streaming musical, com sólida experiência em entretenimento e tecnologia. Foi a primeira vez que um outsider chegou a diretor-executivo nos mais de cem anos da Condé Nast. A falta de experiência com publicações não importava; sua tarefa era criar uma companhia de mídia do século XXI, e não um império das publicações.[48] Uma tarefa realmente difícil, pois, como ele próprio admitiu, ninguém sabe como isso deve ser. A prova é o contínuo desenvolvimento de diversos ramos da Condé Nast que têm pouco a ver com itens impressos.

Inicialmente, a Condé Nast Entertainment (CNE) contribuiu pouco para a companhia-mãe. Ela foi criada em 2011 como um departamento de produção de vídeo, com a ideia de assegurar as suas receitas caso os artigos publicados pela companhia se transformassem em filmes ou programas de TV (*Brokeback Mountain*, por exemplo, tinha começado como uma matéria na *New Yorker* e a empresa não recebeu parte dos lucros do filme). Contudo, a CNE não produziu nenhum sucesso e, languidescendo na estagnação, terminou focando no YouTube. Muitos desses vídeos tinham produções caras e não tiveram audiência. Uma série para a *Vogue* entrevistou modelos no Hotel Plaza Athénée em Paris e custou cerca de 250 mil dólares, mas cada clipe só foi assistido uma centena de vezes.

A companhia encontrou o seu nicho em produções de formato repetitivo, como "73 Perguntas", em que uma celebridade caminha enquanto responde a um questionário aleatório, e "Pergunte à Anna!", em que a maior estrela da *Vogue* é pressionada por estranhos a revelar seus pensamentos. O resultado foi uma infinidade de conteúdo banal e coalhado de celebridades que consegue milhões de espectadores, mas cujo lucro é escasso. Para fazer a CNE funcionar, o departamento precisava de uma política enxuta e de contar os centavos. Esse tipo de dificuldade não impede a mídia de enxergar o vídeo como o caminho a seguir, e a Condé Nast parece particularmente determinada a manter o empreendimento funcionando.

A CNE não é a única seção da Condé Nast que segue a norma de apertar o cinto. Hoje isso se aplica à companhia como um todo — os famosos dias de prodigalidade acabaram. Em meio às dificuldades de 2017, a corporação desmembrou e fundiu várias marcas. No processo de "concentração", cada publicação foi fragmentada e centralizada, o que significa que cada equipe de design foi combinada no Grupo Criativo; os copidesques e verificadores de fatos foram reunidos no denominado Grupo de Integridade de Conteúdo; e o pessoal da área tecnológica e de websites foi integrado no Co/Lab de nome misterioso.[49] Além disso, as vendas foram aglutinadas em grupos aparentemente aleatórios, com um deles assumindo a responsabilidade pela *New Yorker* e pela *Teen Vogue*. Apesar do corte de gastos e embora a

"A *VOGUE* SEMPRE SERÁ A *VOGUE*" 261

rivalidade entre as revistas tenha desaparecido, começaram a vir à tona outras disputas entre os departamentos.

De repente, o pessoal do Co/Lab, representante do lado digital, adquiriu uma grande importância e começou a ter os benefícios típicos das startups de tecnologia. O seu andar no prédio foi devidamente munido de mesas de pingue-pongue e os refrigeradores foram abastecidos com muçarela em palito e guacamole, o que irritou as equipes editoriais, já que os seus suprimentos haviam sido cortados. Em pouco tempo, redatores e designers gráficos passaram a fazer expedições ao andar de cima para saquear as geladeiras e, segundo uma fonte, os verificadores de fatos da *New Yorker* adquiriram o hábito de se materializar às sextas-feiras para encher as bolsas de cerveja grátis.[50] Os desenvolvedores e programadores se viram no topo da cadeia alimentar, assim como antes a *Vogue* e a *Vanity Fair* haviam desprezado as moças mais prosaicas da *Brides* e da *Self*. Logo os membros do Co/Lab reclamaram e criaram uma ruptura curiosa, em que uns podiam tomar drinques refinados e comer salgadinhos, e outros não. O sentimento de injustiça foi se generalizando, a ponto de um funcionário do Grupo Criativo escrever "NÓS SOMOS CRIATIVOS, E NÃO CIDADÃOS DE 2ª CLASSE" em um papel adesivo amarelo e grudá-lo em uma parede.[51]

Ao espremer a equipe, a Condé Nast descobriu que os 23 andares que ocupava originalmente no quartel-general do One World Trade Center eram generosos demais, pois já não ocupam o prédio todo. Claro, Anna Wintour mantém seu amplo escritório privado. Alguns leitores expressaram preocupação, pois a Condé Nast se vangloria das suas marcas, mas as solapa com cortes de custos constantes. Na poda dos orçamentos antes extravagantes, a *Vogue* continuou sendo a marca principal, e as equipes criativa e editorial foram cada vez mais pressionadas a emular o seu formato, redação e visual, independentemente da revista em que trabalhassem. Afinal, a *Vogue* é responsável por 28% de toda a receita da Condé Nast.[52]

O que vem por aí ninguém sabe. É fascinante ver uma companhia como a Condé Nast, cuja reputação foi construída com base no talento criativo, sair disso e aprimorar a logística operacional e os algoritmos. Muitos dizem que a *Vogue* demorou demais para se lançar on-line, um

262 NOS BASTIDORES DA *VOGUE*

raro equívoco da corporação gigantesca. A falta de perspicácia levou a um produto mal concebido, e mesmo após a criação do Co/Lab diversas falhas técnicas frustraram e complicaram a experiência do usuário. As primeiras tentativas na internet ainda estavam sob a alçada de editores-chefes como Anna Wintour e Alexandra Shulman, que talvez não tenham percebido a importância do terreno digital. Como demonstrou a política de "centralização", editores, redatores e produtores de imagens estão indo ladeira abaixo, com suas habilidades aparentemente menos valorizadas.

Essa nova hierarquia social dita que as revistas hoje são governadas por programas de computador, e não por jornalistas. Com esse cenário, não surpreende que Edward Enninful tenha sido indicado editor-chefe da *Vogue* britânica; ele está no campo digital, e não no tradicional. Isso traz efeitos colaterais; um deles é que os editores se tornaram tão fetichizados quanto as bolsas e calçados nas páginas da *Vogue*. Wintour, por exemplo, gerencia um programa de fidelidade que cobra 100 mil dólares por ano, e quem estiver disposto a pagar tem acesso a ela e recebe convites especiais para eventos da *Vogue*, inclusive reuniões aconchegantes, tais como cafés da manhã com Wintour e outras celebridades ligadas à revista. Igualmente, são tantos os funcionários da Condé Nast procurados para postar conteúdo patrocinado em suas mídias sociais pessoais que em 2019 a administração introduziu uma nova política, estipulando que esses tratos seriam negociados pela companhia, que também receberia uma porcentagem.

Há a preocupação de que os consumidores se cansem das assinaturas digitais e sejam bombardeados com informações. Outra preocupação é se a publicidade digital resistirá. Steven Newhouse, o sobrinho de 62 anos de Si Newhouse nomeado copresidente da Advance Publications Inc. (proprietária da Condé Nast) após a morte do tio, reiterou o velho mantra dos Newhouse sobre o lucro final. Em conversa com um antigo jornalista da empresa, ele assinalou que nem a *Vogue* nem qualquer outra revista da companhia era um projeto de vaidade; todas tinham sido criadas para dar lucro.[53] No entanto, a corrida na direção dos cifrões de dólar já não é mais um caminho claramente demarcado. Mesmo que a estratégia digital pareça boa ideia, não é tão fácil monetizar a voz "*cool*" e "socialmente responsável" que eles pensam que queremos hoje em dia.

"A VOGUE SEMPRE SERÁ A VOGUE" 263

A *Teen Vogue*, que era pioneira na estratégia de Enninful da "consciência social", em 2017 teve de se tornar exclusivamente on-line. Desde então, voltou a focar na moda: ser "real" não estava atraindo dinheiro de verdade. É interessante que a fórmula esteja sendo testada novamente na *Vogue* britânica. Em seu panorama volátil, os Newhouse protegem suas apostas gastando fortunas em coisas mais seguras. Em 2019 houve uma rodada de patrocínio para o Reddit (que a Condé Nast comprou por 20 milhões de dólares em 2006, e onde ainda é a maior acionista) que elevou o valor do Reddit para 3 bilhões de dólares; e a compra da Turnitin (o software antiplágio usado pelas universidades) por 1,7 bilhão de dólares. Ainda não se sabe até onde estes e outros investimentos irão para amortecer os golpes que a empresa levou. Sem Si Newhouse para proteger as revistas, ainda existe o perigo de que elas se tornem um dano colateral na guerra da disrupção da internet, caso não deem lucro.

Adivinhar os futuros da *Vogue*

As pessoas parecem divididas quanto ao futuro da *Vogue*, ocupando dois campos: os que creem que ela está mal das pernas e os que pensam que a revista é imortal. Às vezes, para decidir quem está em qual campo, tive de peneirar uma boa quantidade de respostas educadas e indiretas. A *Vogue* não é um tema que as pessoas discutam abertamente, estejam ou não envolvidas com a Condé Nast. Pelo menos as pessoas da indústria, acreditem ou não no poder da *Vogue*, são claras sobre o seu propósito. Vanessa Friedman, do *New York Times*, foi sucinta ao dizer que a revista tem "o papel de filtrar e traduzir", o que ajuda a "conectar a moda e o mundo da moda aos leitores".[54] Ao "traduzir" a moda para a audiência e promover estilistas que considera talentosos, a *Vogue* e sua categoria se posicionam entre a cobertura crítica da imprensa e os blogs e mídias sociais, que conectam diretamente as marcas aos consumidores. A maioria vê a *Vogue* funcionar como um apoio, como uma líder de torcida do setor. Definir as revistas de moda em uma liga própria deveria eliminar parte do receio de que elas estejam em competição direta com os blogs, e-zines, boletins etc., mas isso não diz muito sobre as implicações mais amplas da competição geral. Mais plataformas significa que os consumidores têm opções, e o seu limiar de atenção encurta. A *Vogue* ainda pode se afogar no espaço apinhado da mídia.

Imram Amed, fundador, diretor-executivo e editor-chefe da companhia global de mídia *The Business of Fashion*, propõe que a *Vogue* se dirija a dois tipos distintos de leitores:[55] os consumidores que a compram e os que a leem na internet. As edições impressa e digital são distintas o suficiente para terem grupos-alvo separados. Isso permitiria que o produto físico se dedicasse a temas mais substanciais, enquanto os fragmentos de fofocas de Kardashian e cinquenta maneiras de usar uma camiseta branca poderiam atrair aqueles que rolam a página rapidamente. No entanto, dizer que a *Vogue* tem por alvo apenas essas duas audiências é simplificá-la demais. Hoje a revista é uma marca muito maior, uma besta multifacetada que atende a observadores casuais, fãs ultraconservadores, profissionais criativos e todo mundo entre essas categorias. Se você assiste a desfiles de passarela no YouTube, toma chá no Vogue Café ou assina o arquivo da revista para o seu doutorado, você é um cliente da Condé Nast.

Não se pode deixar de imaginar o que Amed realmente pensa sobre tudo isso. Em 2019, a Condé Nast lançou a *Vogue Business*, um boletim focado no futuro que fornece avaliações analíticas e mercadológicas à indústria da moda. Ela tem uma semelhança impressionante com *The Business of Fashion* de Amed, que é publicada desde 2007. Diz-se que a *Vogue Business* surgiu na incubadora da Condé Nast e tem como objetivo conquistar uma audiência de nicho e alto valor, já que é cada vez mais difícil monetizar uma audiência em grande escala com base na publicidade. Atualmente, ela está longe de superar *The Business of Fashion* em número de assinantes.

Enquanto isso, Anja Aronowsky Cronberg, fundadora e editora-chefe de *Vestoj*, publicação sobre indumentária baseada em Paris e parcialmente financiada pelo London College of Fashion, é dúbia quanto ao valor que a *Vogue* atribui à própria audiência. "Às vezes me pergunto se a audiência é assim tão importante. Acho que talvez a revista vá direto do editor às mesas de vários relações-públicas, sabe? Para que eles possam mostrá-la aos clientes, veja, a sua roupa está na página tal da *Vogue*."[56] Ela não é otimista quanto à sobrevivência da revista: "Aquele modo de trabalhar não

"A *VOGUE* SEMPRE SERÁ A *VOGUE*" 265

funciona no longo prazo, não quando você tem orçamentos tão grandes como acho que a *Vogue* está acostumada a ter."

A *Vestoj*, que se especializa em textos acadêmicos, ficou conhecida quando Cronberg entrevistou Lucinda Chambers, a diretora de moda demitida da *Vogue* britânica. Muito tempo depois de a entrevista viralizar, Cronberg estava refletindo sobre os comentários de Chambers, inclusive a declaração de que, embora trabalhasse para a revista, ela não a lia mais. Cronberg especula que seus pares consideram a *Vogue* "um pouco boba, definitivamente irrelevante. Quem a leva a sério? Ninguém, na verdade. Ao mesmo tempo, é uma forma de status trabalhar lá". Isso cria uma relação complicada: "Não respeitar a *Vogue* como publicação, mas, ao mesmo tempo, saber que trabalhar lá é bom para a sua carreira profissional."[57]

A falta de respeito pelo produto por parte daqueles empregados na sua confecção dificilmente indica um bom futuro. Cronberg tampouco tem fé no desejo dos Newhouse de mantê-la operando. Ela acredita que a *Vogue* seja um bom exemplo da mudança de poder que ocorre neste momento na indústria da moda. Não se sabe se a *Vogue* será a última revista de moda a ser publicada. "Poderia ser qualquer uma, na verdade, porque são todas muito parecidas. Tenho certeza de que não terá muito a ver com o que publicam realmente, e sim com quem tem a sorte de contar com um patrocinador. Alguém que ache que vale a pena investir nelas."[58]

Há outros pontos de vista. A colunista do *Sunday Times* e radialista Katie Glass responde com enorme entusiasmo às publicações de moda: "Adoro as revistas de moda! Principalmente quando você está fazendo algo como ir a um hotel, pegar um avião, sair no fim de semana ou tomar um banho de banheira, eu as associo a essas situações. É um luxo. E parte do luxo está na textura e na qualidade, mas também em poder ler algo."[59] Para Glass, a atração da mídia impressa são os artigos longos, redigidos pela beleza da palavra escrita, e não para encaixar na crua realidade. "Gosto da irrealidade da *Vogue*. Não posso comprar nenhuma daquelas roupas e muito menos um Rolls-Royce Phantom. Ninguém a lê por isso. As pessoas a leem por todas aquelas belas coisas indulgentes, a revista em si se torna um luxo."[60] É interessante pensar que a *Vogue*, em sua encarnação como revista da mídia de massas, tenha se tornado o luxo que vende nas suas páginas. Ela é ao mesmo tempo a substituição física e o olho mágico de um mundo em que a maioria de nós não pode viver, mas desfruta vendo.

Flora Carr, jornalista premiada, também está do lado da mídia impressa e diz: "Claro que há uma mudança, principalmente na minha geração e na geração abaixo da minha; a minha irmã é da geração Z e ela assina revistas que enviam as cópias impressas. Acho bom ter um exemplar tangível nas mãos." Além do poder de atração do produto, Carr opina sobre a marca: "Duvido que ela sofra do mesmo modo que outras menos conhecidas podem vir a sofrer."[61]

Até Alexandra Shulman defende o formato, dizendo: "Continuo convencida de que a atração da experiência tangível de uma revista ilustrada volumosa ainda é forte."[62] Junto com a convicção de que as pessoas passaram a ver a leitura como um luxo, veio a insistência desse campo de que a *Vogue* ainda é amplamente consumida. Percebi que os entrevistados estavam ansiosos por me fazer saber que suas mães liam a *Vogue* e sempre o fizeram, na esperança de que suas filhas o fariam também. Além disso, ouvi pessoas de todas as origens mencionarem que ainda colecionam *Vogue*. Adolescentes e donas de casa. Advogados corporativos e funcionários de bancos de investimentos. Designers gráficos, marchands, escritores freelance, blogueiros e jardineiros. Claramente ainda há algo a ser dito sobre a sua atração. O comentário de Glass "Tenho amigos que gostam até mesmo dos anúncios" é peculiarmente revelador.[63]

Flora Carr, que venceu o Concurso de Talentos *Vogue* em 2015, ainda descreve, com o que parece ser um sentimento de assombro, o almoço na Casa Vogue para os selecionados. Incluído no prêmio estava o estágio na *Vogue*, e Carr se lembra da resposta positiva da equipe aos seus textos, da natureza acolhedora do escritório e do ambiente, de um modo geral agradável, fervilhante e simpático.[64] Embora como estagiária não tivesse acesso a muitas coisas, Carr ainda assim se sentiu próxima da ação em muitos momentos surreais, "de sonho", desde Alexa Chung entrando para reuniões até a transcrição de uma entrevista com Victoria Beckham.[65] Ela crê que ganhar o concurso foi um trampolim e uma base importante para

"A *VOGUE* SEMPRE SERÁ A *VOGUE*" 267

a sua carreira subsequente no jornalismo. Ela não tem dúvida de que o prestígio da *Vogue* em seu CV lhe abriu portas.

Tanto *The Business of Fashion* quanto *Vestoj* são publicações recentes que lidam com moda de uma maneira nova e alteraram os formatos tradicionais. Elas apresentam diversidade não só por incluírem minorias étnicas nas capas, mas devido às suas estruturas como um todo. Em conversa com Miles Socha, editor-chefe da *Women's Wear Daily* (*WWD*), percebe-se a abordagem de uma marca com legado. A *WWD* surgiu em 1910 e, portanto, tem uma história quase tão longa quanto a da *Vogue*, embora seja uma publicação sobre comércio. Atualmente, a *WWD* está assistindo ao aumento no número dos assinantes; Socha ressalta a importância contínua dos especialistas, dizendo: "O Twitter foi o primeiro a explodir, pois acho que os consumidores enxergaram a *WWD* como uma referência de verdade e integridade jornalística num mar de informações questionáveis e conteúdos patrocinados."[66]

Em sua opinião, a acirrada competição pelas plataformas digitais não pode rivalizar com a sua produção, e ele explica: "O fator que faz diferença é o *know--how* jornalístico, claro, que requer habilidades especializadas e produz conteúdo único e valioso. No caso da *WWD*, sempre fomos um meio especializado e a explosão de influenciadores apenas colocou isso mais em relevo."[67] Então, há grandes companhias de mídia de moda que ainda valorizam a redação profissional como um dos requisitos dos funcionários. Ultimamente, os leitores têm se voltado novamente para as publicações "sérias", à medida que as pessoas se cansam dos caça-cliques e anseiam pela opinião informada de especialistas. O nicho, o modelo guiado pelo jornalista, está de volta e atende públicos menores dispostos a pagar preços mais altos por material de qualidade. Será um desafio para a *Vogue* negociar este último movimento, considerando-se que ela é tão convencional. É complicado manobrar uma companhia tão grande para se adequar às mudanças nas tendências.

Para lidar com esses truques do comércio e mudar o seu ser titânico, a *Vogue* sempre precisará dos editores. Eles são as pessoas na linha de frente, os gerentes e os vínculos cruciais entre diretores sombrios, o talento genuíno e os rostos estreantes. Isso nunca foi uma tarefa fácil. A mais longeva editora-chefe, Edna Woolman Chase, descreveu-a como a

268 NOS BASTIDORES DA *VOGUE*

situação aterrorizante de ser o lacaio de um general, lidando com tudo, da discussão com os funcionários às linhas de produção, e necessitando de "uma técnica que combine ama-seca, policial, diplomata e psiquiatra".[68]

O papel do editor é único e a descrição do trabalho está sempre em mutação. Sabemos que os editores-chefes costumavam ser diretores de arte e repórteres; na Condé Nast do futuro podem vir a ser influenciadores, vlogueiros ou nerds da tecnologia. Amed, do *Business of Fashion*, descreve estas mudanças:

> Faz muito tempo, o editor era o árbitro do bom gosto, e acho que agora há muita gente que arbitra sobre o bom gosto. Penso que hoje o editor é o facilitador de uma conversa, alguém que pode reunir equipes de pessoas talentosas para criar ideias, conteúdos e experiências, e ainda é papel do editor ser o rosto e o representante da empresa de mídia.[69]

Há também a questão vital de como os editores-chefes respondem ao mundo à sua volta — a moda não é a única coisa que muda, todos estamos colidindo com o desconhecido obscuro. Há menos de um século, editores em Londres e Paris se esconderam dos nazistas e produziram uma revista best-seller durante grandes bombardeios. As decisões de cobrir a saúde feminina e a segunda onda do feminismo levaram a *Vogue* americana a se tornar a revista de maior circulação na década de 1970, uma posição elevada que ocupa desde então. A campanha #NewVogue pela diversidade de Edward Enninful revitalizou a mentalidade do país.

Mais livres em suas operações e menos comprometidas com os donos ou outras redes de antigos contatos, as novas revistas *Vogue*, com novos editores-chefes, estão fazendo um trabalho inovador. Durante a pandemia de Covid-19 de 2020, a *Vogue* britânica apresentou Rihanna em maio; a *Vogue* americana trouxe uma figura magricela diante de uma duna luminosa. Enquanto isso, a *Vogue Portugal*, editada com o toque mágico de Sofia Lucas, fez uma capa primorosa com um casal de máscaras se beijando. O estilo remete às fotografias antigas de namorados se despedindo antes da guerra. A edição foi denominada "Freedom on Hold". É parte de uma longa

"A *VOGUE* SEMPRE SERÁ A *VOGUE*" 269

série de capas espetaculares sob a direção de Lucas, explorando tópicos fascinantes como "Almas gêmeas"[70] e "O planeta Terra é a nova tendência".[71] O pendor pelo ambiental é forte, mas a abordagem igualitária também o é. Seus fotógrafos são mais jovens, menos famosos, artisticamente focados e produzem paisagens de sonho misteriosas, dignas de um museu. A *Vogue Portugal*, sob o comando de Sofia Lucas, tem poucas celebridades e muita criatividade; portanto, está próxima do antigo espírito *Vogue*.

Outras edições impactaram a moda. Quando os holofotes expuseram os crimes de Harvey Weinstein e o movimento #MeToo, veio à tona o comportamento sexual impróprio que continuava sem ser delatado em muitas indústrias. Em 2018, a Condé Nast teve de deixar de trabalhar com três dos seus maiores e mais antigos fotógrafos, após diversas alegações (todas negadas) de coerção e assédios sexuais: Terry Richardson, Mario Testino e Bruce Weber. Igualmente, após os protestos do Black Lives Matter [Vidas Negras Importam] em todo o mundo, a *Vogue* foi forçada a rever a sua política. E, em um pedido de desculpas sem precedentes, Anna Wintour reconheceu que haviam divulgado conteúdo ofensivo e intolerante e contratavam poucos funcionários negros.[72] Que isso seja o começo de uma investigação meticulosa de como a Condé Nast é administrada.

"O que vem por aí?" no contexto da *Vogue* é uma questão imensa e impossível de responder. A última década foi vivida em luta com a tecnologia, entendendo o mundo on-line, que segue em frente à velocidade da luz, e forçando empresas de mídia antiquadas a arquejarem. Porém, a *Vogue* sobreviveu a guerras que derrubaram nações, sofreu perdas que poderiam levar à falência um Estado e manteve o legado de uma marca tão conhecida quanto a família real britânica. Nas cartas, memórias e biografias de várias pessoas envolvidas com a *Vogue* ao longo dos anos sempre paira a especulação de rivais invejosos de que a revista estaria à beira do colapso. Que teria voado alto demais por demasiado tempo. Esse grito soou quando o fundador morreu, em 1906, durante a Depressão na década de 1930, na revolução juvenil dos anos 1960 e na aurora da geração blogueira de 2010. Contudo, ninguém realmente acredita que haverá um fim. A *Vogue* sempre será a *Vogue*.

Notas

Capítulo 1: Era uma vez na antiga Nova York...

1. Woolman Chase, E.; Chase, I. *Always in Vogue*. Nova York: Doubleday, 1954. p. 16.
2. Turnure, A. B. Statement. *Vogue*, vol. 1, nº 1, 17 dez. 1892. p. 16.
3. Borrelli-Persson, L. *Vogue* fun facts by the numbers. *Vogue* [.com], Culture, 7 mar. 2017. Disponível em: <https://www.vogue.com/article/vogue-covers--models-facts-history>. Acesso em: 1º fev. 2020.
4. Ibidem.
5. Woolman Chase, E.; Chase, I. op. cit, p. 16.
6. Wharton, E. *The age of innocence*. Nova York: The Modern Library, 1920. p. 69.
7. Seebohm, C. *The man who was Vogue: the life and times of Condé Nast*. Nova York: The Viking Press, 1982. p. 40.
8. *Vogue*, vol. 1, nº 1, 17 dez. 1892. p. 1.
9. Ibidem.
10. Peterson, T. *Magazines in the twentieth century*. 2. ed. Urbana: University of Illinois Press, 1975. p. 2.
11. Ibidem.
12. Beetham, M. *A magazine of her own? Domesticity and desire in the women's magazine 1800-1914*. Londres: Routledge, 1996. p. 5.
13. Coming events. *Vogue*, Vogue Society Supplement, vol. 1, nº 1, 17 dez. 1892. p. S2.
14. Ibidem.
15. Ibidem.
16. Ibidem.
17. Ibidem, p. 3.
18. Floral garniture. *Vogue*, Vogue Society Supplement, vol. 1, nº 1, 17 dez. 1892. p. 12.

272 NOS BASTIDORES DA *VOGUE*

19. Slippers. *Vogue*, Vogue Society Supplement, vol. 1, nº 1, 17 dez. 1892. p. S4.
20. Ibidem.
21. London. *Vogue*, Vogue Society Supplement, vol. 1, nº 1, 17 dez. 1892. p. S2.
22. Woolman Chase, E.; Chase, I. op. cit, p. 19.
23. Both kinds. *Vogue*, vol. 1, nº 1, 17 dez. 1892. p. 16.
24. London. *Vogue*, Vogue Society Supplement, vol. 1, nº 1, 17 dez. 1892. p. S2.
25. Ibidem, p. 21.
26. Ibidem.
27. Ibidem, p. 22.
28. Woolman Chase, E. *Always in Vogue*. p. 32.
29. Ibidem, p. 43.

Capítulo 2: O segundo ato

1. Seebohm, C. *The man who was Vogue: the life and times of Condé Nast*. Nova York: The Viking Press, 1982. p. 38.
2. Ibidem.
3. Woolman Chase, E.; Chase, I. *Always in Vogue*. Nova York: Doubleday, 1954. p. 58.
4. Ibidem, p. 49.
5. Ibidem.
6. Ibidem, p. 28-9.
7. Woolman Chase, E.; Chase, I. op. cit, p. 46.
8. Seebohm, C. op. cit, p. 30.
9. Ibidem.
10. Ibidem.
11. Woolman Chase, E.; Chase, I. op. cit, p. 46.
12. Ibidem.
13. Ibidem, p. 47.
14. Announcement. *Vogue*, vol. 35, nº 7, 12 fev. 1910. p. 7.
15. Ibidem.
16. Woolman Chase, E.; Chase, I. op. cit, p. 54-5.
17. Ibidem, p. 81.
18. Ibidem, p. 26-7.
19. Ibidem, p. 80.
20. Ibidem, p. 78.
21. Ibidem, p. 79.

NOTAS

22. Ibidem.
23. Ibidem, p. 109.
24. Ibidem, p. 53.
25. Ibidem, p. 129-31.
26. Ibidem, p. 140-1.
27. Seebohm, C. op. cit, p. 88.
28. Ibidem, p. 86.
29. Ibidem, p. 88.
30. Woolman Chase, E.; Chase, I. op. cit, p. 53.
31. Seebohm, C. op. cit, p. 86.
32. Ibidem, p. 88.
33. Ballard, B. *In my fashion*. 1. ed. 1960. Londres: V&A Publishing, 2017 [Apple Books e-book]. p. 12-13.
34. Seebohm, C. op. cit, p. 156-7.
35. Ibidem, p. 41.
36. Ibidem.
37. Woolman Chase, E.; Chase, I. op. cit, p. 54.
38. Ballard, B. op. cit, p. 13.
39. Ibidem, p. 14.
40. Woolman Chase, E.; Chase, I. op. cit, p. 109-10.
41. Ibidem.
42. Ibidem.
43. Ibidem.
44. Seebohm, op. cit, p. 60.
45. Woolman Chase, E.; Chase, I. op. cit, p. 106.
46. Ibidem, p. 282.
47. Woolman Chase, E.; Chase, I. op. cit, p. 190-1.
48. Ibidem.
49. Seebohm, C. op. cit, p. 61.
50. Woolman Chase, E.; Chase, I. op. cit, p. 61.
51. Ibidem, p. 71.
52. Ibidem.
53. Ibidem.
54. What we do. Condé Nast. Disponível em: <https://www.condenast.com/about>. Acesso em: 20 jun. 2020.
55. Yoxall, H. *A fashion of life*. Nova York: Taplinger Publishing, 1967. p. 80.
56. Ibidem, p. 81.

274 NOS BASTIDORES DA *VOGUE*

Capítulo 3: A consolidação da Condé Nast

1. Seebohm, C. *The man who was Vogue: the life and times of Condé Nast*. Nova York: The Viking Press, 1982. p. 76.
2. Friend, D. *Vanity Fair*: the one-click history. *Vanity Fair*, Vintage V.F., 14 jan. 2008. Disponível em: <https://www.vanityfair.com/magazine/2008/01/oneclickhistory>. Acesso em: 5 fev. 2019.
3. Seebohm, C. op. cit, p. 260-1.
4. Ibidem.
5. Woolman Chase, E.; Chase, I. *Always in Vogue*. Nova York: Doubleday, 1954. p. 116-17.
6. Ibidem.
7. Seebohm, C. op. cit, p. 123.
8. Ibidem.
9. Ibidem, p. 116-17.
10. Ibidem.
11. Cohen, L. *All we know: three lives*. Nova York: Farrar, Straus and Giroux, 2012. p. 231.
12. Woolman Chase, E.; Chase, I. op. cit, p. 116.
13. Gilbert, D. The looks of austerity: fashions for hard times. *Fashion Theory*, vol. 21, nº 4, 2017. p. 477-99.
14. Warenne, A. de. *British Vogue*, capa, fim de janeiro de 1918.
15. Warenne, A. de. *British Vogue*, capa, início de julho de 1918.
16. Dryden, H. *British Vogue*, capa, início de dezembro de 1918.
17. Lepape, G. *British Vogue*, capa, novembro de 1918.
18. Carta do editor. *British Vogue*, início de outubro de 1918.
19. Edinger, D. *Vogue*, capa, vol. 51, nº 8, final de abril de 1918.
20. Fernandez, J. R. "If You Can't Be Gay, Be Galant," Says Paris. *Vogue*, Fashion, vol. 52, nº 1, 1 jul. 1918. p. 38.
21. These are the defences of Paris against the winter. *Vogue*, Fashion, vol. 52, nº 10, 15 nov. 1918. p. 39.
22. Dressing on a war income. *Vogue*, Fashion, vol. 52, nº 1, 1º jul. 1918. p. 66.
23. Clark's thinning bath salts. *British Vogue*, anúncios, início de setembro de 1924.
24. Woolman Chase, E.; Chase, I. op. cit, p. 89-91.
25. Ibidem.
26. Ibidem, p. 29-30.
27. Ibidem, p. 91.

NOTAS

28. Ibidem, p. 91-2.
29. Ibidem.
30. Mamie Fish — the "fun-maker" of the Gilded Age. Portable NYC [blog], 9 maio 2020. Disponível em: <https://portablenycblog.com/2020/05/09/mamie-fish-the-fun-maker-of-the-gilded-age/>. Acesso em: 9 jun. 2020.
31. Woolman Chase, E.; Chase, I. op. cit, p. 94.
32. Ibidem, p. 94.
33. Ibidem.
34. Ibidem, p. 94-5.
35. Ibidem.
36. Ibidem, p. 96.
37. Ibidem, p. 97.
38. Ibidem, p. 92.
39. Ibidem, p. 83.
40. Ibidem, p. 111.
41. Ibidem, p. 88.
42. Fun times working at Condé Nast in Greenwich! *Greenwich Free Press*, 14 fev. 2016, Around Town. Disponível em: <https://greenwichfreepress.com/around-town/fun-times-working-at-conde-nast-in-greenwich-58902/>. Acesso em: 9 nov. 2019.
43. Ibidem.
44. Ibidem.
45. Seebohm, C. op. cit, p. 282-3.
46. Woolman Chase, E.; Chase, I. op. cit, p. 34.
47. Ibidem, p. 109.
48. Seebohm, C. op. cit, p. 261.
49. Ibidem.

Capítulo 4: A editora "suja"

1. Pentelow, O. Vogue editors through the years. *Vogue* [.co.uk], News, 10 abr. 2017. Disponível em: <https://www.vogue.co.uk/gallery/past-british-vogue--editors-history>. Acesso em: 1º fev. 2019.
2. Ibidem.
3. Woolman Chase, E.; Chase, I. *Always in Vogue*. Nova York: Doubleday, 1954.
4. Cohen, L. *All we know: three lives*. Nova York: Farrar, Straus and Giroux, 2012. p. 235.

276   NOS BASTIDORES DA *VOGUE*

5.   Lewis, P. *The Cambridge introduction to Modernism*. Nova York: Cambridge University Press, 2007. p. xvii-3.
6.   In Vanity Fair. *Vanity Fair*, In Vanity Fair, março de 1914. p. 15.
7.   Early Paris openings and brides. *British Vogue*, início de abril de 1925.
8.   Cohen, L. op. cit, p. 242-3.
9.   Ibidem, p. 243.
10. Ibidem.
11. Ibidem, p. 245.
12. Todd, O. *Year of the Crab*. Londres: Aidan Ellis, 1975. p. 265.
13. Cohen, L. op. cit, p. 254.
14. Woolman Chase, E.; Chase, I. op. cit, p. 118.
15. Cohen, L. op. cit, p. 230-1.
16. Ibidem, p. 230.
17. Ibidem, p. 232-3.
18. Ibidem.
19. Ibidem, p. 236.
20. Ibidem, p. 237.
21. Garland, M. Conversa com Hilary Spurling. 29 mar. 1989. Apud Cohen, op. cit, p. 241.
22. Cohen, L. op. cit, p. 238.
23. Luckhurst, N. *Bloomsbury in Vogue*. Londres: Cecil Woolf Publishers, 1998. p. 24.
24. Fish. A bachelor at bay. *Vogue*, início de maio de 1925. p. 72.
25. Reed, C. A *Vogue* that dare not speak its name: sexual subculture during the editorship of Dorothy Todd, 1922-26. *Fashion Theory*, vol. 10, nº 1/2, 2006. p. 64.
26. SEEN on the STAGE. *Vogue*, final de novembro de 1924. p. 62.
27. Luckhurst, N. op. cit.
28. Cohen, L. op. cit, p. 267.
29. Ibidem, p. 252.
30. Woolf, V. *The letters of Virginia Woolf, volume III, 1923-1928*. In: Nicholson, N.; Trautmann, J. (orgs). Boston: Mariner Books, 1978. p. 170.
31. Ibidem.
32. Reed, C. op. cit, p. 57.
33. Woolman Chase, E.; Chase, I. op. cit, p. 118.
34. Yoxall, H. *A fashion of life*. Nova York: Taplinger Publishing, 1967. p. 124.
35. Ibidem.

NOTAS

36. *Vogue*, final de outubro de 1923. p. iv.
37. Cohen, L. op. cit, p. 265.
38. Ibidem.
39. Ibidem, p. 266.
40. Derry, C. Lesbianism and feminist legislation in 1921: the age of consent and gross indecency between women. *History workshop journal*, vol. 86, outono de 2018. p. 245.
41. Parkes, A. Lesbianism, history, and censorship: the well of loneliness and the suppressed randiness of Virginia Woolf's Orlando. *Twentieth century literature*, vol. 40, n° 4, 1994. p. 434-60.
42. Woolman Chase, E.; Chase, I. op. cit, p. 119.
43. Yoxall, H. op. cit, p. 107.
44. Woolf, V. *The letters of Virginia Woolf, volume III, 1923-1928*, In: N. Nicholson, N.; Trautmann, J. (orgs). Boston: Mariner Books, 1978. p. 478-9.
45. Garland, M. Rascunho de memórias. Apud Cohen, op. cit, p. 270.
46. Cohen, L. op. cit, p. 343.
47. Ibidem, p. 343-4.
48. Todd, loc. cit.
49. Cohen, L. op. cit, p. 344.
50. Carrod, A.J. A plea for a renaissance: Dorothy Todd's Modernist experiment in *British Vogue*, 1922-1926, Tese PhD em Literatura Inglesa. Keele University, Newcastle, 2015. p. 255.
51. Woolman Chase, E.; Chase, I. op. cit, p. 119-21.
52. Ibidem, p. 119.
53. Ibidem, p. 122.
54. Ibidem, p. 121-5.
55. Yoxall, H. op. cit, p. 81.

Capítulo 5: Obstáculos por toda parte

1. Yoxall, H. *A fashion of life*. Nova York: Taplinger Publishing, 1967, p. 123.
2. Ibidem.
3. Ibidem, p. 125.
4. Ibidem.
5. Ibidem.
6. Ibidem.
7. Ibidem.

8. Harmon, M. D. A war of words: the *British Gazette* and *British Worker* during the 1926 General Strike. *Labor History*, vol. 60, nº 3, 2019. p. 193.

9. Yoxall, H. op. cit, p. 125.

10. Harmon, M. D. op. cit, p. 194-8.

11. Yoxall, H. op. cit, p. 125-6.

12. Ibidem, p. 126.

13. Ibidem.

14. Ibidem, p. 127.

15. Ibidem.

16. Ibidem.

17. Woolman Chase, E.; Chase, I. *Always in Vogue*. Nova York: Doubleday, 1954. p. 131.

18. Chambers, D.; Steiner, L. The changing status of women journalists, apud Allan, S. (org.). *The Routledge Companion to News and Journalism*. Londres: Routledge, 2010. p. 49-60.

19. Coser, I. Alison Settle, editor of *British Vogue* (1926-1935): habitus and the acquisition of cultural, social, and symbolic capital in the private diaries of Alison Settle. *Fashion Theory*, vol. 21, nº 4, 2017. p. 477-99.

20. The chic woman's day on the riviera. *Vogue*, Features, vol. 77, nº 8, 15 abr. 1931. p. 112-40.

21. Settle, A. Alison Settle remembers... *The Observer*, 24 jun. 1973. p. 27.

22. Settle, A. [Diário]. Primavera-verão 1932, Journals 1930-4, Charles Wakefield Private Archive, Canadá.

23. Ibidem.

24. Settle, A. Alison Settle remembers... *The Observer Review*, 1º jul. 1973.

25. Settle, A. [Anotações privadas]. Arquivo Alison Settle, University of Brighton Design Archives, Brighton. R14.

26. Ibidem, R6/R7.

27. Ibidem, R14.

28. Ibidem, R16.

29. Ibidem.

30. Yoxall, H. op. cit, p. 124.

31. Geisst, C. *Wall Street*. Oxford: Oxford University Press, 1997. p. 147.

32. Seebohm, C. *The man who was Vogue: the life and times of Condé Nast*. Nova York: The Viking Press, 1982. p. 282.

33. Ibidem.

34. Ibidem.

NOTAS 279

35. Ibidem.
36. Woolman Chase, E.; Chase, I. op. cit, p. 193.
37. Yoxall, H. op. cit, p. 81.
38. Ibidem, p. 93.
39. Ibidem, p. 92-4.
40. Ibidem.
41. Ibidem.
42. Woolman Chase, E.; Chase, I. op. cit, p. 131-2.
43. Ibidem, p. 204.
44. Ibidem, p. 205-6.
45. Seebohm, C. op. cit, p. 264-5.

Capítulo 6: Frog

1. Woolman Chase, E.; Chase, I. *Always in Vogue*. Nova York: Doubleday, 1954. p. 128.
2. Ibidem, p. 85.
3. Ibidem.
4. Ibidem, p. 127.
5. Ibidem.
6. Ibidem.
7. Ballard, B. *In My Fashion*. 1. ed. 1960. Londres: V&A Publishing, 2017, [Apple Books e-book]. p. 158-87.
8. Woolman Chase, E.; Chase, I. op. cit, p. 127.
9. Ballard, B. op. cit, p. 34.
10. Ibidem, p. 45.
11. McAuliffe, M. *Paris on the brink: the 1930s Paris of Jean Renoir, Salvador Dalí, Simone de Beauvoir, André Gide, Sylvia Beach, Léon Blum, and their friends*. Lanham: Rowman & Littlefield, 2018. p. 1.
12. Ibidem, p. 39.
13. Ballard, B. op. cit, p. 45.
14. Ibidem.
15. Ibidem, p. 82.
16. Ibidem, p. 36.
17. Ibidem, p. 97.
18. Ibidem, p. 44.
19. Ibidem, p. 46-7.

280 NOS BASTIDORES DA *VOGUE*

20. Woolman Chase, E.; Chase, I. op. cit, p. 121.
21. Ibidem.
22. Ibidem.
23. Ibidem, p. 175.
24. Ballard, B. op. cit, p. 47.
25. Woolman Chase, E.; Chase, I. op. cit, p. 178.
26. Ibidem, p. 48.
27. Ibidem, p. 54.
28. Ibidem, p. 55.
29. Ibidem.
30. Ballard, B. op. cit, p. 55.
31. Ibidem.
32. Woolman Chase, E.; Chase, I. op. cit, p. 212.
33. Ballard, B. op. cit, p. 266.
34. Ibidem, p. 58.
35. Woolman Chase, E.; Chase, I. op. cit, p. 213.
36. Ibidem, p. 214.
37. Ibidem.
38. Ballard, B. op. cit, p. 83.
39. Ibidem.
40. Ibidem.
41. Ibidem, p. 85.
42. Ibidem.
43. Ibidem, p. 85-6.
44. Ibidem.
45. Ibidem.
46. Ibidem, p. 86.
47. Ibidem, p. 86-7.
48. Ibidem, p. 87.
49. Ibidem.
50. Ibidem, p. 90-1.
51. Ibidem, p. 84.

Capítulo 7: A moda é indestrutível

1. Yoxall, H. *A fashion of life*. Nova York: Taplinger Publishing, 1967. p. 179.
2. Ibidem.

NOTAS

3. Woolman Chase, E.; Chase, I. *Always in Vogue*. Nova York: Doubleday, 1954. p. 255.
4. Ibidem, p. 249.
5. Ibidem, p. 246.
6. Yoxall, H. op. cit, p. 183.
7. Woolman Chase, E.; Chase, I. op. cit, p. 246.
8. Ballard, B. *In my fashion*. 1. ed. 1960. Londres: V&A Publishing, 2017, [Apple Books e-book]. p. 302.
9. Ibidem, p. 304.
10. Ibidem, p. 305.
11. Ballard, B. op. cit, p. 311.
12. Ibidem, p. 312-13.
13. Woolman Chase, E.; Chase, I. op. cit, p. 255.
14. Ibidem, p. 291.
15. Ballard, B. op. cit, p. 315.
16. Ibidem, p. 325-7.
17. Yoxall, H. op. cit, p. 181.
18. Ibidem.
19. Ibidem, p. 182.
20. Ibidem.
21. Ibidem.
22. Ibidem, p. 183.
23. Ibidem, p. 182.
24. Beyfus, D. Audrey Withers. *The Guardian*, Obituário, 31 out. 2001. Disponível em: <https://www.theguardian.com/news/2001/oct/31/guardianobituaries>. Acesso em: 9 dez. 2018.
25. Ibidem.
26. Ibidem.
27. Ibidem.
28. Withers, A. *British Vogue* weathers the storm. *Vogue*, People and Ideas, vol. 96, nº 11, 1º dez. 1940. p. 80, 81, 138, 139, 140, 141.
29. Ibidem, p. 80.
30. Ibidem.
31. Sorry if we're late... *Vogue*, anúncio, vol. 103, nº 5, 1º mar. 1944. p. 192.
32. Yoxall, H. op. cit, p. 125.
33. Ibidem, p. 180-1.
34. Ibidem.

35. Ministério da Informação. *Home front handbook*. Londres: Balding and Mansell, 2005 [1945]. p. 50-1.

36. Withers, A. *Lifespan: an autobiography*. Peter Owen, London and Chester Springs, 1994. p. 51.

37. Summers, J. *Fashion on the ration: style in the Second World War*. Londres: Profile Books, 2015.

38. Ibidem.

39. Kron, J. When beauty was a duty. *New York Times*, Arts, 8 fev. 1991. Disponível em: <https://www.nytimes.com/1991/02/08/arts/when-beauty-was-a--duty.html>. Acesso em: 9 ago. 2019.

40. Nov. I: Sell time-savers, beauty-savers! *Vogue*, Vogue Advance News For Retailers, vol. 100, n° 9, 1° nov. 1942. p. A1.

41. In this issue. *British Vogue*, setembro de 1939. p. 11.

42. Ibidem.

43. Roy, P. *British Vogue*, capa, março de 1942.

44. General economy issues his orders of the day. *British Vogue*, maio de 1942. p. 21.

45. Ibidem.

46. Beaton, C. *British Vogue*, capa, setembro de 1943.

47. Beaton, C. The stuff of *Vogue*. *British Vogue*, março de 1942. p. 25.

48. Ballard, B. op. cit, p. 420.

49. Nelson Best, K. *The history of fashion journalism*. Londres: Bloomsbury, 2017. p. 95-6.

50. Woolman Chase, E.; Chase, I. op. cit, p. 263.

51. Ibidem, p. 261.

52. Ibidem, p. 262.

53. Ibidem, p. 262-3.

54. Ibidem.

55. Ibidem.

56. Ibidem, p. 263.

57. Ibidem.

58. Yoxall, H. op. cit, p. 59.

59. Woolman Chase, E.; Chase, I. op. cit, p. 264.

60. Ibidem.

61. Ibidem, p. 264-5.

62. Ibidem.

63. Ibidem.

NOTAS 283

64. Ibidem.
65. Ibidem, p. 277.
66. Ibidem, p. 279.
67. Beaton, C. The honourable scars of London. *Vogue*, People and Ideas, vol. 98, nº 7, 1º dez. 1941. p. 120.
68. Beaton, C. Fashion is indestructible. *British Vogue*, Fashion, setembro de 1941. p. 32.
69. Withers, A. *Lifespan: an autobiography*. Peter Owen, London and Chester Springs, 1994. p. 53.
70. Audrey Withers. *The Telegraph*, News, Obituário, 1 nov. 2001. Disponível em: <https://www.telegraph.co.uk/news/obituaries/1361993/Audrey-Withers.html>. Acesso em: 11 out. 2018.
71. Penrose, A. *The lives of Lee Miller*. 2. ed. Londres: Thames & Hudson, 2002. p. 193.
72. Blanch, L. How *British Vogue* editors live, dress, work, in robot-bombed London. *Vogue*, People and Ideas, vol. 104, nº 6, 1º out. 1944. p. 127.
73. Audrey Withers. *The Telegraph*, News, Obituário, 1º nov. 2001. Disponível em: <https://www.telegraph.co.uk/news/obituaries/1361993/Audrey-Withers.html>. Acesso em: 11 out. 2018.
74. Ballard, B. op. cit, p. 402.
75. Ibidem, p. 409.
76. Woolman Chase, E.; Chase, I. op. cit, p. 287.
77. Ibidem, p. 275.
78. Ibidem, p. 291.
79. Ibidem, p. 295.
80. Ibidem.
81. Ibidem.

Capítulo 8: Os anos poderosos

1. Ballard, B. *In my fashion*. 1. ed. 1960. Londres: V&A Publishing, 2017, [Apple Books e-book]. p. 480-515.
2. Woolman Chase, E.; Chase, I. *Always in Vogue*. Nova York: Doubleday, 1954. p. 306.
3. Ibidem, p. 307.
4. Ibidem, p. 307-10.
5. Plessix Gray, F. du. *Them: a memoir of parents*. Nova York: Penguin, 2005. p. 398-9.

284 NOS BASTIDORES DA *VOGUE*

6. Ibidem.
7. Ibidem, p. 396.
8. *Vogue*, 10th Americana Issue, vol. 109, nº 3, 1º fev. 1947.
9. Whitman, A. Jessica Daves of *Vogue* is dead; favored ready-to-wear trend. *New York Times*, Obituário, 24 set. 1974. Disponível em: <https://www.nytimes.com/1974/09/24/archives/jessica-daves-of-vogue-is-dead-favored--readytowear-trend-went.html>. Acesso em: 9 ago. 2018.
10. Tuite, R. Rediscovering *Vogue*'s Jessica Daves. Thames and Hudson, News, 20 nov. 2019. Disponível em: <https://thamesandhudson.com/news/article--rediscovering-jessica-daves/>. Acesso em: 13 dez. 2019.
11. More taste than money — and more 1955 fashion per dollar. *Vogue*, Fashion, vol. 125, nº 3, 15 fev. 1955. p. 62.
12. *Vogue*'s eye-view of the Museum of Modern Art. *Vogue*, vol. 106, nº 1, 1º jul. 1945.
13. Nelson Best, K. *The history of fashion journalism*. Londres: Bloomsbury, 2017. p. 134.
14. Ibidem.
15. Penn, I. *Vogue*, capa, vol. 113, nº 7, final de abril de 1949.
16. Ketchum, H. *American fabrics*. Doric Publishing Company, outono de 1949. p. 96.
17. McClean, L. Do you think you're a snob? *Vogue*, People, vol. 138, nº 8, 1º nov. 1961. p. 150.
18. Mason Brown, J. What makes a woman memorable. *Vogue*, Features — Articles — People, vol. 128, nº 9, 15 nov. 1956. p. 100, 101, 159.
19. Ibidem.
20. The summer figure: topic for today. *Vogue*, Fashion, vol. 123, nº 9, 15 maio 1954. p. 82-3.
21. Mrs. Exeter's list. *Vogue*, Mrs. Exeter, vol. 126, nº 4, 1º set. 1955. p. 256.
22. Who is Mrs. Exeter? *Vogue*, Mrs. Exeter, vol. 124, nº 1, 1º jul. 1954. p. 94.
23. Mirabella, G. *In and out of Vogue*. Nova York: Doubleday, 1995. p. 63.
24. Whitman, A. Jessica Daves of *Vogue* is dead; favored ready-to-wear trend. New York Times, Obituário, 24 set. 1974. Disponível em: <https://www.nytimes.com/1974/09/24/archives/jessica-daves-of-vogue-is-dead-favored--readytowear-trend-went.html>. Acesso em: 9 ago. 2018.
25. Mirabella, G. op. cit, p. 72.
26. Ibidem.
27. Daves, J. *Ready-made miracle; The american story of fashion for the millions*. Nova York: G. P. Putnam's Sons, 1967. p. 69.

NOTAS

28. Mirabella, G. op. cit, p. 20.
29. Fine Collins, A. The cult of Diana. *Vanity Fair*, Culture, novembro de 1993, Disponível em: <https://www.vanityfair.com/culture/1993/11/diana-vreeland-199311>. Acesso em: 11 jan. 2019.
30. Yoxall, H. *A fashion of life*. Nova York: Taplinger Publishing, 1967. p. 96.
31. Felsenthal, C. *Citizen Newhouse: portrait of a media merchant*. Nova York: Seven Stories Press, 1998. p. 25.
32. Plessix Gray, F. du. op. cit, p. 405-6.
33. Ibidem, p. 349.
34. Fine Collins, A. The Cult of Diana. *Vanity Fair*, Culture, novembro de 1993. Disponível em: <https://www.vanityfair.com/culture/1993/11/diana--vreeland-199311>. Acesso em: 11 jan. 2019.
35. Ibidem.
36. B. Leser apud. Homewood, S. Publishing icon Bernie Leser passes away. *AdNews*, News, 15 out. 2015. Disponível em: <https://www.adnews.com.au/news/publishing-icon-bernie-leser-passes-away>. Acesso em: 11 fev. 2019.
37. Homewood, S. loc. cit.
38. Ballard, B. op. cit, p. 549.

Capítulo 9: Terremoto jovem

1. Ballard, B. *In My Fashion*. 1. ed. 1960. Londres: V&A Publishing, 2017, [Apple Books e-book]. p. 472.
2. Ibidem, p. 472.
3. Plessix Gray, F. du. *Them: a memoir of parents*. Nova York: Penguin, 2005. p. 408.
4. Ibidem.
5. Horwell, V. Edmonde Charles-Roux obituary. *The Guardian*, Books, 25 jan. 2016. Disponível em: <https://www.theguardian.com/books/2016/jan/25/edmonde-charles-roux>. Acesso em: 11 jun. 2019.
6. Plessix Gray, F. du. op. cit, p. 409.
7. Ballard, B. op. cit, p. 529.
8. Ibidem, p. 526-8.
9. Garland, A. *Lion's Share*. Nova York: Michael Joseph, 1970. p. 38.
10. Ibidem, p. 48.
11. Cox H.; Mowatt, S. Monopoly, power and politics in Fleet Street: the controversial birth of IPC Magazines, 1958-63. Artigo apresentado na Conferência Anual

BHC, Frankfurt, 14-15 mar. 2014. p. 1-20. Disponível em: <http://orapp.aut.ac.nz/bitstream/handle/10292/6787/Cox%20and%20Mowatt%20BHC%20paper%20Monopoly%2c%20Power%20and%20Politics.pdf?sequence=2&isAllowed=y>. Acesso em: 11 mar. 2020.

12. Garland, A. op. cit, p. 37.
13. Ibidem, p. 141.
14. Ibidem.
15. Ibidem.
16. Ibidem.
17. Ibidem, p. 140.
18. Ibidem, p. 140-5.
19. Ibidem, p. 145.
20. Ibidem, p. 148-52.
21. Ibidem.
22. Ibidem.
23. Ibidem, p. 149.
24. Ibidem.
25. Ibidem.
26. Ibidem.
27. Ibidem.
28. Ibidem, p. 150.
29. Ibidem, p. 175.
30. Ibidem, p. 147.
31. Ibidem, p. 178.
32. Instituto Nacional de Estatística. Trends in births and deaths over the last century, 15 jul. 2015. Disponível em: <https://www.ons.gov.uk/peoplepopulationandcommunity/birthsdeathsandmarriages/livebirths/articles/trendsinbirthsanddeathsoverthelastcentury/2015-07-15>. Acesso em: 11 de janeiro de 2020.
33. *British Vogue*, Young idea, janeiro de 1953.
34. Garland, A. op. cit, p. 155.
35. Conekin, B. From haughty to nice: how british fashion images changed from the 1950s to the 1960s. *Photography and Culture*, vol. 3, nº 3, 2010. p. 285.
36. Yoxall, H. *A fashion of life*. Nova York: Taplinger Publishing, 1967. p. 108-9.
37. Garland, A. op. cit, p. 143.
38. Muir, R. Two take Manhattan. *The Guardian*, 17 mar. 2007. Disponível em: <https://www.theguardian.com/theguardian/2007/mar/17/weekend7.weekend1>. Acesso em: 11 jun. 2019.

NOTAS

287

39. Ibidem.
40. Ibidem.
41. Garland, A. op. cit, p. 180-2.
42. Beatrix Miller — obituary. *The Telegraph*, News, Obituário, 23 fev. 2014. Disponível em: <https://www.telegraph.co.uk/news/obituaries/10656743/Beatrix-Miller-obituary.html>. Acesso em: 11 jun. 2019.
43. Ibidem.
44. Ibidem, p. 224.
45. Knapp, P. Vogue's new beauty etiquette. *British Vogue*, Fashion, junho de 1971.
46. Ibidem.
47. Ibidem.
48. Coddington, G. *Grace: a memoir*. Londres: Chatto & Windus, 2012. p. 229.
49. Ibidem, p. 302.

Capítulo 10: Entretenimento caro

1. Mirabella, G. *In and out of Vogue*. Nova York: Doubleday, 1995. p. 133.
2. Ibidem.
3. Ibidem.
4. Ibidem.
5. The Explorers. Fashion that's all yours for the discovery... *Vogue*, Fashion, vol. 152, n° 7, 15 out. 1968. p. 108-29.
6. Mirabella, G. op. cit, p. 132.
7. Ibidem, p. 131.
8. Ibid, p. 132.
9. Ibidem.
10. Ibidem.
11. Evans, M. The great fur caravan. *Vogue*, Fashion, vol. 148, n° 7, 15 out. 1966. p. 88-113, 175.
12. Ibidem, p. 88.
13. Vreeland, D. Why don't you... *Harper's Bazaar*, 1936.
14. Ibidem.
15. Fine Collins, A. The cult of Diana. *Vanity Fair*, Culture, novembro de 1993. Disponível em: <https://www.vanityfair.com/culture/1993/11/diana-vreeland-199311>. Acesso em: 11 jan. 2019.
16. Mirabella, G. op. cit, p. 128.

288 NOS BASTIDORES DA *VOGUE*

17. Youth quake. *Vogue*, Fashion, vol. 145, nº 1, 1º jan. 1965. p. 112-19.
18. Fine Collins, A. op. cit.
19. Vreeland, D. *D.V.*, apud Plimpton, G.; Hemphill, C. (org.). Nova York: Alfred A. Knopf, 1984. p. 118.
20. Ibidem, p. 106.
21. Ibidem.
22. Ibidem.
23. Ibidem.
24. Ibidem.
25. Ibidem.
26. *Diana Vreeland: The Eye Has to Travel* [documentário], dir. L. Immordino Vreeland. Nova York Submarine Entertainment, 2012.
27. Maier, T. *All that glitters: Anna Wintour, Tina Brown, and the rivalry inside America's richest media empire*. Nova York: Skyhorse, 2019, [Apple Books e-book]. p. 109-10.
28. Plessix Gray, F. du. *Them: a memoir of parents*. Nova York: Penguin, 2005. p. 308.
29. Ibidem, p. 309.
30. Ibidem.
31. Ibidem.
32. Ibidem, p. 442.
33. Fine Collins, A. op. cit.
34. Mirabella, G. op. cit, p. 103.
35. Ibidem, p. 119.
36. Ibidem, p. 131.
37. Ibidem.
38. Ibidem.
39. Plessix Gray, F. du. op. cit, p. 442.
40. Mirabella, G. op. cit, p. 142.
41. Ibidem.
42. Ibidem.
43. Ibidem, p. 136.
44. Ibidem, p. 141.
45. Talmey, A. Power is a boy's best friend: senator John Sparkman. *Vogue*, Vogue Politics, vol. 164, nº 2, 1º ago. 1974. p. 32.
46. Weber, M. Vitamin E/Christmas blues... *Vogue*, Vogue Health, vol. 164, nº 6, 1º dez. 1974. p. 130.

NOTAS

47. Ibidem.
48. Mirabella, G. op. cit, p. 159-60.
49. Ibidem, p. 161.
50. Ibidem, p. 162.
51. Ibidem, p. 193-6.
52. Ibidem, p. 195.
53. Ibidem, p. 198.
54. Ibidem, p. 201.
55. Ibidem.
56. Ibidem, p. 204.
57. Ibidem.
58. Ibidem, p. 203.
59. Ibidem, p. 207.

Capítulo 11: Wintour vem aí

1. Mirabella, G. *In and out of Vogue*. Nova York: Doubleday, 1995. p. 215.
2. Stewart, S. Lion in Wintour — how Anna hissed, clawed & flirted her way to the top; call her cruella de *Vogue*. *New York Post*, Entertainment, 1º fev. 2005. Disponível em: <https://nypost.com/2005/02/01/lion-in-wintour-how--anna-hissed-clawed-call-her-cruella-de-vogue/>. Acesso em: 8 jan. 2019.
3. Oppenheimer, J. *Front Row: Anna Wintour: what lies beneath the chic exterior of Vogue's editor in chief*. Nova York: St Martin's Griffin, 2005. p. 11.
4. Ibidem, p. 22.
5. Ibidem, p. 12-27.
6. Ibidem, p. 78-9.
7. Ibidem, p. 70.
8. Ibidem, p. 67.
9. Ibidem, p. 170.
10. The up-and-comers: Wintour displays knack for the new. *Adweek*, novembro de 1983.
11. Oppenheimer, J. op. cit, p. 214-15.
12. Mahon, G. S.I. Newhouse and Condé Nast; taking off the white gloves. *New York Times Magazine*, seção 6, 10 set. 1989. Disponível em: <https://www.nytimes.com/1989/09/10/magazine/si-newhouse-and-conde-nast-taking--off-the-white-gloves.html>. Acesso em: 8 jan. 2019.
13. Marriott, H. 4am starts and no apologies: could Anna Wintour's master class transform my life and career? *The Guardian*, Shortcuts, 24 set. 2019.

NOS BASTIDORES DA *VOGUE*

Disponível em: <https://www.theguardian.com/fashion/shortcuts/2019/sep/24/4am-starts-no-apologies-anna-wintour-masterclass-vogue-editor-in-chief-creativity-leadership>. Acesso em: 20 jan. 2019.

14. Ibidem, p. 313-14.
15. Ibidem.
16. Ibidem.
17. Ibidem, p. 135-6.
18. Oppenheimer, J. op. cit, p. 236-46.
19. Heller Anderson, S. *HG Magazine* is not what it used to be. *New York Times*, Arts, 8 jun. 1988. Disponível em: <https://www.nytimes.com/1988/06/08/arts/hg-magazine-is-not-what-it-used-to-be.html>. Acesso em: 8 jan. 2019.

Capítulo 12: Morrer por um vestido

1. Buck, J. J. *The price of illusion, a memoir*. Nova York: Washington Square Press, 2017. p. 84.
2. Newton, H. Rue aubriot/le smoking. *Vogue France*, setembro de 1975.
3. Mower, S. The "King of Kink" made naughty fashionable. *New York Times*, Arts, 21 set. 2003. Disponível em: <https://www.nytimes.com/2003/09/21/style/the-king-of-kink-made-naughty-fashionable.html>. Acesso em: 8 jun. 2020.
4. Bourdin, G. Charles Jourdan, anúncio, 1977
5. Idem, 1975.
6. Buck, J. J. op. cit, p. 84-7.
7. Ibidem, p. 87.
8. Pringle, C. Entrevista por telefone, 6 fev. 2020.
9. Ibidem.
10. Ibidem.
11. Ibidem.
12. Novick, E. *Vogue France* Número Especial, capa, dezembro-janeiro de 1988.
13. Demarchelier, P. *Vogue France*, capa, agosto de 1988.
14. Pringle, C. loc. cit.
15. Ibidem.
16. Ibidem.
17. Ibidem.
18. Ibidem.
19. Ibidem.

NOTAS

20. Ibidem.
21. Ibidem.
22. Ibidem.
23. Ibidem.
24. Ibidem.
25. Ibidem.
26. Ibidem.
27. Vreeland, N. The beauty rules of a monk. *Vogue France* Número Especial, dezembro-janeiro de 1993.
28. Ibidem.
29. Ibidem.
30. Ibidem.
31. Ibidem.
32. Ibidem.
33. Berry, I.; Nachtwey, J. Violence. *Vogue France* Número Especial, dezembro--janeiro de 1994.
34. Motswai, T. *Vogue* (francesa) Número Especial, capa, dezembro-janeiro de 1994.
35. Lindbergh, P. Nelson Mandela. *Vogue France* Número Especial, dezembro--janeiro de 1994.
36. Pringle, C. loc. cit.
37. Ibidem.
38. Ibidem.
39. Willis, T. Nelson's Columns. *The Sunday Times*, Style & Travel, 5 dez. 1993. p. 26.
40. Ibidem.
41. Willis, T. loc. cit.
42. Pringle, C. loc. cit.
43. Ibidem.
44. Ibidem.
45. Ibidem.

Capítulo 13: Os *"Condé Nasties"*

1. Norwich, W. An affair to remember. *Vogue*, Fashion, vol. 196, nº 7, 1º jul. 2006. p. 128-35, 176.
2. Norwich, W. A grand affair. *Vogue*, Features, vol. 197, nº 7, 1º jul. 2007. p. 158-67.

3. Shi, J. How the Met Gala avoided chinese clichés. BizBash, Style & Decor, 13 maio 2015. Disponível em: <https://www.bizbash.com/style-decor/event-design/media-gallery/13481016/how-the-met-gala-avoided-chinese--cliches>. Acesso em: 25 set. 2019.

4. Friedman, V. It's called the Met Gala, but it's definitely Anna Wintour's party. *New York Times*, Style, 2 maio 2015. Disponível em: <https://www.nytimes.com/2015/05/03/style/its-called-the-met-gala-but-its-definitely--anna-wintours-party.html>. Acesso em: 8 jan. 2019.

5. Ibidem.

6. Tilberis, L. *No time to die*. Londres: Weidenfeld & Nicolson, 1998. p. 136.

7. Fabrikant, G. The media business: advertising; tough year for *Harper's Bazaar*. *New York Times*, Business, 26 ago. 1988. Disponível em: <https://www.nytimes.com/1988/08/26/business/the-media-business-advertising--tough-year-for-harper-s-bazaar.html>. Acesso em: 13 maio 2019.

8. Kron, J. Style setter: fashion's resurgence means wealth, power for *Vogue* Magazine. *Wall Street Journal*, 30 jan. 1986.

9. Demarchelier, P. *Vogue*, Especial de 100º Aniversário, vol. 182, nº 4, 1º abril 1992.

10. Rourke, M. Money. Power. Prestige. With so much at stake, Anna Wintour of *Vogue* and Liz Tilberis of *Harper's Bazaar* are locked in a...: Clash of the Titans. *Los Angeles Times*, Style, 17 maio 1992. Disponível em: <https://www.latimes.com/archives/la-xpm-1992-05-17-vw-356-story.html>. Acesso em: 8 maio 2019.

11. Gross, M. War of the poses. *New York* magazine, Contents, 27 abril 1992. p. 3.

12. Coddington, G. op. cit, p. 512.

13. Brown, J. Liz Tilberis. *Salon*, 22 abr. 1999. Disponível em: <https://www.salon.com/1999/04/22/tilberis/>. Acesso em: 11 maio 2019.

14. Weber, B. *Blood sweat and tears, or, how I stopped worrying and learned to love fashion*. teNeues, Reino Unido, 2005. p. 31.

15. Anna Wintour's favorite *Vogue* images of all time. *Vogue* [.com], Fashion, 13 ago. 2012. Disponível em: <https://www.vogue.com/slideshow/anna--wintour-favorite-images-photos>. Acesso em: 9 maio 2019.

16. Lindbergh, P. *Vogue*, vol. 178, nº 11, 1 nov. 1988.

17. Demarchelier, P. *Vogue*, vol. 179, nº 5, 1º maio 1989.

18. Demarchelier, P. Enter the Era of Elegance. *Harper's Bazaar*, 1º set. 1992.

NOTAS

293

19. Maier, T. *All that glitters: Anna Wintour, Tina Brown, and the rivalry inside America's richest media empire*. Nova York: Skyhorse, 2019, [Apple Books e-book]. p. 285.

20. Ibidem.

21. Ibidem.

22. Gross, M. op. cit, p. 24.

23. Dullea, G. Liz Tilberis's kind of september. *New York Times*, Style, 23 ago. 1992. Disponível em: <https://www.nytimes.com/1992/08/23/style/liz--tilberis-skind-of-september.html>. Acesso em: 27 jan. 2019.

24. Rourke, M. loc. cit.

25. Wintour, A. Up Front: remembering Liz Tilberis (1947-1999). *Vogue*, vol. 189, nº 6, 1º jun. 1999. p. 72.

26. Kron, J. Style setter: fashion's resurgence means wealth, power for *Vogue* Magazine. *Wall Street Journal*, 30 jan. 1986.

27. Ibidem.

28. Rourke, M. loc. cit.

29. Ibidem.

30. Maier, T. op. cit, p. 94.

31. Mahon, G. S.I. Newhouse and Condé Nast; taking off the white gloves. *New York Times Magazine*, seção 6, 10 set. 1989. Disponível em: <https://www.nytimes.com/1989/09/10/magazine/si-newhouse-and-conde-nast-taking--off-the-white-gloves.html>. Acesso em: 8 jan. 2019.

32. Maier, T. op. cit, p. 126-53.

33. Ibidem, p. 289.

34. Ibidem, p. 49.

35. Brown, T. *The Vanity Fair diaries 1983-1992*. Nova York: Weidenfeld & Nicolson, 2017, [Apple Books e-book]. p. 83.

36. Plotz, D. Let Si get this. *Slate*, News & Politics, 6 dez. 1997. Disponível em: <https://slate.com/news-and-politics/1997/12/let-si-get-this.html>. Acesso em: 12 maio 2019.

37. Henry III, W. A search for glitz. *Time*, 4 jun. 1990.

38. Mead, R. The Truman administration. *New York* magazine, 23 maio 1994. p. 48.

39. Maier, T. op. cit, p. 499.

40. Kolbert, E. How Tina Brown moves magazines. *New York Times Magazine*, 5 dez. 1993. Disponível em: <http://www.maryellenmark.com/text/magazines/new%20york%20times%20magazine/904Z-000-015.html>. Acesso em: 27 jan. 2019.

NOS BASTIDORES DA *VOGUE*

41. Mahon, G. op. cit.
42. The New British Invasion. *Spy*, fevereiro de 1993.

Capítulo 14: Viciada na *Vogue*

1. Buck, J. J. *The price of illusion, a memoir*. Nova York: Washington Square Press, 2017. p. 164.
2. Ibidem.
3. Ibidem.
4. Ibidem, p. 171.
5. Ibidem, p. 171-3.
6. Ibidem, p. 172.
7. Ibidem, p. 180.
8. Ibidem, p. 201.
9. Ibidem.
10. Ibidem, p. 263.
11. Buck, J. J. loc. cit.
12. Ibidem, p. 207-9.
13. Ibidem, p. 207.
14. Ibidem, p. 206.
15. Hispard, M. La femme française. *Vogue France*, setembro de 1994.
16. Buck, J. J. op. cit, p. 218.
17. Ibidem.
18. Thompson, M. Cinéma. *Vogue France*, dezembro de 1994-janeiro de 1995.
19. Buck, J. J. op. cit, p. 226.
20. Thompson, M. Le fabuleux album des 75 ans. *Vogue France*, dezembro de 1995-janeiro de 1996.
21. Buck, J. J. op. cit, p. 246-9.
22. Ibidem.
23 Ibidem, p. 204.
24. Mondino, J-B. Musique. *Vogue France*, dezembro de 1996-janeiro de 1997.
25. Mazeaud, S. Madame Claude. *Vogue France*, Spécial Haute Couture, setembro de 1997.
26. Mondino, J-B. Mode et science: archives de l'Avenir'. *Vogue France*, dezembro de 1999-janeiro de 2000.
27. Buck, J. J. op. cit, p. 301.

NOTAS

28. Barrett, A. French *Vogue* combines fashion with — surprise — quantum Physics. *Wall Street Journal*, 21 jan. 1999. Disponível em: <https://www.wsj.com/articles/SB916866770745531000>. Acesso em: 16 out. 2019.
29. Ibidem.
30. Buck, J. J. op. cit, p. 321.
31. Ibidem, p. 347.
32. Ibidem, p. 351-4.
33. Ibidem, p. 362.
34. Ibidem, p. 349-52.
35. Ibidem, p. 356.
36. Ibidem.
37. Ibidem, p. 357.
38. Buck, J. J. Joan Juliet Buck: my *Vogue* interview with Syria's first lady. *Newsweek*, World, 30 jul. 2012. Disponível em: <https://www.newsweek.com/joan-juliet--buck-my-vogue-interview-syrias-first-lady-65615>. Acesso em: 27 abr. 2020.
39. Buck, J. J. A rose in the desert. *Vogue*, Fashion & Features, vol. 201, n° 3, 1° mar. 2011. p. 528-33, 571.
40. Ibidem.
41. Ibidem, p. 531.
42. Buck, J. J. Joan Juliet Buck: my *Vogue* interview with Syria's first lady. *Newsweek*, World, 30 jul. 2012. Disponível em: <https://www.newsweek.com/joan-juliet-buck-my-vogue-interview-syrias-first-lady-65615>. Acesso em: 27 abr. 2020.
43. Ibidem.
44. Ibidem.
45. Ibidem.

Capítulo 15: A surpresa digital

1. Nelson Best, K. *The history of fashion journalism*. Londres: Bloomsbury, 2017. p. 218.
2. Ibidem.
3. *Moving Fashion* [video], SHOWstudio, 29 set. 2005. Disponível em: <https://showstudio.com/projects/moving_fashion>. Acesso em: 27 jun. 2019.
4. Echeverri, M. Essay: the sound of clothes. SHOWstudio, 9 out. 2013. Disponível em: <https://showstudio.com/projects/the_sound_of_clothes/essay_the_sound_of_clothes>. Acesso em: 17 jun. 2019.

5. McDowell, C. The CFDA and the bloggers: why? Colin McDowell [blog], 16 mar. 2010. Disponível em: <https://colin-mcdowell.blogspot.com/2010/03/cfda-and-bloggers-why.html>. Acesso em: 17 jun. 2019.

6. Singer, S. Ciao, Milano! Vogue.com's editors discuss the week that was. *Vogue* [.com], Runway, 25 set. 2016. Disponível em: <https://www.vogue.com/article/milan-fashion-week-spring-2017-vogue-editors-chat>. Acesso em: 27 jun. 2019.

7. Mower, S. Ibidem.

8. Phelps, N. Ibidem.

9. Codinha, A. Ibidem.

10. Ibidem.

11. Belonsky, A. Condé Nast, McKinsey and the death of endless dreams. Gawker [blog], 9 set. 2009. Disponível em: <https://gawker.com/5355309/conde-nast-mckinsey-and-the-death-of-endless-dreams>. Acesso em: 27 jun. 2019.

12. Koblin, J. Condé Nast hires McKinsey, staffers suffer shock. *New York Observer*, 21 jul. 2009. Disponível em: <https://observer.com/2009/07/cond--nast-hires-mckinsey-staffers-suffer-shock/>. Acesso em: 27 jun. 2019.

13. Goldberg, J. McKinsey draft report on rethinking Condé Nast. *The Atlantic*, Global, 22 jul. 2009. Disponível em: <https://www.theatlantic.com/international/archive/2009/07/mckinsey-draft-report-on-rethinking-conde--nast/21839/>. Acesso em: 27 jun. 2019.

14. CZJFan87. Rank of Meryl Streep's movies by Box Office performance. *IMDB*, 7 jan. 2015. Disponível em: <https://www.imdb.com/list/ls073278870/>. Acesso em: 27 jun. 2019.

15. Coddington, G. *Grace: a memoir*. Londres: Chatto & Windus, 2012. p. 32-5.

16. Friedman, V. Planning for the future in Milan. *Financial Times*, 23 set. 2010. Disponível em: <https://www.ft.com/content/d297e2bd-e93e-3d0c-9f67--55404f1b3d25?kbc=e8a1fafb-292f-3334-897a-7dca06ee2b2b>. Acesso em: 27 jun. 2019.

17. Carter, K. Anna Wintour's whims worry Italy's fashion pack. *The Guardian*, Fashion, 11 fev. 2010. Disponível em: <https://www.theguardian.com/life-andstyle/2010/feb/11/anna-wintour-italy-fashion>. Acesso em: 27 jun. 2019.

18. Web Desk. Vogue editor Anna Wintour under fire for being "icy" towards mag's first Black model. *The News*, 16 jun. 2020. Disponível em: <https://www.thenews.com.pk/latest/673490-vogue-editor-anna-wintour-under--fire-for>. Acesso em: 27 jun. 2020.

NOTAS

19. Bustillos, M. Is Anna Wintour satan? *Vintage Voice*, 11 fev. 2003. Disponível em: <http://pix.popula.com/items/0224/vintage/wintour.html>. Acesso em: 27 jun. 2019.

20. Sowray, B. Today in history — April 7. *British Vogue*, News, 7 abr. 2010. Disponível em: <https://www.vogue.co.uk/article/anna-wintour-was-attacked--with-a-pieby-anti-fur-protesters>. Acesso em: 1º jul. 2019.

21. Safran Foer, J. *Eating animals*. Londres: Penguin Random House, 2009. p. 71.

22. Tartt, D. The power of words: rebel spirit. *Vogue*, Up Front, vol. 196, nº 1, 1º jan. 2006. p. 62-4.

23. Gandee, C. Under the influence. *Vogue*, Features, vol. 184, nº 3, 1º mar. 1994. p. 380-3, 436, 437.

24. Wicks, A.; Turner, Z. Tough times at the newsstand. *WWD*, 9 ago. 2011. Disponível em: <https://wwd.com/business-news/media/fashion-magazines-fall-at-newsstand-5048220/>. Acesso em: 25 abr. 2019.

25. Ibidem.

26. Peters, J. W. Power is always in *Vogue*. *New York Times*, Fashion, 15 jun. 2012. Disponível em: <https://www.nytimes.com/2012/06/17/fashion/for--anna-wintour-power-is-always-in-vogue.html/>. Acesso em: 8 jan. 2019.

27. McCalmont, L. Obama, Wintour spotlight workshop. *Politico*, 5 maio 2014. Disponível em: <https://www.politico.com/story/2014/05/michelle-obama--anna-wintour-106365>. Acesso em: 8 mar. 2019.

28. *Vogue* Endorses Hillary Clinton for president of the United States. *Vogue* [.com], Magazine, 18 out. 2016. Disponível em: <https://www.vogue.com/article/hillary-clinton-endorsement-president-united-states-democrat>. Acesso em: 3 fev. 2019.

29. Amed, I.; Berg, A.; Brantberg, L.; Hedrich, S. The state of fashion 2017. McKinsey & Company, Our Insights, 1º dez. 2016. Disponível em: <https://www.mckinsey.com/industries/retail/our-insights/the-state-of-fashion#>. Acesso em: 8 mar. 2019.

Capítulo 16: Do "pornô chique" ao "chique parisiense"

1. Foley Sypeck, M.; Gray, J. J.; Ahrens, A. H. No longer just a pretty face: fashion magazines depictions of ideal female beauty from 1959 to 1999. *International journal of eating disorders*, vol. 36, nº 3, 2004. p. 342-7.

2. McNair, B. *Striptease culture: sex, media and the democratisation of desire*. Londres: Routledge, 2002. p. 24-6.

298 NOS BASTIDORES DA *VOGUE*

3. Buck, J. J. *The price of illusion, a memoir.* Nova York: Washington Square Press, 2017. p. 199.

4. Wright, J. A. The Imp wears blue jeans: former *Vogue Paris* chief Carine Roitfeld talks feminism, nudity and why Anna Wintour isn't a fashion editor. *New York Observer,* 9 jun. 2013. Disponível em: <https://observer.com/2013/09/the-imp-wears-blue-jeans-former-vogue-paris-chief-carine--roitfeld-talks-feminism-nudity-and-why-anna-wintour-isnt-a-fashion--editor/>. Acesso em: 20 abr. 2018.

5. Ibidem.

6. Carine Roitfeld. *The business of fashion,* BoF 500, 2013. Disponível em: <https://www.businessoffashion.com/community/people/carine-roitfeld>. Acesso em: 5 jan. 2020.

7. Long, C. Lunch with the FT: Carine Roitfeld. *Financial Times,* 20 maio 2011. Disponível em: <https://www.ft.com/content/aa714ad8-8266-11e0-8c49--00144feabdc0>. Acesso em: 19 abr. 2018.

8. Ibidem.

9. Buck, J. J. op. cit, p. 349.

10. Ibidem.

11. Inez & Vinoodh, *Vogue France,* capa, agosto de 2003.

12. Demarchelier, P. No smoking. *Vogue France,* abril de 2009.

13. Testino, M. Corps & Lames. *Vogue France,* fevereiro de 2005.

14. Sims, D. *Vogue France Calendar,* Calendar, 2007.

15. Healy, M. We're french! We smoke, we show flesh, we have a lot of freedom.. *The Guardian, The Observer,* 25 fev. 2007. Disponível em: <https://www.theguardian.com/media/2007/feb/25/pressandpublishing.fashion>. Acesso em: 23 abr. 2018.

16. Testino, M. La Decadanse. *Vogue France,* maio de 2010.

17. Richardson, T. Festine. *Vogue France,* outubro de 2010.

18. Klein, S. LARA. *Vogue France,* outubro de 2009.

19. Sawyer, M. Commentary: blackface is never okay. CNN, World, 14 out. 2009. Disponível em: <https://edition.cnn.com/2009/WORLD/asiapcf/10/14/sawyer.blackface/>. Acesso em: 29 abr. 2018.

20. Hamza, S. Cadeaux. *Vogue France,* dezembro de 2010-janeiro de 2011.

21. Jardin, X. Pedocouture: in *Vogue* Magazine, 6-year-olds are sex vixens. Boing Boing [blog], 5 jan. 2011. Disponível em: <https://boingboing.net/2011/01/05/in-vogue-magazine-6.html>. Acesso em: 8 set. 2019.

NOTAS

22. Elizabeth. RE: pretty babies. Frockwriter [blog], 17 dez. 2010. Disponível em: <https://frockwriter.blogspot.com/2010/12/pretty-babies.html>. Acesso em: 17 set. 2018.

23. A Mother, Ibidem.

24. Maree, E. Is fashion now all about the shock factor? Emily fashion fiend [blog], 26 abr. 2013. Disponível em: <https://emilyfashionfiend.wordpress.com/tag/vogue-paris/>. Acesso em: 17 set. 2018.

25. Sauers, J. French *Vogue*'s sexy kiddie spread is misunderstood. Jezebel [blog], 1º maio 2011. Disponível em: <https://jezebel.com/french-vogues-sexy-kiddie-spread-is-misunderstood-5725707>. Acesso em: 23 abr. 2018.

26. Reimer, M.; Tosenberger, C.; Wodtke, L. *"Je suis fatigué par le culte de la jeunesse"*: or, walking on ice in high heels. *Jeunesse: young people, texts, cultures*, vol. 3, nº 1, verão de 2011. p. 1-10.

27. Ford, T. Forever love. *Vogue France*, dezembro de 2010-janeiro de 2011.

28. Msa, M. La Panthère Ose. *Vogue France*, dezembro de 2010-janeiro de 2011.

29. Heath, A. *Vogue Paris* = CARINE ROITFELD. *032C*, 1 dez. 2005. Disponível em: <https://032c.com/vogue-paris-carine-roitfeld/>. Acesso em: 23 abr. 2018.

30. Wright, J. A. op. cit.

31. Klein, S. Crystal Taillee. *Vogue France*, maio de 2010.

32. Weber, B. *Vogue France*, capa, novembro de 2007.

33. Wright, J. A. op. cit.

34. Garnett, D. Guest editor: Carine Roitfeld is the fashion stylist's stylist... *Vogue*, Vogue Beauty, vol. 189, nº 12, 1º dez. 1999. p. 328.

35. Ibidem.

36. Mower, S. Sexy classic. *Vogue*, Fashion, vol. 191, nº 8, 1º ago. 2001. p. 244-51.

37. Ibidem.

38. Kilcooley-O'Halloran, S. Today in history — december 17. *Vogue* [.co.uk], 17 dez. 2012. Disponível: <https://www.vogue.co.uk/article/carine-roitfeld-resigned-as-editor-of-french-vogue>. Acesso em: 23 abr. 2019.

39. Diderich, J.; Conti, S.; Weil, J. Carine Roitfeld to depart french *Vogue. WWD*, 17 dez. 2010. Disponível em: <https://wwd.com/business-news/media/carine-roitfeld-is-to-leave-french-vogue-3405583/>. Acesso em: 23 abr. 2019.

40. Lo, D. Rumor: was Carine Roitfeld fired from *Vogue*? Le Figaro's fashion director Virginie Mouzat is frontrunner for the job. *Racked*, 20 dez. 2010. Disponível em: <https://www.racked.com/2010/12/20/7778903/rumor-was-carine-roitfeld-fired-from-vogue-le-figaros-fashion>. Acesso em: 23 abr. 2019.

41. Ibidem.

42. Ibidem.

43. Heath, A. op. cit.

44. Standen, D. The future of fashion, part seven: Carine Roitfeld. *Vogue.com*, Trends, 12 fev. 2011. Disponível em: <https://www.vogue.com/article/the--future-of-fashion-part-seven-carine-roitfeld>. Acesso em: 24 abr. 2019.

45. Guilbault, L. Can Carine Roitfeld become a brand? *The Business of Fashion*, Professional, 16 maio 2019. Disponível em: <https://www.businessoffashion.com/articles/professional/can-carine-roitfeld-become-a-brand>. Acesso em: 24 abr. 2019.

46. Diderich, J.; Conti, S.; Weil, J. op. cit.

47. Larocca, A. The anti-Anna. *New York* magazine, Fashion, 14 fev. 2008. Disponível em: <https://nymag.com/fashion/08/spring/44215/>. Acesso em: 23 abr. 2019.

48. Tungate, M. *Fashion Brands: Branding Style from Armani to Zara*. 2. ed. Londres: Kogan Page, 2008.

49. Indvik, L. Emmanuelle Alt: "Vogue is more than a magazine". *Vogue Business*, 8 ago. 2019. Disponível em: <https://www.voguebusiness.com/talent/articles/emmanuelle-alt-editor-in-chief-vogue-paris-interview/>. Acesso em: 2 jan. 2020.

50. Indvik, L. op. cit.

51. Martin, P. Emmanuelle Alt: conversation with Penny Martin. *Aperture* 'Fashion', Words, nº 216, outono de 2014. p. 43.

52. Horyn, C. Fashion director is named new editor of french *Vogue*. *New York Times*, Business, 7 jan. 2011. Disponível em: <https://www.nytimes.com/2011/01/08/business/media/08vogue.html>. Acesso em: 23 abr. 2019.

53. Anne. French woman Carine Roitfeld knows sensuality is not a sin. Thebkmag [blog], 17 abr. 2011. Disponível em: <https://thebkmag.com/2011/04/17/french-woman-carine-roitfeld-knows-sensuality-not-sin/>. Acesso em: 17 maio 2019.

54. Ibidem.

55. Mert & Marcus. Inès de La Fressange. *Vogue France* Edição especial, dezembro de 2014-janeiro de 2015.

56. Sims, D.; Inez & Vinoodh; Sadli, K. Vanessa Paradis. *Vogue France* Edição especial, dezembro de 2015-janeiro de 2016.

NOTAS

301

57. Mert & Marcus. *Vogue France*, capa, março de 2017.
58. Alt, E. Carta do Editor. *Vogue France*, março de 2017.
59. Martin, P. loc. cit.
60. Ibidem.
61. Indvik, L. loc. cit.
62. Diderich, J.; Conti, S.; Weil, J. Carine Roitfeld to depart french *Vogue*. op. cit.
63. Horyn, C. New star in the front row. *New York Times*, 9 fev. 2011. Disponível em: <https://www.nytimes.com/2011/02/10/fashion/10ALT.html>. Acesso em: 23 abr. 2019.

Capítulo 17: "A *Vogue* sempre será a *Vogue*"

1. Edwardes, C. Alexandra Shulman: the *British Vogue* editor on fashion, her candid memoir and standing by Philip Green. *Evening Standard*, 20 out. 2016. Disponível em: <https://www.standard.co.uk/lifestyle/esmagazine/alexandra-shulman-the-british-vogue-editor-on-fashion-her-candid-memoir-and-standing-by-philip-green-a3372576.html>. Acesso em: 11 set. 2019.
2. Ibidem.
3. Shulman, A. My first boss: *Vogue*'s Alexandra Shulman and editor Shirley Lowe. *The Guardian*, 4 abr. 2014. Disponível em: <https://www.theguardian.com/lifeandstyle/2014/apr/04/first-boss-alexandra-shulman-shirley-lowe>. Acesso em: 11 set. 2019.
4. Petter, O. Alexandra Shulman's *Vogue* might not have shown "ethnic diversity" but Edward Enninful may make up for lost time. *Independent*, 13 nov. 2017. Disponível em: <https://www.independent.co.uk/life-style/fashion/vogue-ethnic-diversity-alexandra-shulman-edward-enninful-change-black-minority-models-fashion-a8052706.html>. Acesso em: 11 set. 2019.
5. Petter, O. op. cit.
6. BBCNewsEnts. Naomi Campbell shames Vogue over diversity. Entertainment & Arts, BBC, 23 ago. 2017. Disponível em: <https://www.bbc.co.uk/news/entertainment-arts-41022264>. Acesso em: 13 set. 2019.
7. Knight, N. *British Vogue*, capa, maio de 2003.
8. Testino, M. *British Vogue*, capa, dezembro de 2002.
9. Alexandra Shulman chats with Lily [Allen] [áudio on-line], BBC Radio 2, 16 mar. 2014. Disponível em: <https://www.bbc.co.uk/programmes/p01vb37l>. Acesso em: 10 dez. 2019.

302 NOS BASTIDORES DA *VOGUE*

10. Ibidem.
11. "Fat" FrontLine (PBS), 17 mar. 2014.
12. Roberts, A. Alexandra Shulman: "I won't tell women they need surgery or diets to be attractive". *Evening Standard*, London Life, 3 abr. 2012. Disponível em: <https://www.standard.co.uk/lifestyle/london-life/alexandra-shulman--i-won-t-tell-women-they-need-surgery-or-diets-to-be-attractive-7614732.html>. Acesso em: 13 jan. 2020.
13. Niven-Phillips, L. Model health tips. Celebrity Beauty, *Vogue* [.co.uk], 18 dez. 2013. Disponível em: <https://www.vogue.co.uk/gallery/model-health--tips-diet-and-well-being-quotes>. Acesso em: 5 jan. 2020.
14. Erdmann, R. *British Vogue*, capa, junho de 1996.
15. Testino, M. *British Vogue*, capa, outubro de 2000.
16. Priestly, P. Alexandra Shulman's reign at *Vogue* will be defined by mediocrity, idiocy and flip-flops. *The Spectator*, 2 fev. 2017. Disponível em: <https://www.spectator.co.uk/article/alexandra-shulman-s-reign-at-vogue-will-be--defined-by-mediocrity-idiocy-and-flip-flops>. Acesso em: 14 set. 2019.
17. Sheffield, E. Emily Sheffield: from *Vogue* to ThisMuchIKnow, with help from her sister Samantha Cameron. *The Times*, 1º fev. 2020. Disponível em: <https://www.thetimes.co.uk/article/emily-sheffield-from-vogue-to-this-muchiknow-with-help-from-her-sister-samantha-cameron-hf7c6gwv7>. Acesso em: 1º fev. 2020.
18. Aronowsky Cronberg, A. Will I get A ticket? Entrevista, *Vestoj*. Disponível em: <http://vestoj.com/will-i-get-a-ticket/>. Acesso em: 5 jan. 2020.
19. Chambers, L. Apud Aronowsky Cronberg, Ibidem.
20. Ibidem.
21. Enninful, E. Carta do Editor. *British Vogue*, 1 dez. 2017. p. 69-70.
22. Klein, S. *British Vogue*, capa, dezembro de 2017.
23. Back to my roots. ACM, *British Vogue*, Fashion and features, 1º dez. 2017. p. 282.
24. CC, Ibidem, p. 290.
25. Smith, Z. Mrs Windsor. *British Vogue*, Viewpoint, Ibid, p. 136.
26. Rushdie, S. In The Spirit. Ibidem, p. 143-4.
27. Skepta. Love letters to Britain. Ibidem, p. 210.
28. Weber, B. The secret garden. *British Vogue*. Fashion and features, Ibidem, p. 295.
29. Delevingne, C.; Delevingne, P. Love letters to Britain. *British Vogue*, Viewpoint, Ibidem, p. 208.

NOTAS

303

30. Khan, S.; Campbell, N. "What's the secret of every great city? Talent". *British Vogue*, entrevista, Ibidem, p. 185-8.

31. Enninful, E. op. cit.

32. Cartner-Morley, J. Edward Enninful's new *Vogue* — a bit more cool, a bit less posh. Fashion, *The Guardian*, 8 nov. 2017. Disponível em: <https://www.theguardian.com/fashion/shortcuts/2017/nov/08/edward-enninfuls--newvogue-a-bit-more-cool-a-bit-less-posh>. Acesso em: 24 dez. 2019.

33. Mert and Marcus, *British Vogue*, capa, janeiro de 2018.

34. Teller, J. *British Vogue*, capa, fevereiro de 2018.

35. McDean, C. *British Vogue*, capa, maio de 2018.

36. Mert and Marcus, *British Vogue*, capa, agosto de 2018.

37. Kloss Films, *British Vogue*, capa, dezembro de 2019.

38. Klein, S. *British Vogue*, capa, maio de 2020.

39. HRH the Duchess of Sussex. HRH The duchess of sussex introduces The September Issue in her own words. *Vogue* [.co.uk], 29 jul. 2019. Disponível em: <http://vestoj.com/will-i-get-a-ticket/>. Acesso em: 12 jan. 2020.

40. HRH the Duchess of Sussex, op. cit.

41. Ijewere, N. Entrevista à autora, 23 jan. 2020.

42. Ibidem.

43. Shulman, A. What makes a great magazine editor? *The Business of Fashion*, Opinion, 4 out. 2017. Disponível em: <https://www.businessoffashion.com/articles/opinion/what-makes-a-great-magazine-editor>. Acesso em: 15 jan. 2020.

44. Ibidem.

45. Ibidem.

46. Ibidem.

47. Fernandez, C. Condé Nast's results show its future lies outside europe. *The Business of Fashion*, News & Analysis, 25 mar. 2019. Disponível em: <https://www.businessoffashion.com/articles/news-analysis/conde-nasts-results--show-its-future-lies-outside-europe>. Acesso em: 9 jan. 2020.

48. Communications Team. Condé Nast announces new global leadership structure. Condé Nast, 14 ago. 2019, Announcements. Disponível em: <https://www.condenast.com/news/conde-nast-announces-new-global-leadership--structure>. Acesso em: 13 jan. 2020.

49. Wiedeman, R. What's left of Condé Nast. *New York* magazine *Intelligencer*, Media, 28 out. 2019. Disponível em: <https://nymag.com/intelligencer/2019/10/conde-nast-anna-wintour-roger-lynch.html>. Acesso em: 3 out. 2019.

50. Ibidem.

51. Ibidem.

52. Hays, K. Condé's Roger Lynch talks video, acquisitions and layoffs. *WWD*, Business/Media, 15 ago. 2019. Disponível em: <https://wwd.com/business-news/media/roger-lynch-conde-nast-ceo-talks-business-video-future-1203239888/>. Acesso em: 13 jan. 2020.

53. Ibidem.

54. Friedman, V. Entrevista telefônica à autora, 19 nov. 2019.

55. Amed, I. Entrevista telefônica à autora, 6 mar. 2020.

56. Aronowsky Cronberg, A. Entrevista telefônica à autora, 31 jan. 2020.

57. Ibidem.

58. Ibidem.

59. Glass, K. Entrevista telefônica à autora, 4 fev. 2020.

60. Ibidem.

61. Ibidem.

62. Shulman, A. What makes a great magazine editor? *Business of Fashion*, Opinion, 04 out. 2017. Disponível em: <https://www.businessoffashion.com/articles/opinion/what-makes-a-great-magazine-editor>. Acesso em: 15 jan. 2020.

63. Glass, K. op. cit.

64. Carr, F. Entrevista telefônica à autora, 6 fev. 2020.

65. Ibidem.

66. Socha, M. Entrevista por e-mail à autora, 22 nov. 2019.

67. Ibidem.

68. Woolman Chase, E.; Chase, I. op. cit, p. 200.

69. Amed, I. loc. cit.

70. Lucas, S. Twin souls. *Vogue Portugal*, novembro de 2019.

71. Lucas, S. Planet earth is the new trend. *Vogue Portugal*, setembro de 2019.

72. Ferrier, M. Anna Wintour apologises for not giving space to black people at *Vogue*. *The Guardian*, Fashion, 10 jun. 2020. Disponível em: <https://www.theguardian.com/fashion/2020/jun/10/anna-wintour-apologises-for-not-giving-space-to-black-people-at-vogue>. Acesso em: 20 jul. 2020.

Bibliografia seleta

Aronowsky Cronberg, A. Will I get a ticket? *Vestoj*, entrevista. Disponível em: <http://vestoj.com/will-i-get-a-ticket/>. Acesso em: 5 jan. 2020.

Ballard, B. *In my fashion* [1960]. Londres: V&A Publishing, 2017.

Buck, J. J. *The price of illusion, a memoir*. Nova York: Washington Square Press, 2017.

Carrod, A. "A plea for a renaissance": Dorothy Todd's Modernist experiment in *British Vogue*, 1922-1926. Tese de PhD em Literatura Inglesa. Keele University, Newcastle, 2015.

Coddington, G. *Grace: a memoir*. Londres: Chatto & Windus, 2012.

Cohen, L. *All we know: three lives*. Nova York: Farrar, Straus and Giroux, 2012.

Conekin, B. From haughty to nice: how british fashion images changed from the 1950s to the 1960s. *Photography and Culture*, vol. 3, nº 3, 2010. p. 283-96.

Coser, I. Alison Settle, editor of *British Vogue* (1926-1935): habitus and the acquisition of cultural, social, and symbolic capital in the private diaries of Alison Settle. *Fashion Theory*, vol. 21, nº 4, 2017. p. 477-99.

Cox, H.; Mowatt, S. *Vogue* in Britain: authenticity and the creation of competitive advantage in the UK magazine industry. *Business History*, vol. 54, nº 1, 2012, p. 67-87.

Delis Hill, D. *As seen in Vogue: a century of American fashion in advertising*. Texas Tech University Press, 2007.

Endres, K.; Lueck, T. *Women's periodicals in the United States: consumer magazines*. Santa Barbara: Greenwood Press, 1995.

Felsenthal, C. *Citizen Newhouse: portrait of a media merchant*. Nova York: Seven Stories Press, 1998.

Fine Collins, A. The cult of Diana. *Vanity Fair*, Culture, novembro de 1993. Disponível em: <https://www.vanityfair.com/culture/1993/11/diana-vreeland-199311>. Acesso em: 11 jan. 2019.

Friend, D. *Vanity Fair*: the one-click history. *Vanity Fair*, Vintage V.F., setembro de 2004. Disponível em: <https://www.vanityfair.com/magazine/2008/01/oneclickhistory>. Acesso em: 5 fev. 2019.

Garland, A. *Lion's share*. Nova York: Michael Joseph, 1970.

Hemmings, R. Beautiful objects, dutiful things: waste, ruins and the stuff of war. *Word & Image*, vol. 32, nº 4, 2016. p. 360-74.

Lynge-Jorlen, A. *Niche Fashion Magazines: changing the shape of fashion*. Londres: I. B. Tauris, 2017.

Maier, T. *All that glitters: Anna Wintour, Tina Brown, and the rivalry inside America's richest media empire*. Nova York: Skyhorse Publishing, 2019.

Mirabella, G. *In and out of Vogue*. Nova York: Doubleday, 1995.

Nelson Best, K. *The history of fashion journalism*. Londres: Bloomsbury, 2017.

Plessix Gray, F. du. *Them: a memoir of parents*. Nova York: Penguin, 2005.

Reed, C. A *Vogue* that dare not speak its name: sexual subculture during the editorship of Dorothy Todd, 1922-26. *Fashion Theory*, vol. 10, nº 1/2, 2006. p. 39-72.

Seebohm, C. *The man who was Vogue: the life and times of Condé Nast*. Nova York: Viking Press, 1982.

Settle, A. Alison Settle archive. Brighton: University of Brighton Design Archives.

Shulman, A. *Inside Vogue: my diary of Vogue's 100th year*. Londres: Fig Tree, 2016.

Steele, V. (org.). *Paris, Capital of Fashion*. Londres: Bloomsbury Visual Arts, 2019.

Taylor, L.; McLoughlin, M. (org.). *Paris fashion and World War Two: global diffusion and Nazi Control*. Londres: Bloomsbury Visual Arts, 2020.

Tilberis, L. *No time to die*. Londres: Weidenfeld & Nicolson, 1998.

Vreeland, D. *D.V.* G. Plimpton, G.; C. Hemphill, C. (org.). Nova York: Alfred A. Knopf, 1984.

Woolman Chase, E.; Chase, I. *Always in Vogue*. Nova York: Doubleday, 1954.

Yoxall, H. *A fashion of life*. Nova York: Taplinger Publishing, 1967.

Agradecimentos

O meu primeiro agradecimento vai para Juliet Pickering, a minha agente, por ter acreditado na minha ideia, e para meus editores, Jane Sturrock e Charlotte Fry, pela paciência infinita para transformar esta ideia no melhor livro possível. Agradeço também a Sam Hodder, da Blake Friedmann Agency, e ao resto da esquipe da Quercus.

As seguintes pessoas me ajudaram com incentivo, informações ou ambos: Prosper Assouline, por suas críticas cáusticas; Mark Heywood e Rupert Heath, pelo conselho inicial e inestimável; e meus queridos amigos Dean Merali e Lina Viktor, que estiveram presentes desde o início desta aventura. Agradeço a: Rik Ubhi, Ashleigh Smith, Sophie Foan, Elly Goldsmith, James Crump, Christopher Denruyter, Bradley Reynolds, Ruth Peterson, a Worshipful Company of Stationers and Newspaper Makers, The Hospital Club e todos da *Londnr* que seguraram a peteca enquanto eu escrevia. Sou particularmente grata a Colombe Pringle, por abrir-me a sua casa e uma janela ao passado, por seu tempo e generosidade, e por sua conversa animada. A sua contribuição foi uma das mais valiosas. Obrigada também a Ilaria Coser por responder às minhas solicitações de informação, a Lesley Whitworth, dos Arquivos de Design da Universidade Alison Settle de Brighton, a Vanessa Friedman, Katie Glass, Flora Carr, Imran Amed e sua equipe de RP Kerry e Paloma, a Anja Aronowsky Cronberg, Nadine Ijewere, Miles Socha e inúmeras outras pessoas que preferem ficar anônimas, mas que compartilharam reflexões sobre o assunto *Vogue* em particular e as revistas de moda em geral. Também sou profundamente grata ao Arquivo Vogue da Biblioteca Nacional de Arte e ao Arquivo da Condé Nast.

O agradecimento final vai com amor para Elena Guinea e Christoph Miralles.

Este livro foi composto na tipografia Minion Pro,
em corpo 11/15,5, e impresso em papel off-white
no Sistema Cameron da Divisão Gráfica
da Distribuidora Record.